KB034296

학습균형
중등편

정답없는 입시 균형이 답이다

Part 1 | 중학생 자녀의 성공하는 입시로드맵

Part 2 | 중학생 자녀의 마음성장 학습 & 진로 코칭

프롤로그

⋮

선한 거짓말과 악한 참말

정답없는 입시 균형이 답이다. 초등편을 퇴고한지가 벌써 2년이 지났습니다. 코로나19로 인하여 중등편의 출간이 계획보다 1년 늦추어 졌습니다. 아쉬움이 있었지만, 오히려 최옥찬 심리상담사님과 변함없이 세미나로 소통하여 책을 발간할 수 있는 자료가 더 많아졌다는 것에 감사합니다. 그리고는 처음을 떠올렸습니다. 최옥찬 선생님과 첫 세미나를 한 시기를 말이죠.

기억은 와이즈만영재교육 대치센터라는 몇 백명의 재원생이 있는 큰 학원의 학원장을 맡을 때를 시작으로 합니다. 학원 운영 계획을 세우고 실무를 진행하며, 시간을 쪼개 학생과 학부모님과 접점을 가지고 입회상담, 설명회, 입시지도를 하면 빠듯하게 일과가 마무리됩니다.

그렇게 학원장의 역할이 익숙해질 무렵부터 학원 선생님들의 푸념이 하나 둘 들려왔습니다.

"그 아이는 지금 수업을 듣는 것이 중요한 것이 아닌데…"

"머리는 좋은데 노력을 안 해…"

업무에 대한 부담스러움이 있지만 한 학원을 꾸리는 책임자로 선생님께 이유를 묻습니다. 그리고 수업시간 교실 창 넘어 학생을 꾸준히 관찰합니다, 그리고는 상담을 해보죠. 눈높이를 낮추고 학생에게 다가갑니다. 편의점에서 음료도 같이 사서 마시고, 가수나 드라마 이야기도 나눕니다. 그리고 그렇게 시간이 흘러 학생의 첫 이야기를 들으면 아이 앞에서 저는 한없이 낮아지며 상담의 문을 잘못 열었다는 생각을 하게 됩니다.

"고민을 이야기할 곳이 없어요."

"부모님께서 절 안 믿어요."

"부모님의 이야기가 부담이 돼요."

학원장으로서 본분에 넘치는 해결과제에 결국, 학생과 학부모님께 '선한 거짓말'을 하게 됩니다. 그리고 그 역할을 제가 대신하며 최소한 학원에서 학습을 하는데 최선을 다할 수 있도록 합니다. 그런데 아들 정우가 초등학생이 되어 제가 학부모가 되며 생각이 달라졌습니다. 어쩌면 제가 학생과 학부모님이 소통할 수 있는 시간을 쥐고 있었는지도 모릅니다. 그리고 '악한 참말', 조금 더 정확히 표현하자면 '쓴 조언'을 통해 부모님과 학생을 연결시켜주고 더 큰 지혜를 만들어 주어야 했습니다.

"원장님에게는 우리 아이가 그런 이야기도 하나요?"

"아이에게 수학이 필요하다는 이야기 좀 꼭 해주세요. 원장님 말은 들어요."

과거에는 기분이 좋았던 이야기들이 그때부터 부담이 되었습니다. 그리고 '쓴 조언'을 하는 법을 찾으며 최옥찬 선생님과 세미나를 시작하고 이렇게 결과물을 완성하게 되었습니다.

세미나를 진행하고 책을 지필하면서 솔직하고 명확한 상담이 진행되고 있음에 만족합니다. 단, 영재교육원부터 고입, 대입, 학습법 상담까지 상담의 영역이 확장되며 이제 학원장으로서 물리적으로 불가능한 영역을 발견하여, 스카이멘토링 대치센터를 오픈하여 입시컨설턴트에 온전히 전념하게 되었습니다.

		심리상담영역	진로진학상담영역
1차	기초상담	기초 상담	
	심화상담	정서	학습
2차 분석 및 상담		심리	입시

하지만 심리상담과 입시상담 영역은 아직도 최옥찬 심리상담사와 최영득 입시컨설턴트의 고유의 영역이라는 것이 분명합니다. 접근을 하기엔 너무 깊은 시간이 소요되며 두 영역이 상충됨도 느껴집니다. 이 상담 영역도 입시와 마찬가지로 균형이 필요한 것이죠. 오히려 자녀에게 4가지 영역에서 모두 상담이 가능한 분은 바로 부모님입니다. 한달에 한두번의 상담이 아니라 오랜 시간을 함께 했기 때문에 가능하며, 여러 케이스가 아니라 오직 학생을 위한 방향만 학습하면 되기에 그것에 집중할 수 있습니다. 다만, 이론적인 분석가처럼 아이를 분석하는 것에서 접근하지 말고, 자녀를 이해하는 것에서 접근한다면 가능합니다. 그럼 다음 페이지부터 학부모님께 그 방법들을 열어보겠습니다.

PART 1

중학생 자녀의 성공하는 입시로드맵

중등편 학습균형

제1장 진로의 기준으로 고입과 대입을 바라보기

- 힘의 법칙으로 풀어보는 중학생 입시 멘토링

1. [중1 진로목표] 진학목표보다 진로목표를 세우는 것이 우선이다.
2. [중2 진학목표] 활동을 선택하는 것이 경쟁력을 결정한다.
3. [중3 고입전략] 중학생으로서 대입을 준비하는 최고의 전략은 고입이다.
4. 고입 목표 유형에 따라 조금씩 호흡이 다른 맞춤형 학습플랜

중학생들의 학습 편차가 해가 갈수록 커져가고 있습니다. 지난 10년간 주요 교육 특구의 원장을 맡아 고입분석부터 학습컨설팅, 진학지도를 진행하며 가장 큰 변화를 느끼는 학령이 중학교 시기입니다. 우후죽순 진행하던 각 급의 설명회도 이제는 초등학교 고학년 설명회 또는 대입설명회로 이분화 되고 중학생을 위한 학습 안내는 줄어들고 있죠. 이유는 중학교 '평가제도의 완화'에 있습니다.

		초등학교	중학교		고등학교
현재 평가	제도	정성평가기준 폐지	자유학년제	성취평가제	고교학점제
	요약	교과 전 과정을 서술로 기재	중학교 1학년 경쟁 중심에서 벗어난 참여형 수업 진행	A-B-C-D-E 평가로 서술형 평가 및 수행평가 내실화	진로에 따라 과목을 선택 이수하는 교육과정 5등급 성취평가 시행
효과		학습 중에 보여지는 역량과 적성을 서술로 확인 가능	다양한 체험 활동으로 잠재력 및 자기 주도적 학습 능력 확인	성취 수준을 정하고 다양한 학습이 가능한 수업 방식 개선	진로와 적성을 반영 다양한 과목 듣게 됨. 과정 성적의 부담 완화

위 표의 내용은 초등부터 고등까지의 흔히 내신이라 불리는 교과 성취수준 평가제도의 현재를 정리한 것입니다. 부모님 시대의 초1부터 고3까지 12년간 학교생활을 '전교1등' 혹은 '올백'이라는 타이틀로 일관되게 평가받은 것과는 전혀 다른 구조입니다. 이러한 제도적 변화가 의미를 보여주지 못한 채 학생과 학부모에게 지금해야 할 학습의 모호함을 만들고 학습의 목표를 대입이라는 관문에만 맞추게 하고 있습니다.

'무엇 때문에 이런 변화가 생겼을까?'

분명 교육부에서 대입만을 바라보도록 학습의 방향을 조정하지는 않았을 것입니다. 중학교 시기에 무엇인가 다른 것을 할 수 있도록 점수로 보여지는 성적 부담을 줄여 주었을 것입니다. 2015개정교육과정의 핵심은 '꿈과 끼를 강조하는 새로운 가치를 창조할 수 있는 인재 양성'에 있습니다. 즉, 12년간 100점을 맞는 공부를 했다면 이제는 진로와 적성을 찾는 공부를 해야 하고 더 나아가서는 공부를 통하여 진로를 탐구하는 활동을 해야 합니다. 그리고 앞으로 만나게 될 2022개정교육과정은 고교학점제를 시작으로 이를 고등학교까지 확대합니다. 대부분의 뉴스가 고교학점제와 대입으로 가 있지만 가장 중요한 것은 중학교 시기에 얼마나 자신에 대하여 충분히 이해하고 진로를 선택할 준비가 되어있는지가 핵심입니다. 고교학점제의 선택 과목을 잘 고를 준비를 하는 것입니다. 이 모든 것이 12년간 열심히 달려왔지만 대학교에서 방향을 잡지 못하고 흔들리는 학생들을 방지하기 위한 것이죠. 각자 다른 전공으로 대학을 다니면서도 똑같이 공무원 시험과 대기업 입사를 목표로 하는 분위기를 바꿔보려 하는 것입니다.

초등학교를 졸업하고 나면, 학부모님과 학생 모두 중학교에서 만날 중간고사가 벌써부터 부담이 됩니다. 부모님은 아이들이 교복을 입은 모습만큼이나 스스로 긴장을 하고 학업에 정진할 것이라 생각합니다. 그러나 자유학년제라는 중간고사와 기말고사의 부담이 없는 과정을 중학교 1학년에서 만나며 초등학교와 비슷한 생활을 연장합니다. 마음은 부모님만 급하고 홀로 아이에게 맞는 학원을 찾으러 다니는 묘한 광경이 연출됩니다. 그렇게 다음해 '중2병'이 찾아옵니다.

이런 안타까움의 연결고리가 이어지는 이유는 오직 하나! 목표 없는 공부 때문입니다. '학생의 진로에 맞는 학습' 이라는 것이 지금 현재 학생의 학업 진도와 의욕, 성취도에 급한 학부모님 에게는 사치스러운 발상이라고 생각될 수도 있습니다. 하지만 대학 입시의 학생부종합전형이라는 것이 그렇고 고등학교 입시의 자기주도학습전형 또한 이런 학습을 지향하고 있습니다. 그래서 지난 [정답없는 입시 균형이 답이다] 초등편에서 그토록 진로선택의 중요성을 강조하였고 이제 자유학년제 진로를 결정하지 않으면 학업성취와 고입도전 두 카드 모두 잃을 수 있는 마지노선이 눈앞에 왔습니다.

✓ '코디'를 찾을 것인가? '코치'가 될 것인가?

	정의
코디	전체적으로 조화롭게 갖추어 **꾸미는** 일
컨설턴트	전문적 **분석력**을 바탕으로 상담하고 안내하는 일
코치	**개인의 능력**을 발휘하여 목표를 이룰 수 있도록 돕는 일

'컨설턴트'도 낯선 단어였는데 몇 해 전 드라마에서는 '코디'라는 자극적 전문가가 등장하여 학부모의 머릿속을 복잡하게 해 놓았습니다. '코디'라는 용어는 분석력을 바탕으로 한 '컨설턴트'에서 한 단계 더 나아가 '꾸미는 일'을 담당하는 의미가 부가됩니다. 당장 눈앞의 입시가 꾸며서 부족한 부분을 채우고 싶은 선택을 유발시키기도 하지만 분명 옳지 않은 영역입니다. '심리적 유연함(3-1)'을 성장시키지 못하는 것이죠.

실제 이제 영재학교, 과학고 학생이 된 고등학생들과 명문대에 들어간 여러 제자들과 이야기를 나누어보면 크게 세 가지 부작용이 일어납니다. 첫 번째로 자기소개서와 학생부의 연결성이 깨어지며 면접에서 실패를 하는 모습이 보입니다. 면접까지 코디가 모두 준비해줄 수 있겠지만 스스로 본인의 모습과 실력이 아니라는 마음가짐을 갖기에 마치 연기를 하듯 내가 아닌 연기를 하게 됩니다. 두 번째로 첫 대입에 실패할 경우 재수 또는 삼수에서 차선책이 없습니다. 실력과 학습 스토리 모두 깨진 상태에서 어떻게 방향을 재건해야 할지 막막합니다.

그러나 무엇보다 큰 부작용은 부모와 학생의 유대감 상실입니다. 입시의 성공과 실패와 관계없이 부모는 옳지 않은 것을 강요한 사람이 되고 학생은 피해자가 되어있습니다. 모든 것을 투자한 부모로서는 이해할 수 없는 상황이지만 들어가서도 만족스럽지 않은 자신의 상황을 보고 많은 학생들은 부모님과 연락을 끊고 기숙사 생활 또는 유학 생활을 하거나 휴학을 하며 편입을 꿈꾸기도 합니다.

결국 자녀와 학부모 모두 최종 목표로 생각하는 '행복한 삶'을 위해서는 진로에 맞는 입시를 하는 것이 올바른 선택입니다. 대학의 서열을 보고 전공을 선택할 것이 아니라 전공을 선택하고 역량에 따라 대학의 이름을 조절하면 됩니다. 마음은 내키지 않을 수 있지만 이쪽이 자녀를 위한 균형 있는 방법입니다. 그러려면 코디를 만나게 하는 것이 아니라 컨설턴트의 정보력을 바탕으로 한 '코치'를 만나게 해주면 됩니다.

더 나아가서는 멘토까지도 가능합니다. 멘토와 코치의 가장 큰 차이점은 관계의 차이 입니다.

"파트너십에서 멈출 것인가." 또는 "마인드, 태도, 정서를 공유하며 행동변화를 만들 것인가."

이 멘토의 과정은 부모님이 가장 효과적입니다. 학생에 대한 정확하고 장기적인 이해가 필요하기 때문입니다. 입시컨설턴트를 하면서 연간컨설팅을 진행하면 학생과 카카오톡과 메일을 한달에도 몇 번씩 꾸준히 주고받습니다. 최대한 멘토에 가까운 역할을 하려고 말이죠. 가벼운 인사와 수행평가 주제 등 최근 고민에 대한 소통을 하면 어느덧 정서적인 교류가 되고 있음을 느낍니다. 입시 마지막에서 면접, 자소서 컨설팅으로 잠시 만난 친구와는 분석과 확신면에서 상당한 차이를 느끼게 됩니다. 무엇보다 함께하는 학생이 마음을 여는 정도가 다릅니다.

그런데 아직은 부담스러운 대입의 과정을 학부모가 모두 떠안기엔 부담이 큽니다. 그래서 중학교 3년이라는 시간 동안 우리 아이의 고입을 준비하며 연습을 할 필요가 있습니다. 대입의 학생부종합전형과 고입의 자기주도학습전형의 구조는 엇비슷하기 때문입니다. 이제 훌륭한 우리아이의 코치가 되기 위한 방법을 중학교 각 학년에 맞게 설명해 드리도록 장을 열어보겠습니다.

힘의 법칙으로 풀어보는 중학생 입시 멘토링

✓ 중학생이 되면 초등학생 때와는 무엇이 다를까요?

우선 호칭이 변합니다. 그동안 '아이'라고 불렀다면 이제는 '학생'이라고 부르는 것이 더욱 친숙하게 느껴질 것입니다. 다음은 복장이 달라집니다. 자유로운 복장에서 교복을 입게 되죠. 호칭과 복장이 바뀐 것만큼 중학생은 어느때보다 신체적, 정서적, 도덕적 발달이 활발하게 이루어짐과 동시에 본인 스스로 입시 위주의 교육, 공부로 인한 갈등, 학습 능력에 대한 스스로의 평가 등 학습 조건들에 대해서도 '왜?'라는 궁금증을 안게 되는 질풍노도의 시기가 찾아옵니다.

그런데 이 질풍노도에 시기에 교육과정은 진로목표를 가지고 미래사회의 인재가 될 준비를 하기를 요구하고 있습니다.

2015개정교육과정의 목표는 '인문 · 사회 · 과학 기술에 관한 기본 소양을 토대로 미래 사회가 요구하는 인문학적 상상력과 과학기술 창조력을 두루 갖춘 창의 융합형 인재를 양성하는 교육과정' 입니다. 쉽게 말해 자리에 앉아서 시험만 잘 보는 학생들의 시대가 아니라는 것입니다.

지식을 많이 알고 있는 학생 → 지식을 잘 적용할 수 있는 학생 → 진로 목표를 바탕으로 지식을 활용할 수 있는 학생

학교의 평가 관점이 바뀌었기 때문에 이제는 모두 똑같은 방법대로 공부하는 것이 아니라 진로 목표에 맞게 학습하며 채워

나가는 시기가 되었습니다. 그리고 입시 역시도 고등학교는 자기주도학습전형, 대학교는 학생부종합전형(수시전형)이 강조되며 이에 맞추어 변화하고 있습니다. 학습의 방법이 똑같지 않다는 것은 학생마다 자신의 이야기를 기준으로 한 방향으로 준비해야 한다는 것입니다. 즉, 힘은 분산되지 않아야 합니다. 앞으로 입시에서 힘은 경쟁력이 될 것이기 때문입니다. 첫 장에서는 다음과 같은 순서로 힘의 법칙과 연결하여 입시 코칭법을 설계해 드리려고 합니다.

① [중1 진로목표] 자녀의 목표(진로)를 설정한다.
② [중2 진학목표] 입시에 대한 정확한 정보를 인지하고 적용한다.
③ [중3 고입전략] 시간을 효과적으로 활용한다.

① [중1 진로목표] 자녀의 목표(진로)를 설정한다.

힘은 힘이 작용하기 시작하는 기준인 작용점, 그리고 힘의 방향과 힘의 크기 세 가지를 기준으로 결과가 나타납니다. 힘의 3요소를 자녀의 학습 계획과 연결하자면 아래 표와 같습니다.

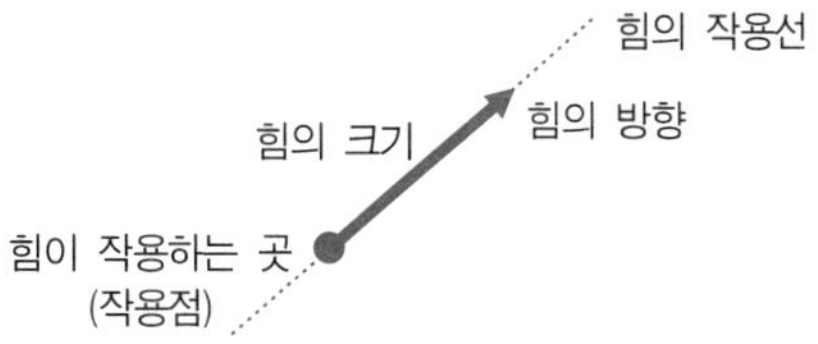

힘의 3요소	작용점	힘의 방향	힘의 크기
학습 계획	적성, 가치관을 통한 계열	진로·진학 목표	학습(교과, 비교과) 활동

힘의 3요소에서 기준이 되는 것은 작용점입니다. 입시 전략에서 학생을 기준으로 잡는 것은 매우 중요합니다. 어떠한 물체에 작용점을 무게 중심이라 하며 다양한 방법으로 접근하고 그 지점을 찾게 됩니다. 자녀에게도 다양한 장점이 있지만 진로와 연결 가능한 장점과 적성, 가치관을 찾아가며 최대한 정확히 중심을 잡는 것이 중요합니다. 만일 이 과정이 정리가 되지 않으면 마치 우리 학부모 세대와 같이 점수에 맞추어 가장 높은 대학의 최저 학점의 학과에 진학하고 나서 후회하는 경우가 반복할 수도 있습니다.

그런데 이런 중요성을 알면서도 학생의 적성과 가치관을 바탕으로 진로진학의 목표를 잡는 과정을 넘기는 경우가 많습니다. 일단 급한 마음에 다른 친구들과 같은 과목과 진도를 따라 잡으려 하는 조급함 때문입니다. 실제로 대입을 목전에 둔 고등학생이라면 사치처럼 느껴질 수 있습니다. 중학교 1학년 자유학년제는 부담을 줄이고 자신의 중심을 깨달을 수 있도록 만들어 놓은 시간이자 기회입니다.

② [중2 진학목표] 입시에 대한 정확한 정보를 인지하고 적용한다.

프로 스포츠에서 선수 출신의 감독이 많은 이유는 실전 경험이 많기 때문입니다. 선수시절 경험으로 후배들에게 존경받기도 하고 선배로서 정을 나눌 수도 있습니다. 그러나 가장 큰 장점은 선경험을 바탕으로 전략에 확신을 주는 설득력이 있다는 것입니다. 그래서 코칭을 하려면 정보력이 필요합니다. 중학교 2학년부터 부모님이 학생과 커뮤니케이션하려면 자녀의 상황을 충분히 이해한 상황에서 정보를 나눌 수 있어야 합니다. 그리고 내신과 비교과의 성취도를 꼼꼼히 체크하며 입시를 위한 도전과 시기를 민감히 고민해야 합니다. 그렇게 만들어진 진학목표는 힘의 방향이 됩니다. 이 시기 처음 경험해본 내신 성취도에서 낮은 결과로 인하여 또는 경쟁에 대한 스트레스로 고입을 포기하거나 선택하지 않을 수도 있습니다. 하지만 나에게 적합한 진로와 고등학교에서의 모습을 구체적으로 그릴수록 쏘아진 화살의 방향은 정확하고 화살도 힘 있게 날아갈 수 있습니다.

③ [중3 고입전략] 시간을 효과적으로 활용한다.

학생의 진로 기준으로 작용점을 잡고, 진학목표를 기준으로 여러 활동을 통하여 힘을 쏟았지만 2학년까지의 활동을 정리하면 원하는 만족할 수준의 결과물이 아닐 수 있습니다. 또한, 무수히 많은 활동의 화살들 중 방향이 전혀 달라 사용할 수 없는 것들도 보일 것입니다. 이제 마지막 1년은 활동을 하나씩 진행하고 활동보고서를 작성해보며 진로의 방향으로 얼만큼 정확하고 가깝게 다가가고 있는지 찾아보며 효율적, 전략적으로 목표에 접근해야 합니다.

원하는 고등학교에 진학 가능하고, 입학후에 적응 가능한 힘을 충분히 채우지 못했을 수도 있습니다. 하지만 실패하더라도 작용점(진로)과 방향(진학) 목표가 정확했다면 이 과정들은 대입까지의 큰 그림을 바라봤을 때 분명 큰 성과가 될 것입니다. 혹은 과학고를 준비했다가 과학중점반이 있는 과학중점학교를 들어가 성공하는 것처럼 중학교 3학년 약간의 조정을 하며 좋은 길을 찾아 갈 수 있을 것입니다. 같은 이유로 일반고를 선택했다고 하더라도 입시를 준비하는 학생들의 학습 템포를 느껴가며 고등학교에서의 경쟁력을 만들 필요도 있습니다.

지금부터 단계적으로 정진하는 항해 방법을 소개하겠습니다. 그러나 책 속의 내용만으로 자녀를 멘토링 할 수는 없습니다. 멘토링은 '일반적인' 안내가 아니라 '자녀에게 맞는' 안내가 필요하기 때문입니다. 그래서 부모님과 학생이 스스로 과정을 탐색할 수 있도록 아래처럼 글 중간에 가장 도움이 되는 사이트들을 안내합니다.

추천사이트 1 최영득 원장의 진로진학 정보	
한 줄 평 : 교육기관 사이트, 진로진학 사이트, 교육정보 블로그를 한눈에!	
URL : https://ydchoi.modoo.at/?link=9hqdots6	

부모님과 학생이 함께 시기마다 책을 꺼내보며 진로진학에 대하여 기대해 보기를 기대합니다.

1. [중1 진로목표]
진학목표보다 진로목표를 세우는 것이 우선이다.

학년	12월~2월	3월~5월	6월~8월	9월~11월
1학년	교과학습	자유학년제 탐색	진로선택	진로관련활동

자유학기제가 자유학년제로 변경되며 중학교 1학년 한해가 모두 내신이 산출되지 않습니다. (물론 학교마다 1학기 내신을 시행하는 학교도 있지만 고입에는 반영되지 않습니다.) 그래서 "공부해야 하지 않니?"라는 어조로 자녀와 이야기를 나눈다면 빈번히 부딪히는 상황이 발생합니다. 핵심은 '학습동기(5-4)'를 만들어 주는 것입니다.

✓ "내신이 없다면 교과학습을 소홀히 해도 될까요?"

절대 그렇지는 않습니다. 중학교 1학년 때 교과학습을 소홀히 한다면 학년이 높아지며 난이도가 높아지는 학습을 따라갈 수 없습니다. 또한 진로와 진학에 대한 준비를 할 호흡을 가져갈 수 없습니다. 지필평가를 보지 않기 때문에 내신 기출문제를 열심히 풀며 빈틈없이 암기할 필요는 없겠지만, 개념을 정확히 익히는 꼼꼼한 학습이 필요합니다. 그런데 중간고사가 없는 학교 분위기에 학생들에게 학습분위기를 만들어 주는 것은 매우 어렵습니다. 그래서 중학교 입학 전 겨울을 효과적으로 사용하며 면학 분위기를 만들어야 합니다. 학생들을 지도하며 느낀 것은 중학교 문을 열어 보기 전의 긴장감이 개학 후 4~5월보다 학습에 대한 집중력이 좋습니다.

그리고 중학교에 입학해서는 자유학년제를 충실히 수행하며 학습동기를 만들어주어야 합니다. 그리고 '꿈(진로)'와 '단기목표(고입)'은 그 동기가 됩니다. 가끔 학부모님 중에는 자녀를 낮게 판단하고 고등학교 입시를 준비할 만큼 영리하지 않다고 먼저 판단하는 경우도 있습니다. 하지만 학생들을 현장에서 컨설팅하고 멘토링 하면서, 진학목표라는 것이 학생들을 어떻게 성장시키는지 눈으로 보게 됩니다.

✓ "고입의 시작을 어떻게 준비해야 할까요?"

우리가 새로운 물건을 구입하면 가장 먼저 사용설명서를 읽는 것처럼, 고입을 시작하는 첫 단추는 고입이 어떤 학생을 원하는지 매뉴얼을 확인하는 것입니다. 그 매뉴얼은 각 학교가 제공하는 자기소개서에 담겨 있습니다. 학생들에게 가장 묻고 싶은 질문을 모아 놓은 것이 자기소개서이기 때문이죠. 그리고 대부분의 고입과 대입 자기소개서 첫 질문은 이것입니다.

'본교에 지원한 동기를 기술하여 주십시오.'

무엇 때문에 여러 학교 중 우리 학교를 선택하였는지 이유를

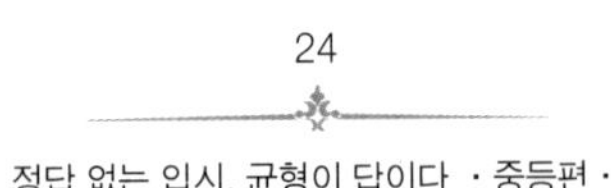

물어보는 것입니다. 이에 작성하는 올바른 방법은 다음과 같습니다.

첫째, 열심히 공부할 것이다.
둘째, 본교와 나는 잘 맞을 것이다.
셋째, 나는 본교 안에서 훌륭한 인재로 성장할 것이다.

세 가지 항목에 맞추어 글을 작성해보려 하면 빼놓을 수 없는 기준이 바로 진로 목표입니다.

▪ 진로 목표와 연결한 면접관이 좋아하는 지원동기

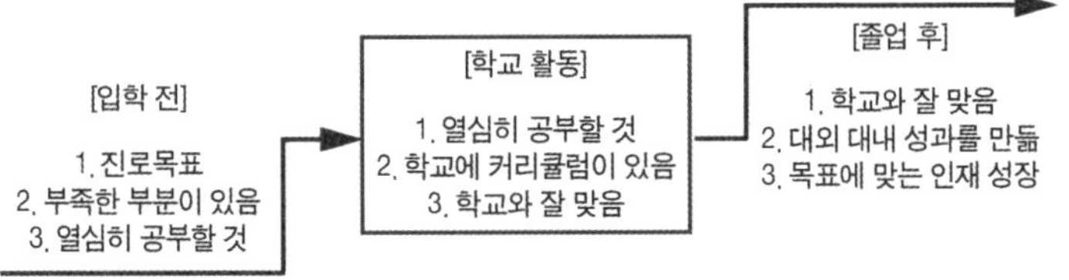

위 표는 학생의 진로와 면접관이 듣고 싶어하는 세 가지 요소를 연결시킨 알고리즘입니다. 결국 고등학교와 대학에서는 진로 목표를 갖춘 친구가 우리 학교를 만나, 학교의 커리큘럼에 맞추어 공부를 하며, 훌륭한 인재로 성장하기를 바라는 것입니다. 학교의 커리큘럼은 똑같지만 진로가 명확한 학생이 더 열심히 공부할 것임을 믿는 것이죠. 그리고 학교에 입학하면 재학생만큼 학생이 좋은 인재가 되어 졸업 후 학교를 빛내 주는 것이 상급학교의 바람인 것입니다.

결국 자소서처럼 중학교 생활의 첫 시작도 진로목표를 정하는 것입니다. 그리고 중학교 3년간 부족한 부분을 하나 둘 채워 나가며 미래 계획을 세워갑니다. 자유학년활동은 진로선택의 시작이 됩니다. 그렇기 때문에 후회 없는 진로 선택을 하려면 본인이 관심있는 분야를 최대한 다양하게 만나보아야 합니다. 단지 재미있을 것 같은 분야를 도전해 보는 것도 추천합니다. 다양한 활동에서 느끼는 호기심과 유연성이 '우연학습기술(7-4)'의 시작이자 진로 성숙도를 만들어 줍니다.

✓ "진로를 가다듬고 2학기를 준비하자."

2학기에는 좀 더 신중한 선택들이 시작됩니다. 다양한 경험을 하는 것이 중요하지만, 자유학년제 기간이 마무리되었음에도 진로에 대한 활동을 만나지 못했다면 학교생활기록부 상으로는 1년간 의미 없는 활동을 한 것처럼 보이게 됩니다. 자유학년제의 성취도는 자유학년제의 목표가 되는 진로설정이기 때문입니다. 때문에 중1 여름방학에는 1학기의 활동과 경험을 바탕으로 진로를 선택하고, 2학기 전략적으로 활동을 선택할 수 있는 준비를 해야 합니다.

✓ "진로를 선택하는 것에 대한 부담감을 줄이려면"

자유학년제는 분명 진로의 길이 되어 줄 것입니다. 하지만 개인에게 꼭 맞춰진 활동은 그룹수업 속에서 불가능하므로 학생 스스로 자가평가를 하며 다듬는 과정이 필요합니다. 이 때 가장 유용한 사이트가 바로 '커리어넷'입니다.

추천사이트 2 커리어넷	
한 줄 평 : 진로적성검사부터 선택까지 진로에 대한 모든 고민은 커리어넷과 함께!	
URL : https://www.career.go.kr/cnet/front/main/main.do	

학령에 맞게 진로심리검사 및 진로탐색 방법이 잘 안내되어 편안하게 접근할 수 있습니다.

물론 '커리어넷' 속의 진로 도구들이 가장 좋은 진로 선택 키트가 아닐 수도 있습니다. 하지만 교육부에서 관리를 하며 가장 학교생활의 방향을 잘 잡을 수 있도록 만든 도구들입니다. 이러한 방향성으로 학교생활을 넘어 진로와 입시 사이의 연관성까지 확인하고 싶다면 다음의 '어디가'라는 사이트를 추천합니다. 이 사이트의 공식 명칭은 '대입정보포털 어디가'입니다. 그만큼 '커리어넷'이 학교생활 정도를 안내한다면 '어디가'는 대학의 전공선택까지 준비해야할 학습 능력과 성향을 현실적으로 안내해 줍니다.

추천사이트 3 어디가	
한 줄 평 : 진로와 전공을 연결해 본다면 어디가에서!	
URL : http://www.adiga.kr/EgovPageLink.do?link=EipMain	

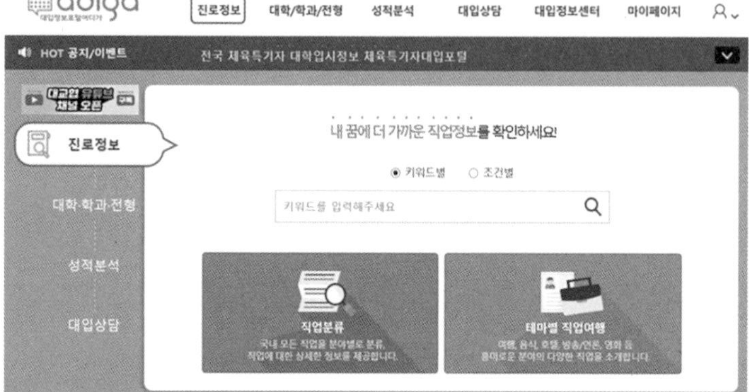

'어디가'는 그 목적에 부합하게 대입을 안내하는 사이트이지만 첫번째 탭이 '진로정보'라는 것을 확인할 수 있습니다. 그만큼 고입과 대입 모두 진로선택이 선행되어야 한다는 것을 보여줍니다. "내 꿈에 더 가까운 직업정보를 확인하세요!" 이곳은 한국고용정보원 워크넷이 담당하여 실제 직업의 분류에 맞게 진로를 바라볼 수 있습니다.

- **한국고용정보원 워크넷의 직업 분류**

  관리 · 경영 · 금융 · 보험 / 교육 · 연구 · 법률 · 보건 / 사회복지 · 문화 · 예술 · 방송 / 운송 · 영업 · 판매 · 경비 / 미용 · 숙박 · 여행 · 스포츠 · 음식 / 건설 · 기계 · 재료 · 화학 · 섬유 / 전기 · 전자 · 정보통신 / 식품 · 환경 · 농림어업군 · 군인 / 녹색직업

그렇게 가장 원하는 직업을 찾아보면 아래처럼 다양한 정보들이 안내됩니다. 특히 앞으로 공부의 방향을 잡아야 하는 학생들에게 업무수행능력, 지식, 성격, 흥미, 가치관 등은 좋은 지표가 됩니다.

[항공공학기술자]

[정보제공 : 한국고용정보원 워크넷]

요약하기 | 하는 일 | 교육/자격/훈련 | 임금/직업만족도/전망 | 능력/지식/환경 | 성격/흥미/가치관

하는일	항공공학적 원리(공기역학·추진·구조·안정성·제어)와 기술을 적용하여 항공기를 설계·개발·시험한다.		
교육/자격/훈련	관련학과	관련자격	훈련정보
	기계공학과 메카트로닉스(기전)공학과 반도체·세라믹공학과 항공학과	항공기관기술사(국가기술), 항공기관정비기능사(국가기술), 항공장비정비기능사(국가기술)	기계공학 기술자 및 연구원
임금/직업만족도/전망	임금	직업만족도	전망
	조사년도:2019년 임금 하위(25%) 4390만원 평균(50%) 6032.776만원 상위(25%) 7551만원	75%	증가(29%) 현상유지(36%) 감소(33%)
능력/지식/환경	업무수행능력	지식	환경
	기술 분석(98) 기술 설계(96) 장비 선정(96) 장비의 유지(95) 듣고 이해하기(92)	공학과 기술(100) 물리(100) 산수와 수학(99) 기계(98) 컴퓨터와 전자공학(97)	4차산업 도구, 기술 사용_3D프린터(99) 이메일 이용하기(93) 앉아서 근무(87) 연설, 발표, 회의하기(87) 4차산업 도구, 기술 사용_인공지능(프로그램)(83)
성격/흥미/가치관	성격	흥미	가치관
	분석적 사고(97) 신뢰성(94) 꼼꼼함(88) 혁신(86) 성취/노력(79)	탐구형(Investigative)(87) 관습형(Conventional)(72) 현실형(Realistic)(64) 진취형(Enterprising)(59) 사회형(Social)(33)	심신의 안녕(99) 애국(98) 타인에 대한 영향(96) 인정(95) 신체활동(91)
일자리 현황	조선·해양공학 기술자 및 연구원		
관련직업	품질관리사무원	비파괴 검사원	산업안전원
	위험관리원	소방공학기술자	건축안전·환경·품질·에너지관리 기술자
	에너지 시험원 및 진단전문가	산업공학기술자	에너지공학기술자
	조선해양공학기술자	자동차공학기술자	원자력공학기술자
	해양수산기술자		

▪ 어디가 항공공학기술자 정보 화면 구성

사이트의 내용을 바탕으로 각 항목에서 우선시되는 3개의 단어를 보고 내가 가지고 있는 것과 갖추어야 할 것으로 분류하면 앞으로 나아가야 할 방향이 눈에 정리되기 시작합니다.

	업무능력	지식	성격	흥미	가치관
가지고 있는 것		물리 산수와 수학	분석적사고 신뢰성	탐구형 현실형	애국 타인에 대한 영향
갖추어야 할 것	기술 분석 기술 설계 장비 선정	공학과 기술	꼼꼼함	관습형	심신의 안녕

그렇게 위 표처럼 자기에 맞추어 정리하며 분석하고, 2학기 자유학기 활동으로 채워 나가는 것입니다.

진로 선택에서 부모님의 가장 중요한 접근은 학생에 대한 존중입니다. 다양한 사회 경험으로 바라본 부모님의 눈으로 직업의 처우와 미래를 먼저 생각에 두고 학생의 진로선택에 개입한다면 자녀의 '직업기초능력(7-2)'을 성장시켜 주기 어렵습니다. 특히 이제 중학교 1학년 진로진학의 시작입니다. 벌써부터 이견을 만들고 갈등을 가져가기엔 진로진학 멘토링의 기간이 너무 많이 남았습니다.

2. [중2 진학목표]
활동을 선택하는 것이 경쟁력을 결정한다.

학년	12월~2월	3월~5월	6월~8월	9월~11월
1학년	교과학습	자유학년제 탐색	진로선택	진로관련활동
2학년	학생부점검(진학 고민)	내신, 비교과 대비	희망 진학목표 수립	교과학습 및 수행평가

중학교 1학년이 초등학생의 티를 벗어내는 시기였다면 2학년은 진정한 청소년이 되는 시기라 할 수 있습니다. 영어로 청소년은 H.O.T. 의 Teenager로 십대로 표현하기도 하지만, adolescent라 표현하며 어른을 표현하는 adult와 같은 어원 ad, adolesco를 가지고 있습니다. 단 청소년은 되어간다는 의미를, 어른은 완료의 의미를 가지고 있습니다.

이제 어른이 되어가는 과정에 돌입했다는 것이죠. 중학교 2학년 1학기, 이 청소년들에게는 처음 주어진 부담이 많습니다. 내신과의 첫 만남, 그리고 비교과 활동이 그것입니다. 뇌의 변화와 심리적 변화에도 스트레스를 받을 이 시기에 말이죠. 심지어 6월에 원서접수가 시작되는 2학년 영재학교 지원학생들은 그 부담이 말도 못합니다. 물론 합격에 확신을 가지고 도전하지는 않지만 입시를 경험하는 것 자체가 스트레스가 됩니다. 그만큼 성장을 하기도 합니다.

중2의 4~5월	과거		자유학년제 이후
교과	1학년 자신의 내신 장단점 경험	▶	첫 번째 중간고사 내신 반영
비교과	과학의 달 등 대회, 수행평가 등		
영재학교 입시	원서 접수	▶	원서 접수 전

'중2병'이라는 단어가 생기는 것이 어찌 보면 당연합니다. 이런 부담을 조금이라도 줄이려면 중학교 1학년 때부터 꾸준히 자기주도학습을 하고 스스로 시험(성취평가제)를 준비하는 건강한 학습 습관이 중요합니다. 그리고 3월 개학부터 미리 그린 듯 하나씩 활동들을 수행해 나가면 됩니다. 다음 학기의 그림을 그릴 때 학생들에게 가장 효과적인 도구는 바로 학교생활기록부입니다.

✓ "2학년의 시작은 1학년 학생부 점검입니다."

처음 학생부를 대하는 학부모님이나 학생이라면 학생부에 기재된 내용들이 다 비슷비슷한 느낌의 단어 모임으로 보일 것입니다. 특히 '대부분 다 이렇게 똑같이 적어주지 않을까?'라고 생각하며 학생부가 큰 의미가 없다고 판단하기도 합니다. 필자도 컨설팅 첫 해 몇 십 개의 학생부를 입시를 위하여 읽고 나서야 겨우 차이점을 발견할 수 있었고, 3년 정도 지나서야 디테일과 경쟁력 부분에서 어느 정도 파악할 수 있었습니다.

그래서 처음 학생부를 읽을 때에는 다음과 같은 기준을 가지고 편하게 접근하는 것을 추천합니다. 그리고 초등학교의 6년간 모인 학교생활기록부도 함께 본다면 중학교 1학년 내용과 연결시켜 볼륨 있게 확인할 수 있습니다.

1. 분량을 줄이자!
2. 이력서라고 생각하고 읽어보자!
3. 내가 알고 있는 아이를 찾자!

위 3가지 방법이 연습된다면 앞으로 시작할 학생부의 관리 단계에서도 매우 효과적입니다

① 분량을 줄이자.

첫 단계는 학생만을 위한 표현들을 모아 분량을 줄이는 과정입니다. 먼저 활동 중심으로 학생부를 읽어갑니다. 그리고 만약 기재되지 않은 것이 있다면 수정을 해야 하겠죠. 학생부 기재 내용을 선생님께 문의하게 되면 혹시나 학생에게 불이익이 갈 것이라 생각하여 부담을 가지는 경우가 있습니다. 선생님이 학생의 평가를 적은 부분에 대하여 정정요청을 하는 것은 사실 조금 불편할 수 있습니다. 하지만 활동 사실이 누락된 부분은 부담 없이 요청해야 합니다. 특히 학기 시작 전까지는 정정기간이라고 하여 어려움 없이 수정 가능합니다. 다음은 활동마다 어떠한 과정이 있었고 그에 따라 평가가 되었는지 꼼꼼히 읽어

봅니다. 활동과정과 활동평가는 아래 표와 같은 내용이 담겨 있습니다.

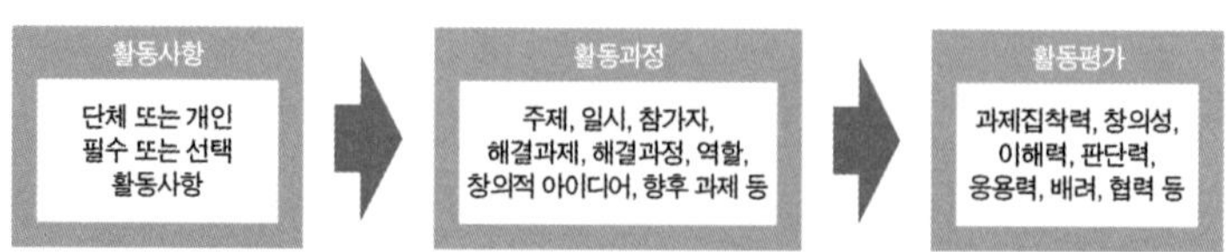

이렇게 활동, 과정, 평가로 각 항목을 읽어 보았다면 아래 표에 맞추어 내용을 정리해봅니다. 이 정리 방식은 서울대, 경희대 등 많은 대학의 학생부 종합전형에서 분석방법을 정리한 것입니다.

먼저 경험한 활동이 학교 공통과정이었는지 혹은 개인이 선택한 활동인지 구분합니다. 당연히 개인이 선택한 활동들이 더욱 중요한 항목이 됩니다. 다음은 과정에 대하여 사실만 기재하였는지, 학생에 대한 평가가 있었는지 확인합니다. 그렇다면 다음 표의 왼쪽처럼 가장 중요한 것은 개인이 선택한 활동의 평가가 되며 개인이 선택한 활동사실과 학교에서 함께 진행한 활동의 평가 내용은 그 다음이 됩니다. 그리고 학교에서 공통으로 진행한 사실들은 과감하게 삭제할 수 있습니다.

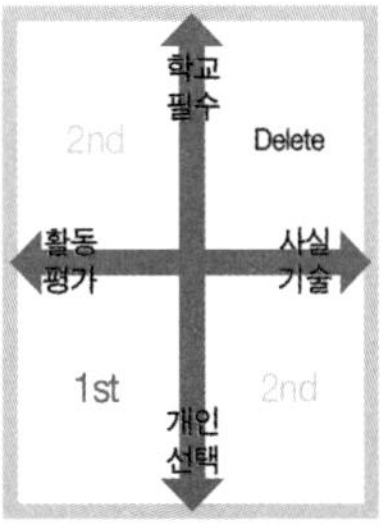

학교필수
2nd
Delete
활동평가
사실기술
1st
2nd
개인선택

분류		수상	진로	자율	동아리	봉사	진로	세특	독서	행특
학교필수	사실									
	평가									
개인선택	사실									
	평가									

그렇게 표의 오른쪽처럼 내용을 하나 하나 정리해봅니다. 또는 학생부에 빨간 펜, 파란 펜으로 표기하여 시각적으로 중요 문장을 강조하는 것도 좋습니다.

예를 들면 다음과 같습니다.

분류		항목	기재 내용	중요
학교필수	사실	자율활동	학급단합행사에서 협동하여 경기를 진행하며 친구들의 소중함을 느낌	Delete
	평가	진로탐색활동	명사초청에서 적성을 확인하는 방법을 구체적으로 질문하고 보고서로 작성함	2nd
개인선택	사실	동아리활동	(TED토론반)(20시간) 도덕성과 관련된 TED 영상을 보고 토론 시간을 가짐	2nd
	평가	주제선택활동	(창의쑥쑥과학탐구) 친구들과 발사체를 만들며 오작동 원인을 찾아내고 보완함	1st

1st 항목들을 중심으로 2번 단계로 나아갑니다. 자료가 많지 않다면 2^{nd}의 내용들도 충분히 좋은 학생 평가 정보가 됩니다.

② 이력서라고 생각하고 읽어보자!

첫번째 과정에서 확인된 학생의 좋은 평가가 모두 입시 경쟁력에 도움이 되는 단어일까요? 창의성 > 이해력 > 리더십처럼 순서가 있는 것일까요? 또는 어떤 단어의 조합이 좋은 평가를 받을까요?

정답은 앞서 안내한 것처럼 진로 진학 목적에 적합할수록 좋은 평가가 됩니다. 즉, 앞 챕터에서 안내한 '커리어넷'과 '어디가'에서 정리된 직업에서 필요로 하는 것들과 비교해보면 되겠죠. 학부모님이 읽을 때에는 마치 자녀가 진로 목표로 하는 기업의 인사담당자가 된 것처럼, 지원자의 이력서를 보듯 첫번째 과정으로 요약된 학생부 내용을 읽어보면 조금 더 수월합니다. 학부모님의 경험이라면 대략적인 직업들의 기본적 방향은 이해하시니까요. 경험해보시면 생각지도 못했던 단어들이 중요하게 눈에 들어오기 시작할 것입니다. 그리고 학생에게 어울리는 활동들이 떠오를 것이며 반대로 방학 동안 채워 줄 역량도 하나 둘 떠오르게 됩니다.

③ 내가 알고 있는 아이를 찾자!

세번째 과정은 어쩌면 학생부를 읽어야 하는 가장 중요한 이유일 수 있습니다. 축구 국가대표 경기를 보면 가끔 '저 선수는 슛을 잘하는 선수인데 저렇게 수비형으로만 쓰면 제 기량을 발휘할 수가 없지!' 하고 아쉬워하는 경우가 있습니다. 학생들도 마찬가지입니다. 특히나 아직 어리기 때문에 반이나 모둠에서 자신의 역할을 찾지 못하며 가지고 있는 장점을 발휘하지 못하는 경우가 의외로 많습니다. 그래서 학생부를 읽고 자녀에 대해 알고 있는 장점이 보이지 않으면 신학기 담임선생님 상담에 꼭 이야기를 나누어야 합니다. 학생 스스로 변화를 갖지 못하는 부분을 선생님께서 유도하고 안내하며 잠재된 장점을 끌어올려줄 수 있기 때문입니다.

학생부를 읽고 작년 한 해의 장단점을 살피며 계획을 시작하는 것입니다. 자유학년제에 충분히 나의 진로를 탐색하였는지, 그에 걸맞은 나의 장점은 보여지는지 말이죠. 그리고 진로에 조금 더 다가가려면 어떠한 활동을 해야 하는지 생각해보고 1학기를 계획하는 것입니다. 학생부를 학부모님과 자녀와 함께 읽으며 교과학습의 부족한 부분을 이야기하는 과정도 필요합니다. 다가올 중간고사와 기말고사의 준비도 필요하니까요. 만약 학생부의 활동사항과 평가, 그리고 교과학습에서 크게 부족한 부분이 보이지 않는다면 어떤 고등학교가 나와 어울릴지 조금 빠르게 고민해보고 동기를 얻는 것도 좋습니다. 특히 이공계열에 뚜렷한 꿈이 있는 학생이라면 영재학교, 과학고 진학에 대한 고민을 이 시기에 꼭 해야 합니다. 앞서 이야기한 것처럼 중학교 2학년 6월 원서접수가 시작되니까요.

✓ "문제의 2학년 1학기 첫 주가 한 학기를 좌우합니다."

이제 내신과 비교과를 처음 만나는 부담스러운 2학년 1학기가 시작됩니다. 먼저 첫 주 비교과를 위한 준비가 시작됩니다. 동아리와 대회, 학급임원선거 등이 그것입니다. 선택에서 가장 중요한 기준은 당연 진로와 '자기결정성(5-3)'입니다. 진로와 관련된 활동을 우선적으로 선택하고 여유를 생각하고 호기심과 열정을 끌어올릴 도전과제를 선택하는 것입니다. 효율성 있는 선택을 해야 하는 것이 1학년 때 비교과활동과 달라진 모습입니다.

우선 시작은 진로와 연결된 활동을 선택하는 것입니다. 특히 중학교 때에는 동아리 선택이 가장 중요한 요소입니다. 만약 원하는 동아리가 없다면 자율동아리를 목표가 비슷한 친구들과 구성해보는 것도 좋은 방법입니다. 동아리 선택이 만족스럽다면 사실 절반정도 고민은 덜었다고 해도 과언이 아닙니다. 그리고 1년의 학사일정 중 약 40%의 교내 대회가 모여 있는 4월에 어떤 대회를 선택하고 준비할지도 고민해 봅니다. 당연히 이때도 기준은 진로입니다. 하지만 진로에 맞는 동아리를 선택하였다면 조금은 여유가 생길 수 있습니다. 그리고 여유가 있다면 교과 공부를 더 할 것인지, 관심있는 대회를 선택해 볼 것인지는 스스로 선택해야 합니다. 자기결정성이 줄어들고 다른 사람에 의하여 만들어진 틀 속에서 무기력해지면 자칫 '감각추구성향(5-3)'이 강해져 자극적인 게임이나 스마트폰에 빠질 경우가 많기 때문입니다. 실제로 현장에서 컨설팅을 진행할 때도 매우 조심스럽게 접근을 합니다. 컨설팅을 받으러 오시는 대부분의 학부모님은 빠르게 효과를 얻으려 바로 채울 것들을 원하십니다. 하지만 학생 스스로 책, 진로, 활동 등에 다가갈 수 있는 문을 열어주어야 합니다. 그리고 선택을 기다려 그에 맞는 활동들을 연결해주는 기다림과 관심이 필요합니다. 물론 코 앞에 입시가 다가와 있다면 이야기가 다를 수 있습니다. 학생들을 기다리고 다양한 가능성을 열어 두며 모든 케이스를 준비하는 것은 컨설팅하는 입장에서도 훨씬 힘이 듭니다. 하지만 멘토의 자세로 학생의 학습 컨디션과 장기적 인성 형성을 생각해보면 당연 옳은 방향입니다. 학부모님도 그만큼 많은 준비와 기다림이 필요하겠지만 책 제목처럼 입시전략과 인성형성의 균형 있는 학습과정이 건강한 인재로 자녀를 성장시킬 수 있습니다.

이렇게 학교의 활동을 찾고 계획할 때 필요한 사이트가 바로 '학교알리미'입니다. '학교알리미' 사이트에서 학생이 다니고 있는 학교 이름을 검색하면 학사일정과 대회일정, 학교의 특색사업 등이 확인 가능합니다. 아래는 대치동에 위치한 단국대학교 사범대학부속중학교를 검색한 자료입니다.

추천사이트 4 학교알리미	
한 줄 평 : 지금 다니고 있는 학교의 정보와 함께 앞으로 진학목표까지 탐색!	
URL : https://www.schoolinfo.go.kr/ei/ss/Pneiss_f01_l0.do	

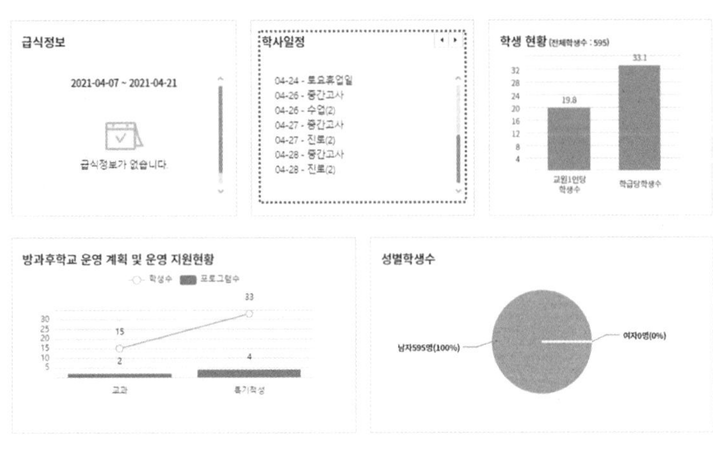

동아리와 대회 이렇게 두 가지 큰 활동을 구성하고 나면 이제 내신을 고민해야 합니다. 지금의 내신은 학부모님 때와 산출 방식이 조금 다릅니다. 100점부터 89.6점까지는 A인 성취평가제가 도입되었기 때문입니다.

- **성취평가제 A~E범위**

성취도	범위	비고
A	90점 이상	*소수점 첫째 반올림
B	80점 이상 ~ 90점 미만	
C	70점 이상 ~ 80점 미만	
D	60점 이상 ~ 70점 미만	
E	60점 미만	

100점 시험지를 항상 만들어야 하는 부담은 줄었지만 오히려 이 때문에 우수한 학생들이 2학년 1학기 내신에서 'B'나 'C'가 나오는 경우가 간혹 발생합니다.

첫 번째 이유는 첫 경험에 따른 지필평가의 부담감과 시간관리 실수 때문입니다. 그래서 내신대비 기간에는 정확히 시간을 재고 친구들과 함께 시험 분위기를 만들어 모의평가를 해보는 연습이 필요합니다. 두 번째로 수행평가를 소홀히 하는 경우입니다.

	학교평가				
	중간고사(30%)	기말고사(30%)	수행평가(40%)	총계	성취도
예1)	94	92	82	268	B
	28.2	27.6	32.8	88.60	
예2)	94	82	92	268	A
	28.2	24.6	36.8	89.60	

학교평가 방법을 잘 모르는 학부모님의 경우 예전처럼 수행평가가 10%정도 반영될 것이라 생각하는 경우가 있습니다. 하지만 최근에는 위 표처럼 중간고사 30%, 기말고사 30%, 수행평가 40%의 비율이 일반적입니다. (이 비율도 학교알리미에서 확인 가능합니다.) 그리고 비율에 따른 점수산정으로 예1)과 예2)의 사례처럼 같은 총점을 맞아도 성취도는 'A'와 'B'로 차이를 보일 수 있습니다. 그만큼 수행평가 관리도 중요한데 이 방법은 다음 파트에서 구체적으로 안내 드리겠습니다. 이 장에서

작은 스킬을 잠시 안내하자면, 수행평가에서 주제 선택이 가능하다면 진로와 어울리게 선정하는 것이 효과적입니다. 예를 들어, 진로가 컴퓨터공학자라면 수학, 과학, 정보 시간의 수행평가만 중요하게 생각될 것입니다. 하지만 사회 과목의 수행평가에서 미래 사회의 문제점 및 해결방안과 같은 주제가 나왔다면 "AI를 효과적으로 미래사회에 적응시키는 방법"과 같은 수행과제를 만들어 진로와 연계시키는 것입니다.

✔ "보완과 도전, 1학기의 결과로 남은 2학기는 어떤 학습을 할 것인지 조율해 봅니다."

바쁘게 상반기를 보내고 나면 6월이 되어 처음으로 마음의 여유가 생깁니다. 하지만 바로 다가올 기말고사를 위하여 그동안의 학습활동을 정리하고 보완해야 합니다. 지필평가에서 부족했던 부분의 원인을 찾아야 하며 수행평가를 만날 때마다 무언가 모르게 속이 탔던 그 '무언가'를 떠올려보고 해결해보는 연습도 필요합니다. 이 때 부모님께서는 '노력이 부족해서 공부를 못한다.(6-2)'는 편견을 갖지 않아야 합니다. 다양한 관점에서 학습문제를 객관적으로 찾아보아야 합니다. 그리고 매번 방학 때가 되면 진로 목표와 학업 성과의 성취수준과 함께 나에게 적합한 고등학교를 고민해보는 과정은 항상 필요합니다.

✓ "1년간의 노력의 결실을 만들기!"

2학기는 노력의 결과물을 만드는 시기입니다. 1학기에 부족했던 과목을 노력하여 올려보고 내가 선택한 진로와 적성이 적합한지 확인하는 시기입니다. 2학기의 학업 성적에 따라 중학교 3학년 입시에 대한 다양한 전략이 세워집니다. 성공의 자신감은 중학교 3학년때 선택해야 할 고입에 의욕을 만들어 줍니다. 할 수 있다는 긍정의 에너지가 되는 것입니다. 반대로 부족한 부분이 발생한다면 입시보다는 자신감을 가질 수 있는 중학교 3학년을 만드는 방향으로 전환이 필요합니다. 하지만 진로목표를 잡고 학생부를 관리하는 연습은 일반고를 선택하더라도 끊임없이 진행해야 합니다. 이러한 활동은 단지 고입을 위한 활동이 아니라, 중학교에서 대입을 준비하는 가장 좋은 준비임을 잊지 말아야 합니다.

3. [중3 고입전략] 중학생으로서 대입을 준비하는 최고의 전략은 고입이다.

학년	12월~2월	3월~5월	6월~8월	9월~11월
1학년	교과학습	자유학년제 탐색	진로선택	진로관련활동
2학년	학생부점검	내신, 비교과 대비	희망 진학목표 수립	교과학습 및 수행평가
3학년	최종 목표 설정	목표 전략 활동	목표 활동 보안	학교급 전환 준비

✓ '중학교 3년간 어떠한 성과를 남길 것인가?'

이 시기에 겨울방학 설명회나 특강에서 학생들을 만나면 자주 던지는 질문입니다. 학생들은 각각의 대답들을 꺼냅니다. 그런데 '성과'라는 표현을 사용하면 대부분 '고입'에 대한 접근을 생각하는 경우가 많습니다. 그렇게 중학교 3학년이 되면 학생들의 성장 의욕이 고입을 준비하는 학생들과 그렇지 않은 학생 두 분류로 극명하게 나타납니다.

그런데 과연 중학교 생활 속에서 얻을 수 있는 성과는 '고입'만이 있을까요? 많은 학생들이 고입을 내려놓고 나면 목표를 대입으로 정합니다. 그런데 4년 후의 이슈는 학습 의욕에 시동을 걸기에 효과적이지 않습니다. 결국 중학교 3학년 가장 중요한 것은 학생에게 꼭 맞는 목적과 목표를 가지는 것입니다.

목적(Objectives) : 실현시키고자 하는 방향
목표(Goal) : 목적에 대한 실제적 지표

그렇다면 목적이 될 수 있는 것에는 무엇이 있을까요?

목적	목표
진로 선택	문이과 선택, 직업선택, 전공선택 등
교과 관리	주요교과 'A' 성취도 달성, 반 10등 달성 등
비교과 관리	대회 수상, 동아리 프로젝트 산출물 완성 등
고등학교 입시	영재학교, 과학고, 외고, 국제고, 자사고 진학 등

생각해보면 중학교 3학년 자녀의 현재에 따라 성취 목표는

모두 존재합니다. 그런데 중학교 3학년 1학기를 준비하는 이 중요한 시기에 학생과 학부모 모두 '고등학교에 가서 잘하면 되지.'라는 다소 김빠진 탄산음료 같은 밋밋한 합의를 하고 1년을 보냅니다. 그리고 그렇게 크게 차이 나지 않았던 고입을 준비하는 학생들과 자녀의 큰 학습 차이를 만들고 맙니다.

이 시기 필요한 것은 '자기효능감(5-2)'입니다. 멀리 있는 대입을 바라보며 또는 원하는 일을 하고 있을 미래를 바라보며 중학교 졸업까지 내가 할 수 있는 목표는 무엇인지 세우고 해낼 수 있다는 자신감을 얻는 것입니다. 그렇지 않다면 자칫 이룬 것이 없다는 상실감과 함께 '학업 무기력' 상태가 될 수도 있습니다.

그런데 목표를 선택하겠다고 마음을 먹었다면 가급적 복합적이고 구체적인 목표를 잡는 것을 추천합니다.

"화학공학자와 기계공학자 중에 어떠한 진로를 선택할지 고민하면서 다른 과목은 몰라도 중학교 3학년 과학은 1, 2학기 모두 A를 맞을 거야!"

진로를 담은 교과목표, 진로를 담은 비교과목표를 설정하는 것입니다. 실제로 일반고를 준비하더라도 의대를 준비하며 국영수과를 끊임없이 정진하는 학생이 가장 열심히 공부하니까요. (일반고 최상위가 가장 좋은 의대 진학 방법이라고 안내하는 것은 아닙니다. 이 부분은 다음 파트에서 안내 드리겠습니다.)

그러나 2학년 때 내신만 잘 만들어져 있다면 결과적으로 가장 좋은 목표는 중학교 3학년 고입이 됩니다.

✓ "왜 고입을 준비해야 할까요?"

첫 번째 이유는 학생의 진로에 적합한 수업이 가득 담긴 고등학교를 선택할 수 있다는 것입니다. 예를 들어 통역사를 희망한다면 외고에서 더 많은 전문교과를 통하여 진로를 단단히 할 수 있고 대입 경쟁력도 따라서 올라갈 것입니다.

두 번째는 고입 전형의 모양새가 대입 학생부종합전형과 닮았기 때문입니다. 학생부종합전형은 다음 파트에서 자세히 안내하겠지만, 10년 간 대입의 핵심으로 자리고 있음에도 매해 깜깜히 전형이라는 오명을 받는 선발 방식입니다. 그만큼 입시의 요소를 이해하기 어렵고 고등학교 생활 전체를 평가하기 때문에 고3 마지막에 눈을 뜬다면 멀게만 느껴지게 됩니다. 그런데 고입은 대입의 학생부종합전형과 너무나도 닮았습니다. 그래서 항상 학부모님과 학생들에게 '중학생이 대입을 준비하는 가장 좋은 방법은 선행이 아니라 고입'이라고 이야기를 합니다.

마지막 세 번째는 잃을 것 없는 도전이기 때문입니다. 아래 그래프는 주요 선발 고교 (영재학교 및 과학고, 외고, 국제고, 전국단위 자사고) 정원과 고등학교 내신 1~3등급, 대학 입학정원비율, 중학교에서 2년 간 국영수 A를 성취하는 학생의 비율을 비교한 것입니다.

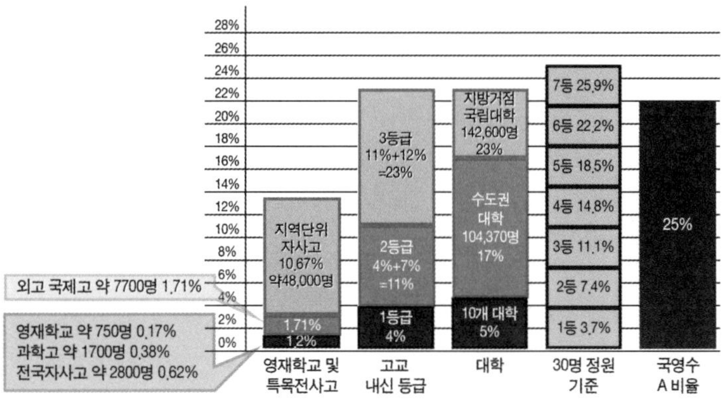

고입은 상위 3%정도의 학생들을 선발하는 좁은 문입니다. 고등학교 내신 1등급(4%)의 비율보다, 상위 10개 대학의 정원(5%)보다도 낮습니다. 그런데 고입 평가의 기초가 되는 중학교 내신 국영수 A의 비율은 약 25%가 됩니다. 해볼 만한 전투입니다. 실패를 한다고 해서 대입처럼 재수를 하거나 큰 좌절이 오는 것도 아닙니다.

단, 소개한 것처럼 다양한 장점이 있기는 하지만 자녀에게 특목고와 자사고의 경쟁에서 견딜 수 있는 유연성과 학습성향이 있는지는 고민해 보아야 합니다. 특목고와 자사고의 경우 내신 2등급, 상위 11% 이내에 들지 않아도 좋은 대학을 진학할 수 있는 방법들이 다양합니다. 하지만 중학교에서 언제나 반 1, 2등을 도맡아 하던 학생이 중위권 성적을 받게 될 경우 받는 스트레스는 학생마다 다른 것이죠. 그렇다면 일반계 고등학교에서 상위권을 유지하는 것이 좋은 방향일 것입니다. 물론 최근에는 일반계 고등학교 상위권을 유지하는 것도 쉬운 것만은 아니지만요.

✓ "희망 고교를 확정하고 마지막 1년간의 분기별 목표를 다르게 계획하자!"

나의 진로목표에 적합한 학교를 찾으려면 고등학교별로 어떠한 차이점을 가지고 있는지 확인해야 합니다. 그 답을 찾는 시작은 '고입정보포털'이라는 사이트에 들어가서 학교별 특징을 살펴보는 것입니다. 그리고 다음 과정은 각 학교의 홈페이지를 들어가 보는 것이죠. 물론 이 책을 끝까지 읽는 것으로도 좋은 길잡이가 됩니다.

추천사이트 5 고입정보포털	
한 줄 평 : 고등학교별 특징과 입학전형이 궁금하다면 시작은 고입정보포털에서!	
URL : http://www.hischool.go.kr/	

우리나라에서 가장 좋은 대학을 묻는다면 대부분 서울대학교를 지목할 것입니다. 하지만 가장 좋은 고등학교는 어디라고 생각하시나요? 여기에 정답은 없습니다. 학생의 진로에 따라서 혹은 살고 있는 지역과 성향에 따라서 학생마다 가장 좋은 고등학교는 각각 달라지기 때문입니다.

✓ "목표전략활동 및 보완은 진로철학을 보여주고 프로젝트 역량을 보여주는 과정입니다."

진로철학이란 꿈을 '기계공학자'에서 'OOOOO하고 싶은 기계공학자'로 굳게 만드는 과정입니다.

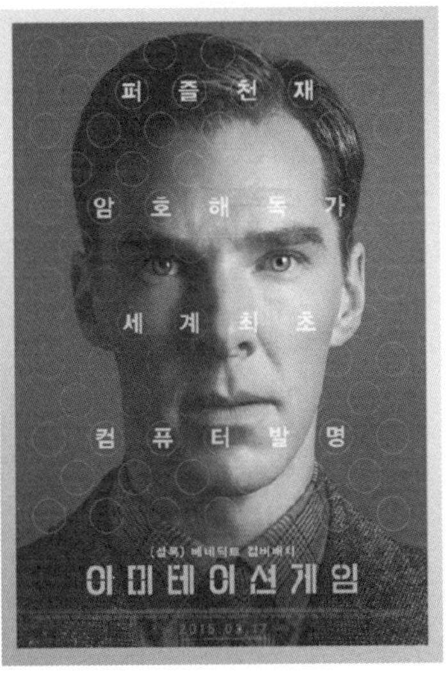

영화 보헤미안 랩소디와 이미테이션 게임은 각각 그룹 퀸과 암호학자 앨런 튜링을 그리고 있습니다. 그런데 영화제목이 보헤미안 랩소디와 이미테이션 게임인 이유는 무엇일까요?

마음 쉴 곳 없는 사람을 위한 형식 없는 음악을 추구하는 퀸과 인간처럼 계산할 수 있는 기계를 개발하고 싶었던 앨런 튜링을 가장 잘 대표하는 결과물이기 때문입니다. 이렇게 진로철학이란 진로 목표에 가치관을 더하는 일입니다. 학교의 다양한 교과 및 비교과 활동을 진행하며 진로 목표를 확립함과 함께 의미를 찾아가는 것입니다. 그리고 진로철학은 진로에 대한 깊이를 만들어주고 진로에 대한 관점을 수동적에서 능동적으로 바꾸어 줍니다. 이렇게 진로철학을 단단히 하기 위한 활동은 일반고를 진학하는 학생들에게는 고등학교에서의 학습 동기가 될 것이며, 고입을 준비하는 학생들에게는 자기소개서의 핵심으로 자리잡을 것입니다.

✓ "고등학교에서 잘 적응하려면 어떤 준비가 필요할까?"

중학교의 마지막 학기가 끝이 나면 고등학교 6학기를 어떻게 잘 활용할지 계획해 보는 현명한 준비가 필요합니다. 그리고 계획을 성공시키려면 나의 현재상태에서 어떤 보완이 필요한지 찾아 봐야합니다. 그런데 만약 이 책에서 안내한 것처럼 분기별 계획과 호흡을 중학교 생활동안 수행했다면 고등학교에서의 플랜은 Ctrl+C, Ctrl+V가 될 것입니다. 단, 중학교 수준에서 진행한 활동들을 고등학생의 시야로 보완해 나가고 채워 나가면 됩니다. 그리고 수능이라는 또 하나의 끝판왕이 하나 더 나타난다는 차이 정도입니다. 혹시 책에서 안내한 내용 중에 진로, 진학, 학습 등에서 삐걱거림이 있었다면 이 시기에 꼭 채워놓아야 합니다. 특히 진로선택이 가장 먼저임을 잊지 말고 '아직도' 방향이 정확치 않다면 최우선 과제로 해결해야 합니다. 몇 년 후 시작될 2022개정교육과정에서는 이 기간을 '학교급 전환 프로그램 운영' 시기로 지정하였습니다. 그리고 고교학점제를 위하여 진로 확정을 할 수 있도록 준비하고 있습니다. 지금의 중학생들에게 진로를 기준으로 하는 고등학교 생활은 더욱 중요해진다는 의미입니다.

이렇게 3학년을 4개의 분기로 나누어 학교생활에서 채워 나가야 할 것들을 안내했지만, 고입을 선택한 학생들이라면 선택한 학교에 따라 12개의 분기 목표가 조금씩 달라야 합니다. 1-4에서는 희망 고등학교에 따라 다른 분기별 플랜을 소개하며 학년별 입시 멘토링 방법을 정리하려 합니다.

4. 고입 목표 유형에 따라 조금씩 호흡이 다른 맞춤형 학습플랜

중학교 3년간의 생활을 분기별로 설명 드렸지만 당연히 모든 학생이 같은 계획과 일정을 소화할 수는 없습니다. 우선 계획의 수행도에 따라 조정이 필요하기도 하겠지만 고입을 선택한 학생이라면 고교 유형에 따라서도 조정이 필요합니다. 선택한 고등학교의 유형에 따라 입학전형의 일정이 다르기 때문입니다. 입학전형의 시작은 언제나 원서접수가 되므로, 원서접수 시기를 기점으로 최소한 전형 전 1년의 준비가 있어야 충분한 경쟁력을 만들 수 있습니다.

학년	3월~5월	6월~8월	9월~11월	12월~2월
2학년		영재학교		
3학년		영재학교	(전기고)과학고, 예고, 체고, 마이스터고	(후기고)외고, 자사고, 전사고, 일반고 등

둘째로 지원 고교 유형에 따라 학교생활기록부의 마감 기한 및 기재 내용이 달라집니다. 위 표처럼 영재학교는 6월, 과학고 등 전기고는 9월, 외고 등 후기고는 12월에 원서접수가 시작됩니다. 그래서 당연하게 영재학교는 3학년의 모든 학교 기록이 학생부에 기재되지 않으며, 전기고는 3학년 1학기까지의 학교생활이 기록됩니다. 물론 영재학교와 후기고 모두 3학년 2학기까지의 내신 성취도는 12월에 최종 제출해야 합니다. 그만큼 입시 경쟁력을 위한 고등학교 목표 설정부터 교과 및 비교과 보완까지 선택 학교에 맞게 호흡을 가져가야 합니다.

'결국 희망 고등학교를 선택해야 중학교 3년 간의 학습플랜이 세워지는 것입니다.'

▪ Case 1 고입목표 설정 3학년 1분기 : 외고, 국제고, 전국단위 자사고

학년	12월~2월	3월~5월	6월~8월	9월~11월
1학년	교과학습	자유학년제 탐색	진로선택	진로관련활동
2학년	학생부점검	내신, 비교과 대비	희망 진학목표 수립	교과학습 및 수행평가
3학년	고입 목표 설정	고입 전략 활동	고입 활동 보완	진학 준비

외고, 국제고, 전국단위 자사고 등의 후기고는 일반고 지원학생들과 같이 12월에 원서접수를 진행합니다. 때문에 후기고를 선택한다면 '1-3. [중3 고입전략] 중학생으로서 대입을 준비하는 최고의 전략은 고입이다.'에서 안내 드렸던 학습플랜에서 '목표'라는 단어를 '고입'이라는 단어로 바꾸기만 하면 됩니다. (후기고 전형은 일반고 전형에 비하여 보름정도 앞서 진행이 되기 때문에, 불합격할 경우 지역마다 조금씩 다르지만 일반고 지원 시 1지망 추첨권을 사용하지 못하는 불이익을 받을 수도 있으므로 주의하여 선택해야 합니다.)

후기고와 일반고를 두고 선택하는 대부분의 경우는 2학년 겨울방학을 넘어서서 3학년 2학기 시작까지도 고민하는 경우가 많습니다. 지원 시기에 큰 차이가 없기 때문이죠. 그렇다면 우선은 가장 경쟁이 치열한 전국단위 자사고를 목표로 설정하고 3학년 한 해를 시작하는 것을 추천합니다. 가장 높은 목표를 잡고 시작해 보는 것이죠. 그리고 아래와 같은 세 질문을 스스로에게 던지며 학교를 선택해 가기를 바랍니다.

✓ 2학년 내신 성취도가 고입을 준비하기 충분한가?

시작은 우선 2학년 내신입니다. 진로를 계획하고 학습을 하면서 학생들은 차츰 지원하고 싶은 고등학교를 결정하게 됩니다. 그런데 이때 내신은 입시의 결정적 요소가 됩니다. 고교 유형마다 입학전형에서 필요한 내신 반영 교과목은 조금씩 달라 필요충분조건은 아니지만, 주요 교과목인 국영수사과 5과목의 A를 갖추어 놓는다면 1차적인 선택의 자유를 가질 수 있습니다.

✓ 고입을 도전할 것인가? Vs 일반고를 준비할 것인가?

어느 정도의 학습 성취도를 보이는 학생과 학부모라면, 경쟁이 높은 선발형 고등학교와 내신이 수월한 일반고 중 어떤 학교를 선택할지 한번쯤은 고민하실 것입니다. 실제 입시원서를 제출한 후에도 여러 가지 고민으로 상담을 하는 주제이곤 합니다. 여러 선택 요소가 있겠지만 가장 큰 기준은 학생의 학교생활 성향에 있습니다. 자녀가 어느 곳에 가던지 상위 20%안에는 들어갈 성향이라면 선발형 고등학교, 어떠한 분위기에서도 성실하게 반에서 2등 이상을 유지하는 성향이라면 일반고를 추천합니다. 즉, 친구들과 함께하길 좋아하며 항상 기본 이상의 성취도를 내는 성향과, 주변 환경과 관계없이 정진하며 학습하는 성향 중 어느 쪽이 가까운지를 생각해보는 것입니다.

✓ 문과형? Vs 이과형?

문과형 학생이라면 진로에 따라 외고(어문, 인문계열), 국제고(어문, 국제통상), 자사고(의학, 법학, 경영 등)으로 3개의 학교 유형 중 하나를 선택하는 것이 좋습니다. 그리고 문과 계열임은 확실하지만 아직 정확한 방향을 잡지 못했다면, 전국단위 자사고를 선택하는 것이 좋습니다. (진로에 맞게 학교를 선택하는 방법은 다시 한번 다음장 4. [WHERE]에서 안내하겠습니다.)

이과형 학생이라면 영재학교, 과학고, 전국단위 자사고 사이에서 고민하는 상황입니다. 그런데 3학년 시작 즈음에 이 셋을 놓고 고민을 하는 것은 많은 고민과 전략이 필요합니다.

현재 고등학교 입시 전형에서 영재학교, 과학고, 자율형 사립학교는 꼭 하나를 선택하지 않고 셋 모두를 지원할 수도 있습니다. 전형 일정이 모두 다르기 때문이죠. 하지만 셋 모두를 선택하면 3학년 한 해를 입시 전형 속에만 살아야 하기 때문에 일반적인 학교생활이 쉽지 않고 어지간한 자기효능감이 아니고는 스트레스를 견디기 힘듭니다. 때문에 만약에 3가지의 학교를 모두 선택한다면 다음 두 케이스 중 한가지 방향을 선택하는 것이 좋습니다. 영재학교 후 과학고를 바라보지만 불합격한다면 전국단위 자사고도 고려하는 경우, 영재학교 후 자사고에 무게를 두지만 영재학교의 자소서를 바탕으로 과학고도 한번 지원해보는 경우로 말이죠. 3개를 지원하지만 과학고와 전국단위자사고 중 한 개에 입학 우선 순위를 가는 것입니다.

만약 중학교 3학년 1분기에 세 종류의 고교 유형을 선택하는 상황이라면 실제로는 전국단위 자사고가 가장 현실적인 선택이라고 볼 수 있습니다. 앞서 이야기한 것처럼 전형 준비에는 1년이라는 시간이 필요한데 과학영재학교와 과학고는 1년보다 적은 기간이 남았기 때문이죠. 물론 성실히 학습을 해왔거나 진학 준비에 대한 컨설팅을 받으며 바쁘게 준비한다면 불가능하지는 않습니다.

"이과형 학생들은 진학 목표를 빠르게 설정할수록 선택의 폭과 가능성이 넓어집니다."

<table>
<tr><th>1차</th><th>2차</th><th>3차</th><th>4차</th><th>고입 목표 설정 시기</th></tr>
<tr><td>중2 영재학교</td><td rowspan="2">중3 영재학교</td><td rowspan="3">과학고</td><td rowspan="4">자사고</td><td>Case 4 중2 1분기</td></tr>
<tr><td></td><td>Case 3 중2 3분기</td></tr>
<tr><td></td><td></td><td>Case 2 중2 4분기</td></tr>
<tr><td></td><td></td><td></td><td>Case 1 중3 1분기</td></tr>
</table>

앞서 안내한 Case 1과 함께 총 4가지로 고입 목표 설정 시기를 잡아 볼 수 있습니다. 지원 학교에 따라 다른 시기를 가지고 있지만, 반대로 생각하면 고입 목표 설정을 늦게 할수록 선택할 수 있는 지원 학교가 줄어든다고 볼 수도 있습니다.

"영재학교를 선택할 것인가?"

대부분 이과형 중학생들의 첫번째 고민은 영재학교 지원 여부에서 시작됩니다. 그런데 영재학교 선택 여부에서 많은 친구들이 기준을 잘못 잡는 경우들이 있습니다.

"영재학교를 준비하는 것은 너무 학습량이 많아!"

만약 이 생각이 영재학교 포기를 만든다면 과학고나 전국단위자사고에 가더라도 경쟁에서 뒤쳐질 가능성이 높습니다. 빠르게 진로를 선택하고 비교과 준비를 해야 하는 부담이 있을 수는 있지만, 교과학습의 속도는 모두 같다는 것입니다. (물론 사고력, 경시 등 별도의 학습이 필요하긴 합니다.) 이유는 간단합니다. 결국 대입에서 경쟁자가 되기 때문이죠. 더 빠르게는 영재학교 정원 약 800명을 선발하는데 보통 5,000명이 지원을 하고 탈락한 학생들이 과학고, 전국단위 자사고, 일반고 등으로 흩어져 내신을 경쟁하게 됩니다.

때문에 영재학교를 선택하는 고민에 있어서는 내가 영재학교에 적합한 성향의 학생인지 확인하는 것이 우선이 되어야 합니다. 그리고 영재학교의 적합성을 확인하려면 과학고와의 차이점을 이해할 필요가 있습니다. 두 학교는 뾰족하게 이공계 인재를 키우려는 결이 같은 진로 방향성을 가지고 있기 때문입니다.

그렇다면 두 학교의 차이는 무엇일까요?

구 분			영재학교	과학고등학교
운영 현황			8교 (공립 7교, 법인 1교*) *KAIST 부설 한국과학영재학교 (KSA, 부산 소재)	20교 (공립 20교)
'20년 재학생 수 ('20. 4. 1.기준)			2,505명 (입학정원 : 789명)	4,419명 (입학정원 : 1,638명)
근거법령			영재교육진흥법	초·중등교육법
학교 설립 지정	설립목적		이공계분야 우수인재 양성	과학분야 우수인재 양성
	지정(취소) 권한		교육부장관 (중앙영재교육진흥위원회 심의)	시·도교육감 (교육부장관 동의)
	재지정평가		평가제도 없음	5년 주기 평가
교육 과정 운영	교육과정 편성·운영		학칙으로 정함	국가교육과정(교육부 고시)에 따름
	졸업제도		무학년제, 학점제 운영	학년제, 총 이수단위제 운영 ※ 2학년 조기졸업 가능
	교과용 도서		영재학교장이 필요한 도서 또는 교재 채택	교육부장관 검·인정 교과용도서
	학교생활 기록		영재학교장이 별도 작성·관리	교육행정정보시스템(NEIS) 의무 사용
학생 선발	입학자격		• 중학교(각종학교 포함) 졸업자 • 동등이상 학력 인정받은 자 • 중학교(각종학교 포함) 재학생	• 중학교(각종학교포함)졸업자 • 동등이상 학력 인정받은 자
	모집 단위	일반	전국단위 모집	소재지 시도 학생(광역단위 모집) ※ 과학고가 없는 세종·광주는 인근 시·도 과학고 지원 가능
		사회 통합	정원 외 선발(권장)	정원내 20%(의무)

출처 : 영재학교 과학고 입학전형 개선방안 2020. 11. 교육부

이 장에서는 선발 방법에 대한 안내보다는 적합성을 확인하는 것에만 포커스를 맞추어 비교해보겠습니다. 영재학교는 미리 대학생이 되어 고등학교 과정부터 대학 기초 및 탐구를 학

습하는 과정이며, 과학고는 고등학생의 기본을 지키며 고등학교과정부터 대학의 학습을 경험해보는 과정이라 이야기하고 싶습니다. 즉 같은 수준의 공부를 진행하지만 영재학교는 대학의 생활처럼 자율성이 주어지고, 과학고는 일반고와 같은 고등학교 생활 속에 대학과정의 수업이 녹아 들어가는 것입니다. 그러므로 학생의 자기주도성과 학습 성향을 고려하여 진학목표를 선택하는 것이 좋습니다.

전국단위 자사고도 분명 이공계 진로에 좋은 선택지입니다. 과학고와 전국단위 자사고의 차이점을 간단히 설명하자면 수학과 과학 교과비중과 실험 및 과제탐구활동이 과학고가 더 많다는 것입니다. 반대로 전국단위 자사고의 경우 수능까지 생각할 수 있는 교과과정이 구성되어 있으며, 진로 선택의 자율도가 조금은 더 높다는 장점이 있습니다. 특히 해가 더할수록 생명공학과와 의치한학과 사이 고민이 있는 학생은 전국단위 자사고로 목표가 기울어지는 상황입니다. 물론 이 경우는 학교 수업의 자율도 보다는 국가의 이공계 인재 육성 정책에 의한 제재 때문이기는 합니다.

전국단위 자사고를 선택하는 학생들의 경우 앞서 문과형 학생들의 플랜에서 안내한 것처럼 Case 1의 일정으로 호흡을 맞추면 됩니다. 그런데 영재학교와 과학고를 준비하는 경우는 다음과 같이 계획을 앞당겨야 합니다. 이 과정에서 고려해야 할 것은 중학교 3학년, 학교 생활과 고입 준비가 오버랩 되어 진행된다는 것이죠. 중간고사, 기말고사, 수행평가, 대회 등의 일정을 잘 확인해가며 학기 사이사이에 끼인 입시전형들을 효과적으로 챙겨야 합니다. 또한 영재학교를 준비하는 학생들은 준비 시기에 따라 중학교 2학년에도 지원할 수 있기 때문에 (중학교 1학년도 지원이 가능하지만 일반적인 경우는 아닙니다.) 학교생활과 입시준비의 플랜을 월별로 계획하는 것이 매우 중요합니다.

▪ Case 2 고입목표 설정 2학년 4분기 : 과학고

학년	12월~2월	3월~5월	6월~8월	9월~11월
1학년	교과학습	자유학년제 탐색	진로선택	진로관련활동
2학년	학생부점검 및 진학목표 수립	내신, 비교과 대비	전략적 학습활동	고입 목표 설정
3학년	고입 전략 활동	고입 활동 보완	진학 준비	

▪ Case 3 고입목표 설정 2학년 3분기 : 중3 영재학교

학년	12월~2월	3월~5월	6월~8월	9월~11월
1학년	교과학습	자유학년제 탐색	진로선택	진로관련활동
2학년	학생부점검 및 진학목표 수립	전략적 학습활동	고입 목표 설정	고입 전략 활동
3학년	고입 활동 보완	진학 준비		

▪ Case 4 고입목표 설정 2학년 1분기 : 중2 영재학교

학년	12월~2월	3월~5월	6월~8월	9월~11월
1학년	교과학습	자유학년제 탐색	진로선택	진로관련활동
2학년	학생부점검 및 고입 목표 설정	진학 준비		고입 전략 활동
3학년	고입 활동 보완	진학준비 (지필준비 및 학생부 보완, 자기소개서)		

전형기간 이후에도 진학준비가 자리잡는 이유는 전국단위 자사고까지 기회가 남아있기 때문입니다. (물론 외고, 국제고의 기회도 있지만 진로의 방향이 전혀 다르기 때문에 절대 추천하지 않습니다.) 계획대로 영재학교에 합격을 하였다면, 영재학교 커리큘럼을 살펴 필요한 학습을 계획해야 합니다. 물론 진학준비를 잘 할 수 있도록 영재학교에서도 합격자들에게 친절하게 다양한 입학 전 과제를 제공합니다.

중등편 학습균형

제2장

늦게 찾아온 교과평가와 급하게 다가온 진로선택 속 중학생의 균형잡기

1. [WHO] 나의 학습 키워드 찾기 (학생부의 구성)
2. [WHY] 나의 학습전략 (고입, 대입 평가요소)
3. [WHAT] 나의 학습 관리 (내신&비교과 포함 학생부 항목별 관리)
4. [WHERE] 나에게 맞는 학교 선택 (나에게 꼭 맞는 고등학교 선택법)
5. [WHEN] 학교가 원하는 나의 장점을 보여주는 입시준비법 (자소서+면접)
6. [HOW] 나의 진로를 보여주는 학습 방법 (과제탐구 R&E 활동)
7. 중학생이 알아야 할 고교학점제

<table>
<tr><th colspan="3">초중고 학습 파노라마</th><th>유치원</th><th>초1</th><th>초2</th><th>초3</th><th>초4</th><th>초5</th><th>초6</th><th>중1</th><th>중2</th><th>중3</th><th>고1</th><th>고2</th><th>고3</th></tr>
<tr><td>1</td><td>WHO</td><td>우리아이 학습이슈</td><td>활동</td><td colspan="2">자기주도</td><td colspan="2">평가</td><td colspan="2">학습성과</td><td>진로 교과</td><td>비교과 내신</td><td>고입</td><td>진로 교과</td><td>대입 비교과</td><td>수시 · 정시</td></tr>
<tr><td>2</td><td>WHY</td><td>성장목표</td><td colspan="3">경험</td><td colspan="3">적성</td><td colspan="2">진로</td><td colspan="2">고교진학 (계열)</td><td colspan="2">대학진학 (전공)</td><td>직업 탐구</td></tr>
<tr><td>3</td><td>WHAT</td><td>집중활동</td><td colspan="3">언어, 예체능, 여행</td><td colspan="3">특기적성각종대회</td><td colspan="2">진로탐색활동</td><td>비교과</td><td colspan="2">진학교과</td><td colspan="2">진학전략</td></tr>
<tr><td>4</td><td>WHERE</td><td>학교선택</td><td>유치원</td><td colspan="6">초등학교 (공립vs사립vs혁신초)</td><td colspan="3">중학교 (공립vs사립vs국제중&국제학교)</td><td colspan="3">고등학교 (고입vs일반고)</td></tr>
<tr><td>5</td><td>WHEN</td><td>공부시기</td><td colspan="2">영어</td><td colspan="2">수학</td><td colspan="2">대회 (+영재교육원)</td><td colspan="2">중등과정</td><td>+고입 학습</td><td colspan="2">고등과정</td><td colspan="2">+대입학습</td></tr>
<tr><td>6</td><td>HOW</td><td>학습트랜드</td><td colspan="3">융합교육</td><td colspan="2">SW교육</td><td colspan="2">과정중심 수행평가</td><td colspan="2">R&E활동</td><td colspan="3">STORY형 학습 (교과+비교과)</td><td>입시</td></tr>
</table>

2015개정교육과정이 진행되고 2022개정교육과정이 예고된 지금, 가장 부담이 많아진 학습시기가 바로 중학교 기간입니다.

예전에는 이번 장의 제목처럼 교과성취도를 확인하는 지필고사는 초등학교에서 미리 만났어야 했습니다. 그리고 전공에 대한 고민은 대입을 앞두고 진중하지만 짧은 시간 선택을 했죠. 하지만 지금은 교과성취도와 진로에 대한 두 가지 부담을 모두 중학교에서 만나게 되었습니다. 때문에 많은 교육 전문가들이 중1부터 고3까지의 6년 중에 가장 중요한 학습시기를 고3 대입 시기가 아니라 중3이라고 이야기합니다.

		초등학교	중학교	고등학교
평가 / 입시	과거	수우미양가제	연합고사	학력고사, 수능 중심
	현재	정량평가폐지	성취평가제	정시, 수시 균형
진로	과거	X	문·이과 선택	전공 선택
	현재	X	자유학년제	고교학점제

부모님 세대와 자녀의 세대를 각각 미래와 현재로 본다면 교육정책의 구성은 위 표와 같이 변화하였습니다. 먼저 초등학교 때부터 고등학교 때까지 12년간 부모님 세대는 100점의 부담을 안고 살았습니다. 그래서 중학교에 들어와서 시험을 본다는 것이 그렇게 새로운 경험이 아니었습니다. 다만 과목수가 많아져서 시험기간이라는 것이 존재하고 전교 등수를 확인해야 하는 부담이 늘어난 정도였습니다. 하지만 지금 세대는 초등학교 때 정량평가가 폐지되며 중학교에서 내신을 처음 만나게 됩니다. 성취평가제로 변하여 상대평가가 아닌 절대평가제로 친구와의 경쟁에 대한 부담이 줄어든 것이 그나마 위안입니다. 예전에는

연합고사와 수능만 잘 보면 내신 없이도 원하는 중학교와 고등학교를 선택할 수 있었습니다. 하지만 이젠 내신은 필수가 되었으며 비교과 영역도 무시할 수 없어졌습니다. 때로는 비교과가 더 중요하기도 하죠.

진로를 고민해야 할 시점은 오히려 예전보다 빨라졌습니다. 과거에는 중학교에서 수학 좋아하면 이과, 영어 잘하면 문과 정도로 고민을 하고 고등학교 3학년 수능을 마치고 대학원서 접수 시기에 구체적인 진로를 선택하면 되었습니다. 그나마도 대학의 '네임밸류'를 높여보려고 전공이 무시되기도 하였습니다. 하지만 지금은 중학교 1학년 자유학년제 기간에 충분히 진로를 고민해야 합니다. 그래야 진로에 맞는 고등학교 목표설정이 가능하고 고교학점제를 통하여 필요한 수업을 선택해 들을 수 있습니다.

✔ "어떻게 이중고의 부담을 극복해야 할까요?"

책의 제목처럼 정답은 균형 있는 학습에 있습니다.

학생의 자기주도적 활동과 불가피한 입시의 요구사항 사이에서 부모님의 균형 있는 멘토링이 필요합니다. 결국 12년간 학생의 자기주도학습 역량을 만들어 주는 것입니다. 그렇게 믿음을 통하여 만들어진 자기주도성은 진로를 만들어주고 진로는 학습의욕을 만들어 줍니다. '진로인성(7-2)'이 형성되는 것이죠.

이번 장 처음에 소개된 학습파노라마 표의 학습이슈 부분을 살펴보면 중학교 2학년에 비교과와 내신이라고 적혀 있지만 실제로는 중학교에 들어서며 자유학년제 활동과 함께 교과와 비교과 모두를 건강하게 챙겨야 합니다.

2025학년도부터 중고등학생들에게 배부될 새 교과서의 학습 방향, 즉, 2022개정교육과정의 핵심은 '통합'과 연결입니다.

▪ **2021년 2월 고교학점제 종합 추진 계획 (교육부)**

초등학교	놀이 연계 학습 및 놀이 중심의 공간 혁신, 지역 연계 가능한 학교 자율 활동 운영
중학교	미래 역량 함양 및 서·논술형 수업 강화, 현행 자유학기 활동을 학교 급 전환 준비와 연계
고등학교	자기주도적으로 진로와 학업을 설계할 수 있도록 교육과정 혁신

초등학교, 중학교, 고등학교가 연계되는 것입니다. 삶의 기본 역량 함양을 위한 기초 소양 및 역량 재구조화를 바탕으로 초등과 중등의 연계, 중등과 고등의 연계를 통해 통합을 강조합니다. 디지털 시대의 기초 소통능력 3R인 읽기(Reading), 쓰기(wRiting), 셈하기(aRithmetic)를 바탕으로 스스로 문제를 접근하고 소통할 수 있도록 하고 성장하는 혁신적 포용인재를 양성하는 것입니다.

아래 표는 앞서 고교학점제를 진행중인 프랑스의 학교급별 학습 단계 연결 과정으로 2022개정교육과정의 방향을 보여줍니다.

<table>
<tr><th>학교급</th><th>수업연한</th><th>학습단계</th><th>단계</th><th>학년</th><th></th></tr>
<tr><td rowspan="3">유치원</td><td rowspan="3">4</td><td rowspan="8">1단계</td><td rowspan="2">싸이클1
(기초 학습 단계)</td><td>작은반</td><td></td></tr>
<tr><td>중간반</td><td></td></tr>
<tr><td rowspan="3">싸이클2
(기본 학습 단계)</td><td>큰반</td><td></td></tr>
<tr><td rowspan="5">초등교육</td><td rowspan="5">5</td><td>6세 준비반</td><td></td></tr>
<tr><td>기초반1</td><td></td></tr>
<tr><td rowspan="3">싸이클3
(심화 학습 단계)</td><td>기초반2</td><td></td></tr>
<tr><td>중간반1</td><td></td></tr>
<tr><td>중간반2</td><td></td></tr>
<tr><td rowspan="4">중학교</td><td rowspan="4">4</td><td rowspan="7">2단계</td><td>진로싸이클</td><td>3학년(졸업반)</td><td>초 6 집중 활동</td></tr>
<tr><td rowspan="2">중심 싸이클</td><td>4학년</td><td>자유학년제활동</td></tr>
<tr><td>5학년</td><td></td></tr>
<tr><td>관찰 및 적응 싸이클</td><td>6학년</td><td>학교 급 전환 활동</td></tr>
<tr><td rowspan="3">고등학고</td><td rowspan="3">3</td><td rowspan="2">최종 싸이클</td><td>졸업반</td><td>고교학점제 START</td></tr>
<tr><td>1학년</td><td></td></tr>
<tr><td>전공 결정 싸이클</td><td>2학년</td><td>전공선택!</td></tr>
</table>

출처 : 경기도교육원구원 고교학점제 해외사례 연구자료 중 프랑스 사례 활용

초등학교에는 학습 싸이클을 단계별로 구성하고 고등학교에는 최종 및 전공 결정 싸이클을 운영하며 부담스러운 중학생들의 부담을 미리 준비하고 길게 바라보며 어깨를 펼 수 있도록 도와주고 있습니다. 2022개정교육과정이 도입되기 전 지금도 우리는 자녀를 위해서 어깨를 펴고 더 높은 곳을 바라볼 수 있는 멘토링을 준비해야 합니다.

1. WHO 나의 학습 키워드 찾기
2. WHY 나의 학습전략

3. WHAT 나의 학습전략
4. WHERE 나에게 맞는 학교선택
5. WHEN 학교가 원하는 나의 장점을 보여주는 자기소개서 준비법
6. HOW 나의 진로를 보여주는 학습 방법

그래서 두 번째 챕터에서는 자녀를 기준으로 균형 있게 입시를 준비하는 구체적인 방법을 안내하려고 합니다. 교과, 비교과 등의 학습적 요소부터 학생부, 자기소개서, 면접 등 전략적 요소까지 진로를 기준으로 입시를 준비하는 과정을 지금부터 소개합니다.

1. [WHO] 나의 학습 키워드 찾기 (학생부의 구성)

초중고 학습 파노라마			유치원	초1	초2	초3	초4	초5	초6	중1	중2	중3	고1	고2	고3
1	WHO	우리아이 학습이슈	활동	자기주도		평가		학습성과		진로 교과	비교과 내신	고입	진로 교과	대입 비교과	수시·정시

아들 최정우, 딸 최지안의 평가가 아니라,
고등학생 최정우, 중학생 최지안은 어떤 학생일까요?

다음의 대화는 학생과 학부모님이 함께하는 컨설팅에서 빈번히 만나는 케이스입니다.

최영득 : 예원이는 학교에서 모둠 활동을 할 때 어떤 장점을 가지고 있다고 생각하니?

어머니 : 예원이는 평상시에 알아듣기 쉽게 설명을 잘하는 편이에요. 그래서 의사를 추천해 줬어요. 요즘 병원에 가면 증상을 설명 잘 안 해 주는 의사들이 많은데 예원이는 안 그럴 것 같아요.

최영득 : 그렇군요. 그런데 어머니, 학생부는 조금 다른 내용이 적혀 있는데요. 예원아, 학교에서 수업시간에 설명을 잘 하는 편이니? 행동특성 및 종합의견에는 담임선생님께서 조리 있게 설명을 한다고 써 놓으셨는데 수업시간에 담당 선생님이 적어 주시는 세부능력 및 특기사항은 하얗구나.

학생 : 평소에 친구들과 생활할 때는 이야기하는 것이 좋은데, 수업 시간에는 제가 이야기를 시작하면 다른 친구들이 다 저에게 의지하려는 듯 넘기는 느낌이 들어서 잘 의견을 안내는 편이에요.

최영득 : 예원아, 학교 생활은 잘 할 수 있는 것을 충분히 해봐야 해. 아쉬운 부분은 보완하고 조정하면서 말이지, 그래야 예원이의 장점이 더 성숙해지고 앞으로 어른이 되서도 주도적으로 무엇이든 해 나갈 수 있는 거야. 지금 지원하려는 학교에서 이 학생부를 보면 예원이가 설명을 잘 못하는 학생으로 판단하고, 너를 선발 안 할 수도 있어. 너무 아쉽고 억울하잖아.

학교생활기록부는 학생의 학교생활이 녹아 있습니다. 예전에는 디테일한 점수가 구성의 핵심이었다면, 이제는 대부분이 문장 형태의 서술로 되어있습니다. 그래서 자녀가 학교에서 어떠한 평가를 받는지 확인하려면 키워드를 찾아야 합니다. 물론 고입과 대입의 경쟁력을 만들기 위한 과정이 학교생활의 전부는 아닙니다. 그러나 학습 내용을 피드백하고 보완하는 과정은

'학습태도(6-1)'와 '학습인성(6-2)' 형성에도 매우 중요하죠. 즉, 개인의 성장과 입시 경쟁력 측면 모두에서 효과적인 활동인 것입니다.

✓ "학교생활기록부는 학교의 생활을 문장으로 기록하는 서류입니다."

우리도 부모로서의 역할 모델과 직장인, 자식, 친구로서의 역할 모델이 다 다릅니다. 결국 입시에 다가서면 상급 학교는 자녀를 딸 최지안이 아니라 학생 최지안으로 평가하는 것입니다. 정확하게는 학생부와 자기소개서, 추천서에 적혀 있는 학생 최지안을 1차적으로 서류 평가하게 되죠. 그리고 그 모든 서류의 핵심은 학교생활이 담긴 학생부가 됩니다.

입시제도	유형		평가요소			
입학 사정관제	고입	자기주도학습전형	학생부	추천서	자소서	면접
	대입	학생부종합전형	학생부	추천서 ('22 폐지)	자소서 ('24 폐지)	면접

주입식 교육을 개혁한다는 슬로건 아래 우리나라는 2009년 고입과 대입은 미국식 입학사정관제를 도입하게 됩니다. 제가 처음으로 입시 마케팅과 컨설팅에 뛰어든 시기였는데, 여러 논문과 자료 중 하버드 대학의 입시와 우리나라가 적용하려는 입학사정관제가 가장 닮아 있었죠. 그런데 우리 문화는 어떤 한

사람의 주관적인 결정으로 내가 만나는 무엇이 결정되는 것을 좋아하지 않는 특징이 있습니다. 때문에 입학사정관제라는 용어를 바꾸어 고입은 자기주도학습전형, 대입은 학생부종합전형으로 명칭을 변경하고 공정성의 지표로 학교생활기록부를 중심에 놓게 됩니다.

입학사정관들은 학생부를 기준으로 추천서에서 선생님의 설명을 듣고 자소서 속에서는 학생의 마음을 읽게 됩니다. 그리고 면접은 상급학교가 확인했던 학생부, 추천서, 자소서가 학생과 일치하는지를 확인하고 글로는 얻을 수 없는 인간미를 평가합니다. 심지어 대입 학생부종합전형은 올해 추천서가 폐지되고 2년 후 자소서가 폐지됨을 예고하고 있습니다. 학생부를 더 독보적 위치로 올리고 있는 것이죠.

✓ '주의해야 할 것은 입시의 핵심은 활동명이 아니라 역량이라는 것입니다.'

학생부에 대한 가장 큰 오해가 이 핵심 키워드에 대한 관점입니다. 키워드는 활동명이 아니라 역량이 된다는 것이죠. 어떠한 활동을 했는지 중요하기도 하지만 어떻게 활동을 수행했는지가 더 중요한 평가요소가 됩니다. 정확하게는 활동을 하며 기재된 학생부의 역량 평가 내용이 그 활동을 기본 가치에서 상향 또는 하향으로 재평가하는 역할을 합니다.

키워드 O	키워드 X
분석력, 판단력, 설득력 등	TED발표대회, 과학토론대회, 로봇코딩 등

때문에 다양한 활동을 수행하며 행했던 활동들이 학생부 속에서 '지속적으로' 어떤 평가를 받았는지 확인하는 것이 학생부의 학습 키워드를 찾는 시작입니다. 학생부를 읽으며 몇 가지의 키워드를 찾았다면, 1-1 [중1 진로목표]에서 안내했던 대입정보포털 '어디가'에서 확인한 직업의 지식, 흥미, 능력 등과 어울리는 단어들과 비교하여 나의 키워드를 선정하는 것이죠. 그리고 적합한 활동을 중학교 2학년, 3학년 동안 꾸준히 진행하며 키워드에 맞는 역량을 발현하는 것이 학생부 관리 과정이 됩니다.

이제 학교생활기록부라는 것이 어떻게 구성되어 있는지 확인해 보겠습니다. 학생도 학부모님도 간혹 학기말의 통지표와 학생부가 같다고 생각하는 경우가 있습니다. 하지만 방학 전 제공되는 통지표와 다음 학기 시작 전 마감되는 학생부가 같지 않겠죠. 그래서 학생부를 확인하려면 반드시 '나이스' 사이트에 꼭 가입해야 합니다.

추천사이트 6 나이스 (National Education Information System)	
한 줄 평 : 학교생활기록부 등 모든 교육 행정 정보는 나이스에서!	
URL : http://www.neis.go.kr/	

"학교생활기록부는 초 · 중 · 고등학교 서로 다른 항목으로 구성되어 있습니다."

아래 표는 학교별 학교생활기록부 항목을 정리해 놓은 것입니다. (각 항목 앞에 적혀진 세 개의 숫자는 각각 초·중·고의 일련번호를 나타냅니다. 예를 들어 0.3.3 수상경력은 초등학교에는 없는 항목이고 중학교와 고등학교는 3번째 순서로 학생부에 기재되어 있는 것입니다.)

<table>
<tr><th colspan="2" rowspan="2">학생부 항목</th><th rowspan="2">초등</th><th colspan="2">중학교</th><th colspan="2">고등학교
(2024학년도 기준)</th></tr>
<tr><th>학생부</th><th>고입용</th><th>학생부</th><th>대입용</th></tr>
<tr><td colspan="2">1.1.1. 인적학적사항
성명, 주소, 전입학 사항</td><td>○</td><td>○</td><td>○</td><td>○</td><td>○</td></tr>
<tr><td colspan="2">2.2.2. 출결 사항
병결, 미인정 출결현황</td><td>○</td><td>○</td><td>○</td><td>○</td><td>○</td></tr>
<tr><td rowspan="2">0.3.3
수상
경력</td><td>교내수상
대회 수상명, 대상, 참가인원</td><td>×</td><td>○</td><td>×
(학교별상이)</td><td>○</td><td>×</td></tr>
<tr><td>교외수상
교외대외 수상 내용</td><td colspan="5">항목 없음</td></tr>
<tr><td colspan="2">0.0.4. 자격증 및 인증 취득사항
명칭 및 종류</td><td colspan="3">항목 없음</td><td>○</td><td>×</td></tr>
<tr><td rowspan="7">3.4.5.
창의적
체험
활동</td><td>안전한생활
학교 안전 예방 교육</td><td>○</td><td colspan="4">항목 없음</td></tr>
<tr><td>자율활동
학급, 임원, 학교특색활동 등</td><td>○</td><td>○</td><td>○</td><td>○</td><td>○</td></tr>
<tr><td>정규동아리
정규 동아리 활동내용</td><td>○</td><td>○</td><td>○</td><td>○</td><td>○</td></tr>
<tr><td>자율동아리
자율 동아리 명칭 및 소개</td><td>○</td><td>30자</td><td>30자</td><td>30자</td><td>×</td></tr>
<tr><td>봉사활동
봉사 활동 내용</td><td>○</td><td>○</td><td>○</td><td>○</td><td>○
(개인 미반영)</td></tr>
<tr><td>진로활동
진로 관련 체험 및 상담 내용</td><td>○</td><td>○</td><td>○</td><td>○</td><td>○</td></tr>
<tr><td>진로활동—희망분야
직업명</td><td>○</td><td>○</td><td>×</td><td>○</td><td>×</td></tr>
</table>

4.5.6. 교과 학습 발달 상황	교과석차 **등수**	×	○	×	○	×
	등급(1, 2.. 등급) **상대평가**	×	○	×	○	○
	성취(A, B.. 등급) **절대평가**	×	○	○	○	○
	세부능력 및 특기사항 **교과활동 서술 평가**	○	○	○	○	○
	세특 – 방과후 **방과후 활동명 및 시간**	○	×	×	×	×
	세특 – 발명교실, 영재원 **발명교실, 영재원 이수 시간**	○	○	×	○	×
0.6.0. 자유학기활동상황 **자유학년제 활동내용**		항목 없음	○	○	항목 없음	
0.7.7. 독서활동상황 **관련과목, 도서명, 저자**		항목 없음	○	○	○	×
5.8.8. 행동특성 및 종합의견 **담임선생님 종합의견**		○	○	○	○	○

표를 보면 초등학교와 다르게 중학교와 고등학교는 '고입/대입용'이라는 별도의 항목이 보입니다. 학생부는 학교의 모든 활동을 누락없이 기록하는 문서의 기능이 가장 크기 때문에 입시 활용 용도로 만들어지지 않았죠. 그래서 학생부에는 기재되어 있지만 입시용 출력에서는 반영되지 않는 항목들이 있습니다.

"항목마다 모두 중요하겠지만 가장 키워드를 잘 찾을 수 있고 효과적인 항목은 무엇일까요?"

공교롭게 학생부에 기재되어 있으나 반영되지 않는 항목들이 대부분 학생의 키워드를 잘 보여줄 수 있는 항목입니다. 수상실적, 자율동아리, 독서활동 등이 대표적입니다. 대부분이 교실

수업 외적인 항목들인데 학생의 선택과 노력에 따라 키워드의 크기, 즉, 입시 변별력 편차가 과도하게 커질 수 있습니다. 실제 입시 정책이 해를 거듭하며 해당 항목들이 주변의 도움을 많이 받는다는 부작용들이 제기되며 통제되었습니다. 우리나라 프로농구에서 국내 선수들의 균형적 성장을 위하여 205cm 이상의 외국인 용병은 제한하는 듯한 느낌이라고 할까요? 하지만 입시 반영과 별개로 키워드를 찾고 역량을 쌓아가는 과정에는 변함없이 중요한 항목들입니다. 또한 자기소개서와 면접에서는 활동 과정을 중심으로 충분히 활용할 수 있는 항목들입니다. 그렇기 때문에 학생부에 기재나 반영이 되지 않는 항목이더라도 도전해보고 별도로 경험을 기재해 놓는 영리함이 필요합니다.

물론 학생부가 중요한 만큼 이러한 활동들은 공통된 키워드가 학생부 곳곳에 녹았어야 합니다. 그렇기 때문에 정규동아리와 세부능력 및 특기사항과 행동특성 및 종합의견을 잘 다져 놓는 것이 기본이 됩니다. 이 항목들은 학교에서 확인과 평가 가능한 항목들이죠.

결과적으로 이제 학교 생활을 충실하게 하지 않으면 교실 외에서 주도적으로 활동한 자녀의 활동은 입시 경쟁력을 만들어 낼 수 없다는 것입니다. 이러한 변화는 성실한 학교활동 파먹기를 장려하고 있지만 근본적으로는 파먹을 것이 있는 학교를 선택하는 안목이 기본이 되어야 합니다. 학교에 내가 원하는 과정이 없다면 입시용 학생부에 채울 방법이 없어진다는 것입니다. 만약 고교학점제가 잘 펼쳐져 선택과목이 많아진다면 이러한 고민이 줄어들 수는 있겠습니다. 하지만 우선 '진로'를 잡고 진로 레시피에 적합한 활동이 많은 고등학교를 '선택'하여 건강하게 파먹는 것이 앞으로 대입 전략에서는 핵심이 됩니다.

2. [WHY] 나의 학습전략 (고입, 대입 평가요소)

초중고 학습 파노라마			유치원	초1	초2	초3	초4	초5	초6	중1	중2	중3	고1	고2	고3
1	WHO	우리아이 학습이슈	활동	자기주도		평가		학습성과		진로교과	비교과 내신	고입	진로교과	대입비교과	수시·정시
2	WHY	성장목표	경험			적성			진로		고교진학 (계열)		대학진학 (전공)		직업탐구

✔ "본격적으로 입시 경쟁력을 만들어 볼까요?"

학생의 진로를 기준으로 키워드를 만들고 진학 목표를 세워서 정진하는 것은 입시 방향의 모범 답안입니다. 하지만 수많은 학생을 비교 평가하여 선발해야 하는 상급학교의 입장에서는 분명 기준을 만들고 당락을 결정할 것입니다. 그래서 입시에는 '전략'이 분명 필요합니다. 그리고 전략은 목표의 설계도를 놓고 살펴보아야 하겠죠. 아래 표는 대입의 학생부종합전형과 고입의 자기주도학습전형의 평가 요소입니다. 둘 모두 입학사정관제에서 파생되었음을 안내한 것처럼 평가 요소도 유사합니다.

평가요소	대입 학생부 종합전형 평가 역량
학업역량	학업성취도, 학업태도 & 학업의지, 탐구활동
전공적합성	전공 관련 교과목 이수 및 성취도, 전공에 대한 관심과 이해, 전공관련 활동과 경험
발전가능성	자기주도성, 경험의 다양성, 리더십, 창의적 문제 해결력
인성	협업능력, 나눔과 배려, 소통능력, 도덕성, 성실성

출처 : 건국대, 서울여대, 연세대, 중앙대, 한국외대 공동연구 학생부종합전형 평가표준안

평가요소		고입 자기주도학습 전형 평가 역량
자기주도학습 영역 (꿈과 끼 영역)	자기주도학습 과정	학습을 위해 **자기주도적**으로 **수행한 과정**, 그리고 그 결과 평가까지 전 과정
	지원동기 및 진로계획	**건학이념**과 연계 지원학교에 관심을 갖게 된 동기, 꿈과 끼를 위한 진로 계획
인성 영역	핵심인성요소 활동	행동특성 및 종합의견에 기재된 핵심**인성**요소에 대한 활동 및 느낀 점

출처 : 2016 교육부 자기주도학습전형 및 고등학교 입학전형평가 매뉴얼 요약

두 전형을 유사 항목들로 모아서 평가요소를 아래처럼 각각 4가지로 정리하면 확인이 더욱 용이하겠네요.

입시	평가요소			
학생부종합전형	학업역량	전공적합성	발전가능성	인성
자기주도학습전형	학업수행과정	건학이념 적합성	자기주도성	인성

고입과 대입 사이에는 전공적합성과 건학이념 적합성이라는 항목만 차이가 보여집니다. 하지만 고등학교는 외고, 국제고, 과학고처럼 건학이념 자체가 전공적합도와 같기 때문에 결과적

으로 두 전형의 평가요소는 4가지로 동일하게 정리할 수 있습니다.

✓ "상급학교는 4가지 평가요소를 학생부의 어디에서 확인할까요?"

과연 많은 대학들은 입시의 평가요소를 학생부의 어떤 항목에서 찾을까요? '대입정보포털 어디가'에서 정리한 학생부종합전형 대학별 주요 안내 항목 분석자료를 정리하여 각 대학별로 평가요소를 확인하는 항목을 정리해 보았습니다.

① 학업역량 – 학생 다움

평가요소	반영대학	학적	출결	수상	진로희망	자격증	창의적 체험활동					교과학습발달상황			독서	행동특성
							종합	자율	동아리	봉사	진로	종합	교과	세특		
학업역량	90개 대학	5	8	64	7	10	52	4	13	4	7	87	84	87	32	40
		5.6%	8.9%	71.1%	7.8%	11.1%	57.8%	4.4%	14.4%	4.4%	7.8%	96.7%	93.3%	96.7%	35.6%	44.4%
평균	122개 대학 중	11.25	28.75	63.75	31	19	75.5	13.25	25	24	14.5	63.75	54.75	62	43.5	62
		9.2%	23.6%	52.3%	25.4%	15.6%	61.9%	10.9%	20.5%	19.7%	11.9%	52.3%	44.9%	50.8%	35.7%	50.8%

*종합은 항목 전체 반영을 의미함

학업역량은 한마디로 정리하자면 학생의 학교에서의 본분을 잘 이해하고 수행하는 정도를 의미합니다. 때문에 내신을 전적으로 신뢰합니다. 그런데 교과 성취도보다 더 높은 비율로 세부능력 및 특기 상황(이하 세특)을 확인한다는 것에 관심을 가져야 합니다. 학습 성취도도 중요하지만 수업 중 학생의 모습이 주요 확인 내용이 되는 것입니다. 수업에 적극적으로 참여하고 성실히 과제를 수행하는 모습이 중요한 것이죠. 마지막으로 수상실적과 함께 창의적 체험활동 중에서 동아리 활동의 평가가 높은 이유는 흥미를 가지고 궁금한 부분을 탐구하려는 태도를 갖추었는지 확인하는 것입니다.

이렇게 정리를 해보면 학업역량은 상급학교에 와서 배울 마음과 준비가 된 학생을 찾는 과정이라고 해도 과언이 아닙니다. 그 어떠한 요소보다 수업시간을 성실히 보내는 것이 곧 경쟁력입니다.

② 전공적합성 - 전문가 다움

평가요소	반영대학	학적	출결	수상	진로희망	자격증	창의적 체험활동					교과학습발달상황			독서	행동특성
							종합	자율	동아리	봉사	진로	종합	교과	세특		
전공적합성	95개 대학	4	11	73	55	42	73	11	29	14	32	78	68	76	67	49
		4.2%	11.6%	76.8%	57.9%	44.2%	76.8%	11.6%	30.5%	14.7%	33.7%	82.1%	71.6%	80.0%	70.5%	51.6%
평균	122개 대학 중	11.25	28.75	63.75	31	19	75.5	13.25	25	24	14.5	63.75	54.75	62	43.5	62
		9.2%	23.6%	52.3%	25.4%	15.6%	61.9%	10.9%	20.5%	19.7%	11.9%	52.3%	44.9%	50.8%	35.7%	50.8%

고입의 4가지 평가요소를 살펴보면 전공적합성과 학업역량의 차이가 모호한 경우가 있습니다. 두 가지 모두 학업의 깊이와 탐구수행능력을 기본으로 하기 때문입니다. 그러나 기준을 '전공역량'으로 둔다면 의외로 쉽게 분류가 가능합니다. 예를 들어 국가대표 축구 공격수를 선발한다고 생각해 볼까요? 수비, 공

격, 패스, 드리블 등의 기본 역량 전체를 평가하는 것이 학업역량이라면, 선발포지션에 맞게 공격 부분을 집중적으로 바라보는 것이 전공적합성이 됩니다.

知之者不如好之者, 好之者不如樂之者 (지지자불여호지자 호지자불여락지자) 어떤 사실을 아는 사람은 그것을 좋아하는 사람만 못하고, 좋아하는 사람은 즐기는 사람만 못하다는 공자님 말씀입니다. 전공이 뚜렷한 학생은 자신의 진로와 상관관계에 있다고 생각되는 수업과 활동을 만나면 열심을 넘어 재미있게 도전하며 반짝임을 보입니다. 그래서 대학에서 전공적합성을 확인하는 빈도가 높은 항목이 세특입니다.

'진로를 선택함 = 즐겁게 학습함'

전공적합성의 평가 항목에서 가장 눈여겨볼 부분은 다른 어떤 항목보다 수상실적과 독서활동을 반영하는 학교가 많다는 것입니다. 축구를 즐거워하면 연습시간 외에도 개인 훈련을 하는 선수처럼 교과학습에서 채우지 못한 진로에 대한 갈급함을 책과 대회에서 찾기를 바라는 것입니다. 그래서 서울대학교와 경기과학고등학교의 자기소개서에서는 공통되게 자신이 읽은 책을 선정하여 선택한 이유를 소개하는 항목이 있습니다. 학습전략에서 다시 정리하겠지만 전공적합성을 높게 평가받는 전략은 전공에 맞는 학교 수업 후에 책을 통하여 탐구하고 정리된 산출물로 만들어내는 흐름을 습관처럼 반복하는 것입니다.

③ 발전가능성 – 인재 다움

평가 요소	반영 대학	학적	출결	수상	진로 희망	자격증	창의적 체험활동					교과학습발달상황			독서	행동 특성
							종합	자율	동아리	봉사	진로	종합	교과	세특		
발전 가능성	88개 대학	11	9	47	35	19	75	12	22	10	14	59	46	57	55	50
		12.5%	10.2%	53.4%	39.8%	21.6%	85.2%	13.6%	25.0%	11.4%	15.9%	67.0%	52.3%	64.8%	62.5%	56.8%
평균	122개 대학 중	11.25	28.75	63.75	31	19	75.5	13.25	25	24	14.5	63.75	54.75	62	43.5	62
		9.2%	23.6%	52.3%	25.4%	15.6%	61.9%	10.9%	20.5%	19.7%	11.9%	52.3%	44.9%	50.8%	35.7%	50.8%

발전가능성은 학생이 새로운 지식과 환경을 받아들일 때 적응력을 예측해보는 척도입니다. 그래서 다양한 활동 속 학생의 문제해결력를 확인하려고 합니다. 전공과 연결되지 않더라도 모든 교과를 성실히 해야 하는 이유입니다. 행동특성 및 종합의견(이하 행특)은 담임선생님의 고유 기재영역으로 교우관계, 학습활동, 교과활동, 인성요소 등을 종합적으로 녹여내어 서술합니다. 그래서 행특은 학생의 발전가능성을 교사(현재 담임선생님) 대 교사(상급학교 교사)로서 공감할 수 있기에 발전가능성을 판단하는 중요한 항목이 됩니다. 즉, 학업역량이 배울 준비가 된 학생을 고르는 평가 요소라 표현한다면 발전가능성은 함께 프로젝트를 해보고 싶은 학생을 찾는 평가 요소입니다.

학생부 속에서 다양한 활동을 보여줄 수 있는 항목은 동아리와 독서만큼 효과적인 것이 없습니다. 그래서 두 항목의 반영비가 평균보다 높다는 것도 눈에 들어옵니다. 전공적합성을 맞추려고 모든 동아리와 독서를 전공에만 맞추는 편식을 금하는 이유입니다. 취미와 특기에 맞추어 호감 있는 활동을 하고 즐거운 만큼의 좋은 결과물들을 만들어내는 것이 발전가능성을 높게 평가받는 전략입니다.

④ 인성 - 구성원 다움

평가요소	반영대학	학적	출결	수상	진로희망	자격증	창의적 체험활동					교과학습발달상황			독서	행동특성
							종합	자율	동아리	봉사	진로	종합	교과	세특		
인성	122개 대학	25	87	71	27	5	102	26	36	68	5	31	21	28	20	109
		20.5%	71.3%	52.8%	22.1%	4.1%	83.6%	21.3%	29.5%	55.7%	4.1%	25.4%	17.2%	23.0%	16.4%	89.3%
평균	122개 대학 중	11.25	28.75	63.75	31	19	75.5	13.25	25	24	14.5	63.75	54.75	62	43.5	62
		9.2%	23.6%	52.3%	25.4%	15.6%	61.9%	10.9%	20.5%	19.7%	11.9%	52.3%	44.9%	50.8%	35.7%	50.8%

4가지 평가 요소 중 유일하게 122개 대학 모두가 채택하고 있는 것이 바로 인성입니다. 인성이라는 요소에 걸맞게 봉사활동을 확인하는 비율이 다른 평가요소보다 높게 나타나는 것이 눈에 띄기는 하지만 가장 큰 특징은 학생부의 모든 항목을 고르게 보고 있다는 것입니다. 학교마다 인성을 다른 항목에서 찾는다는 것인데 이유는 학교마다 인재상이 조금씩 다르기 때문에 판단 요소도 다른 것입니다.

그런데 인성, 곧 '사람의 성품'을 판단하는 요소가 학교마다 다르다는 것이 의아하지 않나요?

평가요소에서 인성은 착한 학생을 뽑는 것이 아니라 모둠 활동의 팀원으로서 어떤 장점을 가진 학생인지를 확인하는 것입니다. 배려, 나눔, 갈등관리 등이 대표적인 인성 평가의 기준입니다. ‘분석력이 뛰어나 과제를 좋은 방향으로 이끌며’, ‘자신의 경험을 바탕으로 구성원들에게 논리적으로 설명하며’ 등도 좋은 팀원의 덕목이 되겠죠. 그래서 인성과 관련된 전략을 세우려면 친구들과 다양한 활동을 하면서 ‘나는 어떤 역할을 하고 있는가?’ 스스로 생각해 보고, 나의 역할이 활동에서 어떠한 긍정적 결과로 나타났는지 확인해야 합니다. 그리고 이러한 확인은 핸드폰의 메모, 블로그, 음성 녹음, 기록장 등 가장 편한 방법으로 꾸준히 기록해 놓는 것이 중요합니다. 인성요소에 적합한 경험은 기억의 휘발성이 강하기 때문입니다.

평가요소	반영대학	학적	출결	수상	진로희망	자격증	창의적 체험활동					교과학습발달상황			독서	행동특성
							종합	자율	동아리	봉사	진로	종합	교과	세특		
학업역량	90개 대학	5	8	64	7	10	52	4	13	4	7	87	84	87	32	40
		5.6%	8.9%	71.1%	7.8%	11.1%	57.8%	4.4%	14.4%	4.4%	7.8%	96.7%	93.3%	96.7%	35.6%	44.4%
전공적합성	95개 대학	4	11	73	55	42	73	11	29	14	32	78	68	76	67	49
		4.2%	11.6%	76.8%	57.9%	44.2%	76.8%	11.6%	30.5%	14.7%	33.7%	82.1%	71.6%	80.0%	70.5%	51.6%
발전가능성	88개 대학	11	9	47	35	19	75	12	22	10	14	59	46	57	55	50
		12.5%	10.2%	53.4%	39.8%	21.6%	85.2%	13.6%	25.0%	11.4%	15.9%	67.0%	52.3%	64.8%	62.5%	56.8%
인성	122개 대학	25	87	71	27	5	102	26	36	68	5	31	21	28	20	109
		20.5%	71.3%	52.8%	22.1%	4.1%	83.6%	21.3%	29.5%	55.7%	4.1%	25.4%	17.2%	23.0%	16.4%	89.3%
평균	122개 대학 중	11.25	28.75	63.75	31	19	75.5	13.25	25	24	14.5	63.75	54.75	62	43.5	62
		9.2%	23.6%	52.3%	25.4%	15.6%	61.9%	10.9%	20.5%	19.7%	11.9%	52.3%	44.9%	50.8%	35.7%	50.8%

평가요소별로 나누어 분석을 해보았지만 전체적인 평균을 내어보면, 창의적 체험활동의 동아리활동, 교과학습 발달상황의 세특 그리고 행특처럼 구체적 서술이 기록된 항목이 중요시됨을 확인할 수 있습니다. 결국 입시 경쟁력은 학생, 전문가, 인

재, 구성원 다움을 학생부의 서술에 키워드로 녹여내는 것입니다. 다양한 각도에서 자신을 바라보고 적합한 키워드를 학생부 항목 적재적소에 기록되도록 활동하는 것이 전략이 되며 다음 학기의 과제가 됩니다.

3. [WHAT] 나의 학습 관리 (내신&비교과 포함 학생부 항목별 관리)

초중고 학습 파노라마			유치원	초1	초2	초3	초4	초5	초6	중1	중2	중3	고1	고2	고3
1	WHO	우리아이 학습이슈	활동	자기주도		평가		학습성과		진로 교과	비교과 내신	고입	진로 교과	대입 비교과	수시 · 정시
2	WHY	성장목표	경험			적성			진로		고교진학 (계열)		대학진학 (전공)		직업 탐구
3	WHAT	집중활동	언어, 예체능, 여행			특기적성각종대회			진로탐색활동		비교과	진학교과		진학전략	

전략적으로 학생부를 채워야 하는 이유는 확인해 왔지만 학생부를 채우고 확인하는 즉, '학생부 관리' 라고 부르는 과정을 시작하려고 항목을 살피면 선뜻 접근이 안됩니다. 학생부도 서식이 있는 문서인 만큼 각 항목마다 기재 내용이 있고 기재 방법이 있기 때문입니다.

<table>
<tr><th colspan="2">학생부 항목</th><th>내용</th></tr>
<tr><td colspan="2">인적학적사항</td><td>성명, 주소, 전입학 사항</td></tr>
<tr><td colspan="2">출결사항</td><td>병결, 미인정 출결 현황</td></tr>
<tr><td colspan="2">수상경력</td><td>교내대회 수상명, 대상, 참가인원</td></tr>
<tr><td rowspan="4">창의적
체험활동</td><td>자율활동</td><td>학급 임원, 학교특색활동 등</td></tr>
<tr><td>정규동아리</td><td>정규 동아리 활동내용</td></tr>
<tr><td>봉사활동</td><td>봉사 활동 내용</td></tr>
<tr><td>진로활동</td><td>진로 관련된 체험 및 상담 내용</td></tr>
<tr><td rowspan="2">교과학습
발달상황</td><td>성취(A, B..등급)</td><td>교과활동 내용</td></tr>
<tr><td>세부능력 및 특기사항</td><td>교과활동</td></tr>
<tr><td colspan="2">자유학기활동상황</td><td>자유학년제 기간 진로, 주제, 예술체육, 동아리</td></tr>
<tr><td colspan="2">독서활동상황</td><td>도서명과 저자</td></tr>
<tr><td colspan="2">행동특성 및 종합의견</td><td>담임선생님 종합의견</td></tr>
</table>

하지만 '학생부 관리'는 매우 중요합니다. 중학교 3학년 여름방학 즈음 되어 전교 1등의 기세를 가지고 자사고나 과학고 중 어디를 들어가볼까하는, 이른바 마지막 점을 찍는 느낌으로 컨설팅을 받으려 찾아오는 학부모님이 많습니다. 그런데 그중 30% 정도는 진학 가능성이 어둡습니다. 내신만 최상위를 달렸을 뿐 학생부관리가 전혀 되지 않은 경우입니다. 그나마 전교 1등을 놓치지 않아 선생님이 좋은 서술을 기록해 주었다면 긍정적이기는 합니다. 하지만 2년 이상 비어 있는 학생부의 여러 활동 항목들을 이제와 채울 방법은 없습니다. 누락되고 방향성 없이 흘러간 기재 내용에 아쉬움을 담은 설명은 대부분 듣고 싶어하지 않습니다.

학생부 관리의 도전을 위한 각 항목별 주의사항 및 관리 사항을 안내하며, 관리를 위한 자신감을 불어넣어보겠습니다. 또한 항목별로 설명하면서 학생부 관리를 위하여 꼭 기억해야할 핵심 포인트 다섯 가지를 짚어 보겠습니다.

1) 인적학적사항

학생부 항목	내용	고입 반영 여부
인적학적사항	성명, 주소, 전입학 사항	O
평가요소 : 발전가능성 핵심점검사항 : 전학의 경우 사유 분명히 할 것		

학생부의 머리는 인적학적사항입니다. 이 부분은 학생의 기초 정보를 기록하는 곳으로 관리를 할 수 있는 요소가 거의 없습니다. 유일하게 진학 시 상급학교에서 질문을 한다면, 자주 전입학한 경우입니다. 부모님의 근무지가 변경되어 이사하는 과정이라고 이야기하면 전혀 문제가 되지 않습니다. 그러나 학교에서 교우관계가 좋지 않거나 내신 문제로 전학을 간 경우라면 적절한 답변을 준비해야합니다. 최근에는 블라인드면접 및 개인정보 등으로 인적학적사항에 대한 질문은 더욱 부담스러워져서 학생부의 라벨정도로 생각해도 무방합니다.

2) 출결사항

학생부 항목	내용	고입 반영 여부
출결사항	병결, 미인정 출결 현황	O

평가요소 : 인성
핵심점검사항 : 미인정 항목과 관련된 요소를 명확히 기재

출결사항은 항목에 사용되는 용어를 명확히 이해할 필요가 있습니다. 우선 결석, 지각, 조퇴, 결과는 어색하지 않은 단어일 것입니다. 그런데 각각을 분류하는 질병, 미인정, 기타라는 기준은 구분이 다소 어색합니다.

결론부터 말씀드리면 '미인정'을 받지 않도록 최대한 노력해야합니다. 대부분의 상급학교에서 출결 감점을 진행할 때 미인정 결석(미인정 지각, 조퇴, 결과는 3회를 결석 1회로 인정)만 반영되기 때문입니다. 질병으로 인한 결석은 의사의 진단서, 의견서, 처방전 등이 제출되어야 합니다. 또한 기타 결석은 간병, 조력 등 개인사정에 의해 학교장이 인정하는 결석입니다. 기타의 경우는 학교의 방침에 따라 결정이 되기 때문에 관리를 해도 미인정이 되는 경우도 있지만, 질병의 경우는 증명이 누락되어 미인정처리 되는 경우가 의외로 많이 있습니다. 그래서 질병은 담임선생님께 아침에 구두로 결석 또는 지각 등을 전달하여도 꼭 다시 확인하고 필요 서류를 제출하는 관리가 필요합니다. 그리고 만일 미인정으로 기록된다면, 사유를 분명히 기재하여 추후 상급학교에서 부적응으로 바라보지 않도록 해주는 조정이 필요합니다.

그리고 출결 항목에 학교폭력위원회(이하 학폭위)가 열려 징계를 받아 결석이 되고 기록이 되는 경우가 많습니다. 이 학폭위 사항은 고입과 대입 모두 치명적입니다. 때문에 원만히 마무리하고 가급적 작은 일은 화해하는 현명함이 필요합니다.

3) 수상경력

학생부 항목	내용	고입 반영 여부
수상경력	교내대회 수상명, 대상, 참가인원	학교별 상이

평가요소 : 학업역량, 전공적합성, 인성, 발전가능성
핵심점검사항 : 경험을 별도로 상세히 기록

현재 고등학교 유형 및 지역 교육청별로 고입에서 수상경력을 인정하는 방법은 조금씩 다릅니다. 하지만 기본적으로 중학교와 고등학교의 학생부에는 교내상은 모두 기록되며 고입과 대입 반영 시 학기당 1개의 수상실적만 인정하는 방향으로 진행되며 2024학년도에는 완전 미반영 항목이 될 것을 예고하였습니다. 그렇더라도 각종 대회는 앞서 다룬 것처럼 목표를 가지고 도전하며 자신의 적성과 장점을 찾아가는 노력이 필요합니다. 같은 이유로 학생부에는 교내상만 기록되지만 주제와 규모가 다양하게 구성된 입맛에 맞는 교외상을 도전해 보는 것도 추천합니다. 이것이 학생부의 첫번째 관리 포인트입니다.

Point 1. **학생부의 축소 또는 미반영 항목은 동기부여를 위한 학습 기폭제로 사용하자!**

그래서 학생부의 수상실적 관리는 누락 여부를 확인하는 것도 중요하겠지만, 학생부에 기재된 사항 외에도 학생의 대회 경험을 종합하여 정리하는 자세가 필요합니다. 그러면 자연스럽게 대회 결과보다는 성장을 위한 과정을 중요하게 생각하며 대회를 마치고 기록을 남기는 것이 중요함을 느끼고 실행하게 될 것입니다. 결국 대회 참여의 양보다 질이 중요합니다. 그래서 학기초에 학교알리미와 학교 홈페이지의 캘린더를 찾아보고 신중하게 참여할 행사를 미리 선택하고 준비하는 것이 좋습니다.

4) 창의적 체험활동

학생부 항목		내용	고입 반영 여부
창의적 체험활동	자율활동	학급 임원, 학교특색활동 등	O
	정규동아리	정규 동아리 활동내용	O
	자율동아리	자율 동아리 명칭 및 소개	30자
	봉사활동	봉사 활동 내용	O
	진로활동	진로 관련된 체험 및 상담 내용	O
	진로활동-희망분야	직업 명	X

평가요소 : 학업역량, 전공적합성, 인성, 발전가능성
핵심점검사항 : 질과 양을 폭넓게 경험할 것

컨설팅을 진행해보면 학부모님과 학생이 '창의적 체험활동'을 어떻게 축약해 부르는지에 따라서 입시의 관심도가 느껴집니다. 일반적으로 초등학생의 학부모님은 '창체'라고 표현하고 고등학생의 학부모님은 4가지 활동의 앞 글자를 따서 '자동봉진'이라고 표현합니다. 그리고 중학교 학부모님의 경우는 이 둘을 혼용하죠. 입시에서 '자동봉진'이라는 단어를 생산해 낸 것은 아마도 각 항목을 잊지 않고 챙겨야 할 만큼 네가지 활동 모두가 중요하기 때문이라 생각됩니다. 그리고 4가지 활동은 2. [WHY]에서 확인한 평가요소처럼 각기 다른 방향과 그에 따른 관리 방법이 있습니다.

먼저 자율활동은 인성과 발전가능성을 가장 많이 보여줍니다.

자율활동은 학급회장 및 임원, 학교단체 활동 등이 적혀 있는데, 학생부는 언제나 학교 공통으로 한 활동보다 개인 활동이 중요하므로 이 항목의 핵심은 임원활동이 됩니다. 중요한 것은 임원활동 여부가 적혀 있는 것이 중요한 것이 아니라 임원활동을 통하여 어떠한 리더십을 보여주었는지 기재됨이 중요합니다. 여기서 또 하나의 중요한 학생부관리 포인트가 나타납니다.

Point 2. 상급학교는 학생부에 기재되지 않은 설명이 있다면 최악의 시나리오로 판단한다!

개인이 선택한 독특한 항목임에도 구체적 평가가 없는 경우에 상급학교는 평가 가점을 '0'으로 보는 것이 아니라 '-α'로 보게 된다는 것입니다. 그러므로 학급 임원을 맡는다면 최선을 다하고 선생님과 꾸준히 소통하며 리더십을 정확하게 서술 받는 관리가 필요합니다.

다음은 자동봉진의 '동'을 맡고 있는 동아리 활동입니다. 동아리 활동은 크게 정규동아리와 자율동아리 두 종류로 나뉩니다. 그리고 둘 중 '나의 선택'을 보여주는 것이 더 중요한 활동이 되는 만큼 자율동아리의 중요성이 그동안 훨씬 중요하였습니다. 하지만 현재 학생부에 자율동아리의 활동사항은 동아리명 외에 기재가 제한되고 있기 때문에 둘을 효과적으로 활용하는 영리함이 필요합니다.

'정규동아리에서는 열심히 활동하며 지도교사의 구체적 서술로 발전가능성을 보여준다!

자율동아리에서는 진로 진학을 위하여 전진하는데 부족함을 채우며 전공적합도를 키운다!'

정규동아리 선택에서 가장 중요한 것은 적성을 확인하기 위한 주제를 잡는 것입니다. 적성보다 더 나아가 진로에 맞는 주제를 잡는 것이 좋기는 하지만 아쉽게도 중학교의 정규동아리를 보면 진로에 맞는 뾰족한 동아리가 개설된 경우가 드뭅니다. 때문에 자신의 적성에 맞다고 생각하는 동아리를 선택하여 맘껏 자신의 장점을 뽐내는 것이 좋습니다. '이때 보여지는 문제해결력이 '발전가능성'에서 가장 높은 점수를 받는다는 것!' 재차 강조합니다. 또한 동아리가 꾸준히 외부대회를 참가하거나 학교에서 전통이 깊은 동아리를 선택하는 것이 다양한 활동들을 만날 수 있고 선생님의 서술 또한 정교한 경우가 많기 때문에 유리합니다.

자율동아리는 무조건 전공과 연계되는 활동을 선택합니다. 자율동아리는 마음에 맞는 학생들끼리 활동계획을 짜고 동아리

원들 모두 적극적으로 참여해야 하는 활동입니다. 때문에 발전 가능성을 위한 시간 정도로 활용된다면, 입시 관점으로 보기엔 에너지 소비가 너무 많게 됩니다.

Point 3. 학생부의 활동을 자연스럽게 엮어 나만의 진로 스토리를 만들자!

자율동아리의 활동은 말 그대로 학교에서 할 수 있는 활동 중 가장 자율적으로 만들 수 있습니다. 그러므로 자신의 역량을 종합하여 평소에 하고 싶었던 결과물을 만들어 내야합니다. 교과활동에서 궁금한 점을 책을 읽고 실험을 통하여 확인하는 연결고리를 만드는 것입니다. 그리고 이 활동이 열에 여덟은 자기소개서에서 전공적합성을 보여주는 핵심이 됩니다.

자동봉진 중 입시에서 중요도가 적은 것을 선택하라면 아마도 봉사활동이 될 것입니다. 학생의 인성을 볼 수 있는 가장 중요한 항목이지만, 학생 스스로 활동을 하면서 느끼듯 대부분 깊이가 있지 않은 활동을 하기 때문입니다. 물론 직접 봉사활동을 찾아 최선을 다하여 봉사하는 경우도 많이 있지만 중학생에게 기관에서 어렵고 중요한 봉사영역을 맡기기는 일반적으로 쉽지 않습니다. 하지만 진로 현장을 체험하기 위해 스스로 봉사 장소와 활동을 선택하거나, 한 곳을 선정하여 꾸준히 봉사활동을 한 기록은 분명 자신의 인성요소를 표현하는데 좋은 활동이 될 것입니다.

마지막으로 진로활동사항입니다. 진로활동사항은 희망직업을 적는 항목과 진로를 위하여 경험한 1년간의 활동기록을 적는 항목으로 나뉘어집니다. 그리고 고입과 대입에 희망직업은 미반영되어 상급학교에 제공됩니다. 한마디로 진로목표가 바뀌더라도 일관성 있는 진로방향 또는 직업가치관을 가지고 있다면 연결성 있는 진로활동이 된다는 것입니다. 그러려면 본인이 꾸준히 진로에 대한 관심을 가지고 담임선생님과 상담해야 합니다. 나의 진로성향이 충분히 기재될 수 있도록 말이죠. 이 때 학교의 진로활동을 진행하며 보고서 또는 필기한 내용을 함께 가져가는 것도 좋은 태도입니다.

Point 4. 선생님과의 상담을 즐기며 자신의 활동을 어필하고 다음을 질문하자!

학생부는 결국 선생님들이 써주는 것입니다. 이것저것 기재하고 싶은 내용은 많지만 결국 학부모님과 학생은 학생부의 기록 권한이 없습니다. 진로활동사항을 보면 평상시 선생님과 소통하는지 여부가 가장 많이 보입니다. 단순히 진로적성검사, 진로주제 강연, 진로탐색 활동 등을 하였다는 기록만 적힌 학생이 있는가 하면 '진로적성검사를 통하여 자신이 평상시 좋아하는 발명이라는 활동이 적성과도 적합함을 알게 됨.' 처럼 전공적합도를 보여주는 경우가 있습니다. 활동 후 자료 제출과 상담 여부에 따라 기재내용이 갈리는 것이죠. 이는 학생부 전 영역에 해당합니다. 중요한 활동이 마무리되면 상담 또는 보고서를 통하여 자신의 활동을 어필하고 다음 과정에 대한 조언을 얻으며 자기주도적 모습을 충분히 보여주는 것입니다.

5) 교과학습발달상황

학생부 항목		내용	고입 반영 여부
교과학습 발달상황	성취(A, B..등급)	교과활동 내용	O
	세부능력 및 특기사항	교과활동	O
	세특 - 방과 후	방과 후	X
	세특 - 발명교실, 영재원	발명교실, 영재원	X

평가요소 : 학업역량, 전공적합성
핵심점검사항 : 주요교과 성취도 및 수행평가 학습 역량 확인

교과학습 발달상황은 쉽게 성취도(A~E)로 표현되는 내신 성취도와 세특 서술 두 가지를 관리하고 점검합니다.

먼저 내신관리는 학생으로서 가장 기본적인 항목입니다. 고입에서 균형 있는 활동을 중요하게 생각하고는 있지만 대부분의 학교에서 내신을 1차 전형의 주요 평가요소로 확인하고 있습니다. 물론 성취평가제로 인하여 매 학기 반에서 1등을 하는 악착 같은 관리까지는 필요하지 않게 되었지만, 반대로 성취도 A, B, C 한 급간은 비교불가한 차이가 되어 버렸습니다.

내신을 준비하는 공부법은 평상시 공부습관과 내신 직전 공부습관 두 가지로 안내하겠습니다.

공부습관을 갖는다는 것은 스스로 가장 효율적인 공부방법을 찾는다는 것과 같습니다. 한 가지 메뉴에도 모두 입맛이 다르기 때문에 다양한 맛집이 있는 것처럼 공부에도 다양한 공부법이 존재합니다. 이 책에서는 여러가지 공부법은 담지 않으려고

합니다. 여러 맛집을 다니며 내 입맛에 가장 적합한 식당을 찾는 것처럼 공부법 또한 갈급함을 가지고 스스로 자신만의 것을 만들어야 합니다. 책에서는 공부를 위한 기본적 습관을 다루어 보겠습니다.

A. 기본 공부 습관

하나, 시작은 학교 수업시간을 5분 늘리는 것부터!

고입을 준비하는 학생들의 가장 잘못된 습관이 학교 수업시간을 소홀히 하는 것입니다. 대부분의 학생들이 조금 빠른 진도를 나가고 있기에 이미 배운 것이라고 느끼는 것이죠. 오히려 고등학생들을 보면 내신의 소중함을 알고 현 진도 자체가 수능 범위이기 때문에 이러한 안 좋은 습관이 보이지는 않습니다. 그리고 고등학생들은 입시에서 무엇이 중요한지 아는 것이죠. 수업시간에 충실한 것이 좋은 세특을 얻는다는 것, 그리고 시험을 출제하는 선생님의 강조에서 충분히 예상문제들을 예측할 수도 있습니다. 수업시간을 잘 활용하려면 45분의 수업시간을 앞뒤 2~3분을 더하여 50분이라고 생각하고 생활하는 것입니다. 수업 전에는 지난시간 내용을 잠시 확인하고 이번에 배울 수업의 제목과 강조된 문장들을 확인하며 오늘 배울 것의 큰 흐름을 그려봅니다. 그리고 수업에서는 선생님과 호흡을 같이하고 강조하는 부분들을 적고 발표하며 수업에 참여해야 합니다. 여기까지는 학습 의욕이 있는 학생들은 대부분 결을 같이하지만 수업종이 울리고 나면 '내가 이러고 있을 때가 아니지!'라고 생각하며 책을 덮는 경우들이 많이 보입니다. 하지만 수업이 종료된 후 수업에서 가장 중요한 것과 이해가 되지 않는 것을 기록해 둔다면 다음 수업에 기록을 읽고 자연스러운 연결을 만들어 갈 수 있습니다. 특히 이런 습관은 일주일에 한 번 뿐이 만나지 못하는 과목에서 더욱 큰 효과를 볼 수 있습니다.

둘, 과제는 당일에 복습과 함께!

공부의 방법은 다양할 수 있지만 무엇보다 학습의 루틴을 만드는 것이 중요합니다. 학습 컨설팅을 진행하고 상담을 하면서 만난 학생들에게 항상 강조하는 부분입니다. 야구에서 타자가 타석에 섰을 때 자신의 분위기로 만들기 위하여 배트를 돌려보거나 모자를 정리하는 습관을 매번 반복하는 것을 루틴이라 부릅니다. 효과적인 공부를 하려면 이런 건강한 반복이 필요합니다. 공부를 많이 하는 날과 적게 하는 날이 있을 수 있지만 최소한 학교에서 학습한 후 집에 돌아와 부족하다고 생각했던 부분을 확인하고 정리하는 것과 과제를 완료하는 것은 변함이 없어야 합니다. 특히 학교 과제를 미루다 수업이 있는 전날 마무리하는 학생들이 있는데 가장 비효율적인 시간 관리 방법입니다. 과제는 수업을 배운 당일에 집에 돌아와서 내용을 복습하며 해결해 나가는 것이 학습효과도 크며 빠르게 마칠 수 있습니다.

셋, Input by hand and Output by mouth!

초등학교 때 수학 경시대회에서는 좋은 성적을 보였는데 학교에서 쪽지시험을 보면 90점이 넘지 않는 학생들이 있습니다. 시간이 흘러 고등학생이 되면 모의고사는 등급이 어느 정도 나오는데 내신관리가 안되는 상황으로 전개가 됩니다. 그런 대부분의 경우가 손이 움직이지 않고 머리로 이해했다고 자부하는 경우입니다. 공부는 손으로 입력하고 입으로 출력해야 합니다. 학년이 더해갈수록, 문제의 난이도가 높아질수록 이론과 문제의 깊이가 길어집니다. 그만큼 이해하고 해결하려면 긴 과정이 필요한데 이 과정에서 실수가 발생하고 방향이 틀어지며 문제에서 오답이 나타나는 확률이 높아집니다.

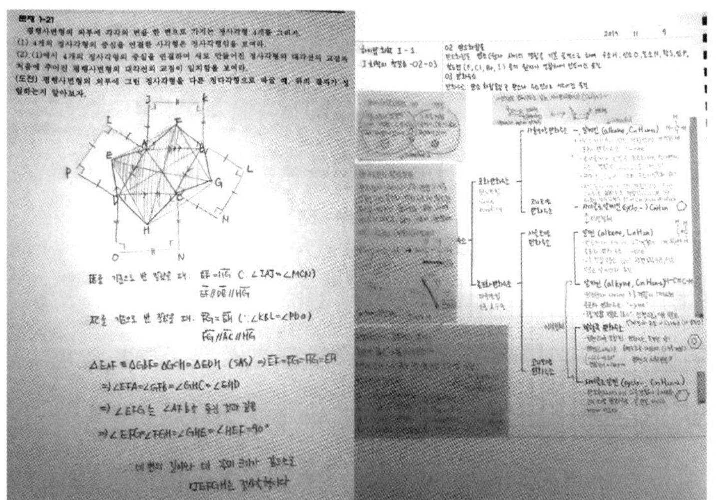

노트 필기법, 개념 기록장, 오답 노트, 포스트잇 작성법 무엇이든 좋습니다. 위 문제집과 학습장은 외대부고 합격생의 필기 내용입니다. 열심히 쓰고 자신에게 가장 효과적인 필기법과 이해 방법을 찾는 것이 필요합니다. 입력은 손으로 했다면 출력은 목소리로 하는 것이 좋습니다. 그 중에 가장 좋은 방법은 다른 친구들에게 설명하는 것입니다. 다른 친구들에게 설명을 하려면 스스로 자신이 부족했던 부분들을 떠올리게 됩니다. 말로 표현하지 못하면 아는 것이 아니라고 생각해도 과언이 아닙니다. 이를 '메타인지'라고 표현을 하는데 자신이 알고 있는 것을 인지하고 느끼는 것입니다. 그리고 부족한 부분을 채우고 해결하는 노력을 한다면 분명 최상위의 학습성취가 될 것입니다.

B. 내신직전 공부습관

하나, 지난번 내신 대비와 결과를 기준으로!

앞선 중간고사, 앞선 학기에서 아쉬웠던 점은 무엇이었나요? 과목별로 자주 범한 실수는 무엇이었나요? 과목별로 학습량 조절을 잘못 했을 수도 있고, 공부 방법이 맞지 않았을 수도 있습니다. 무조건 시험 전 열심히 달려가는 것보다 지난번 과정을 돌이켜보고 학기가 거듭할수록 나에게 맞는 내신대비법을 찾아가는 것이 중요합니다. 오답을 분석하고 틀린 이유를 찾아가보면 과목별로 공부하는 방법도 탄탄해질 것입니다.

둘, 계획은 구체적이고 현실적으로!

시험범위와 시험일정을 바탕으로 구체적으로 계획을 세웁니다. 특히 선생님이 시험범위와 함께 표현한 이번 시험의 출제 스타일도 꼭 같이 기록해 둡니다. 구체적으로 계획을 세운다는 것은 부담스럽게 양을 늘리는 과정이 아닙니다. 내가 어느 부분이 부족하고 그에 따라 학습량을 어떻게 달리할지 고민해가면서 주차별 일별 일정을 만드는 것입니다. 특히 과목명만 적지 않고 '영어 3단원 기출문제 해결하고 틀린 문항 문법 및 단어 정리하기'처럼 구체적일수록 좋습니다. 단, 시험에 가까워질수록 부담이 쌓이지 않도록 현실적인 계획이 필요합니다.

셋, 시험 멘탈 강화 훈련!

중간고사, 기말고사나 입시의 마지막 면접 모두 마찬가지로 실전에서 멘탈을 흔들리지 않도록 하는 훈련은 매우 중요합니다. 결국 정신적인 부분이라 학생들간 편차가 매우 크고 쉽게 변하지 않지만 기본적으로 두 가지를 유념하면 좋은 효과를 만들 수 있습니다. 먼저 내신대비 계획을 철저히 지킵니다. 그래서 계획은 현실적으로 만드는 것이 좋습니다. 자신이 준비해 놓은 학습양을 충분히 준비했다는 스스로의 확신이 자신감을 만들어 줍니다. 그리고 시험 마지막 주가 되면 스스로 모의고사를 진행합니다. 시험과 같은 분량을 가지고 같은 시간 시험을 보는 실전연습을 하는 것입니다. 특히 이때는 정말 실전이라는 생각을 가지고 임하고 시간배분의 문제가 있었는지 틀린 문항은 어떤 유형이었는지 확인하는 피드백 과정이 중요합니다.

내신 항목 뒤에 나오는 세특은 고입과 학생부 종합전형에서 가장 중요한 평가지표가 됩니다. 세특을 관리하려면 우선 좋은 세특이란 무엇인지 확인할 수 있어야합니다.

'평행사변형과 직사각형의 여러가지 성질들을 이용하고 각도 및 도형의 넓이를 정확히 구함.'

'직사각형과 평행사변형의 특징을 설명하며 주위 물건을 예를 들어 이해하기 쉽게 발표함.'

같은 단원의 두 문장이지만 위 문장은 수학의 성취 수준이 높음을 나타내는 일반적인 문장이고 아래 문장은 구체적으로 '발표력'과 '응용력'을 보여주는 과정을 담은 문장입니다. 당연히 아래 문장이 더욱 좋은 문장이며 여러 과목에서 반복적으로 보여지는 수행능력이 결국 학생의 키워드가 됩니다. 이런 구체적 서술을 관리하려면 결국 수업 중 발표와 산출물에 최선을 다하고 수행평가를 열심히 해결하는 자세가 필요합니다.

그런데 많은 학생들이 놓치는 것은 '왜 이러한 평가를 받았는가?'에 대한 부분입니다.

Point 5. 과정에 대한 구체성을 기록하고 확인하자!

다섯가지 학생부의 관리 핵심 포인트 마지막은 기록입니다.

학생부에서 좋은 평가를 받았음에도 자기소개서와 면접 준비 때 당시의 활동 상황을 떠올리지 못하여 흘리는 경우가 많습니다. 학습성과와 주제는 기억하더라도 친구들과 함께 활동한 과정에서 본인이 맡았던 역할과 해결과정은 대부분 떠올리지 못합니다. 입시 코앞에서 답답하지 않으려면 가급적이면 수업에서 수행평가와 발표를 진행한 당일에 주제, 활동내용, 나의 장점, 학습성과 등을 기록해두는 것이 좋습니다.

마지막으로 '세특'을 센스 있게 관리하는 추가 팁을 적어보자면 수행평가의 주제를 진로와 엮는 것입니다. 예를 들어 도덕 시간에 '존경하는 위인에 대한 책을 읽고 본받을 만한 좋은 습관 발표하기' 같은 경우에도 진로와 관련된 위인을 선정하거나 진로에 적합한 습관 등을 연결하는 것입니다. 너무 계산적인 생각같이 느낄 수 있지만 진로에 확신이 있는 학생이라면 항상 해당 분야에 관심을 가지고 있기 때문에 자연스럽게 배어 나올 것입니다.

6) 자유학기활동상황

학생부 항목	내용	고입 반영 여부
자유학기활동상황	자유학년 진로, 주제, 예술체육, 동아리	O
평가요소 : 전공적합성, 발전가능성 핵심점검사항 : 항목별 구체적 활동 내용 및 평가		

'자유학기 기간동안 내가 가장 만족하는 활동과 진로 탐색에 가장 도움이 된 활동은 무엇인가?' 발전가능성과 전공적합성의 사례가 될 활동을 고려해보며 중학교 2, 3학년을 연결성 있게

계획하는 것이 관리의 핵심입니다.

간혹 자유학기활동상황의 기재 내용을 보면 학생의 특징과 장점이 적혀 있지 않고 어떠한 프로그램을 진행했는지 커리큘럼을 적은 듯한 서술이 있습니다. 그러므로 1학기 활동 후에 기재 내용을 확인하고 선생님과의 상담과 함께 2학기에는 적극적으로 참여하는 노력이 필요합니다.

7) 독서활동상황

학생부 항목	내용	고입 반영 여부
독서활동상황	도서명과 저자	O
평가요소 : 전공적합성, 발전가능성, 인성 핵심점검사항 : 독서 활동은 자기주도성 자체		

'독서활동 = 자기주도성' 이라고 표현할 정도로 독서는 학생의 지적 호기심을 측정하는 척도가 됩니다. 그리고 꾸준히 성장하는 학생은 학생부의 독서기록만 보아도 성장이 느껴집니다. 진로희망 분야의 책이 심화되거나 세분화되는 것이 책의 제목에서 보이기 때문입니다. 책을 선택할 때는 추천도서를 찾아보는 것도 좋지만 직접 서점에 가서 책을 몇 페이지 넘기며 궁금했던 부분이 가장 많이 담겨있고 쉽게 눈에 들어오는 책을 스스로 선정하는 것이 좋습니다.

8) 행동특성 및 종합의견

학생부 항목	내용	고입 반영 여부
행동특성 및 종합의견	담임선생님 종합의견	O
평가요소 : 학업역량, 전공적합성, 인성, 발전가능성 핵심점검사항 : 학생 OOO찾기		

'품행이 방정하며 매사에 모범이 됨.' 처럼 과거 학생부에 딱 한 줄 쓰이던 담임선생님의 총평이 바로 '행특' 입니다. 학생부 마지막에 있지만 실제로 컨설팅을 하면 가장 먼저 읽게 되는 중요한 항목입니다. 학생이 평소 어떻게 생활하는지 한눈에 들어오기 때문입니다. 상급학교의 입학담당 선생님들도 같은 눈으로 바라보기에 학부모님과 학생은 여기서 학생 자신을 찾는 것이 가장 중요합니다. 담임선생님이 잘 작성한 행특은 학업의 장단점, 진로 적합도, 발전성, 성격의 장점과 단점 등 다양한 항목을 보여줍니다. 특히 자신의 인성적 장단점을 쉽게 뽑아내지 못하는 경우가 많은데 이 항목에서 자주 확인할 수 있습니다. 중요한 것은 그 다음입니다. 어떠한 장면에서 내가 이렇게 보여졌는지 복기해 보는 것입니다. 면접장에서 면접관이 장점을 물어보는데 '저의 장점을 선생님께서 배려라고 말씀하셨습니다.' 라고 답을 할 수는 없으니까요.

지금까지 학생부 각 항목을 정리해 보았습니다. 그리고 함께 학생부 관리를 위하여 꼭 기억해야할 핵심 포인트 다섯가지도 확인하였습니다.

Point 1. **학생부의 축소 또는 미반영 항목은 동기부여를 위한 학습 기폭제로 사용하자!**
Point 2. **상급학교는 학생부에 기재되지 않은 설명이 있다면 최악의 시나리오로 판단한다!**
Point 3. **학생부의 활동을 자연스럽게 엮어 나만의 진로 스토리를 만들자!**
Point 4. **선생님과의 상담을 즐기며 자신의 활동을 어필하고 다음을 질문하자!**
Point 5. **과정에 대한 구체성을 기록하고 확인하자!**

정리해보면 성실히 입력해보고 결과를 확인하며 성장하는 다음 학기를 만드는 과정입니다. 너무 척박한 예시인지 모르지만 학생부는 컴퓨터 구매 시 확인하는 컴퓨터 스펙과 같은 기록지입니다. 입시 요소로서 학생부는 이렇게 차갑지만, 결국 학생부 관리를 통해 나를 배워가고 성장해 나갑니다. 그리고 입시에서도 자기소개서와 면접을 통하여 척박한 기록지인 학생부를 따뜻한 편지처럼 포장해야 하겠습니다.

4. [WHERE] 나에게 맞는 학교 선택 (나에게 꼭 맞는 고등학교 선택법)

<table>
<tr><th colspan="3">초중고 학습 파노라마</th><th>유치원</th><th>초1</th><th>초2</th><th>초3</th><th>초4</th><th>초5</th><th>초6</th><th>중1</th><th>중2</th><th>중3</th><th>고1</th><th>고2</th><th>고3</th></tr>
<tr><td>1</td><td>WHO</td><td>우리아이 학습이슈</td><td>활동</td><td colspan="2">자기주도</td><td colspan="2">평가</td><td colspan="2">학습성과</td><td>진로 교과</td><td>비교과 내신</td><td>고입</td><td>진로 교과</td><td>대입 비교과</td><td>수시 · 정시</td></tr>
<tr><td>2</td><td>WHY</td><td>성장목표</td><td colspan="3">경험</td><td colspan="3">적성</td><td colspan="2">진로</td><td colspan="2">고교진학 (계열)</td><td colspan="2">대학진학 (전공)</td><td>직업 탐구</td></tr>
<tr><td>3</td><td>WHAT</td><td>집중활동</td><td colspan="3">언어, 예체능, 여행</td><td colspan="3">특기적성각종대회</td><td colspan="2">진로탐색활동</td><td>비교과</td><td colspan="2">진학교과</td><td colspan="2">진학전략</td></tr>
<tr><td>4</td><td>WHERE</td><td>학교선택</td><td>유치원</td><td colspan="6">초등학교
(공립vs사립&혁신초)</td><td colspan="3">중학교
(공립vs사립&국제중 &국제학교)</td><td colspan="3">고등학교
(고입vs일반고)</td></tr>
</table>

'서연고 서성한 중경외시'

우리나라 대학 서열은 몇 십년이 지나가도 큰 변동이 없어 보입니다. 하지만 '가장 좋은 고등학교는 어디일까요?' 라는 질문의 답은 어렵습니다. 대학교는 기본적으로 종합대학 즉, 다양한 전공을 품고 있지만 고등학교는 설립목적에 따라 수업 구성이 각각 다르기 때문입니다. 그래서 고등학교 선택의 첫번째 기준은 진로입니다.

1) 진로에 맞는 설립목적 유형 선택

유형	영재학교	일반고	특목고	특성화고	자율고
설립목적	영재의 능력과 소질에 맞는 내용과 교육	적성과 소질에 맞는 진로 개척 및 능력 함양	특수 목적에 맞는 전문 교육을 통한 적성강화	소질과 적성 및 능력이 유사 대상 교육편성운영	학교별 다양성과 특성화된 교육을 자율적 운영
세부유형	과학영재학교 과학예술영재학교	공립고등학교 사립고등학교 자율학교	외국어고, 국제고, 과학고, 예술고, 체육고, 마이스터고	직업교육분야 특성화고 대안학교	자율형사립고 자율형공립고

가장 많은 학생들이 고민을 하는 고등학교 유형이 바로 특목고와 자율고입니다. 결국 이 둘 사이에서 고민을 하는 경우 가장 먼저 설립목적을 보고 선택해야 합니다. 특목고의 이름을 풀어서 정리하자면 '특수한 목적을 지닌 고등학교' 입니다. 여기에서 목적은 진로희망계열을 뜻합니다. 그 목적에 맞도록 전문교과가 개설되어 심화학습이 가능해집니다. 반대로 자율고는 '자유로운 운영이 가능한 학교'를 뜻합니다. 여기서 자유로운 운영은 교과를 선택할 수 있는 범위의 자율성을 뜻합니다. 일반고보다 들을 수 있는 선택과목이 많은 것입니다. 예를 들어 계열과 심화를 기준으로 일반고, 특목고, 자율고를 도식화한다면 아래와 같습니다.

계열	특수목적고등학교	자율형고등학교	일반계고등학교
공학	과학고		
자연, 의생명			
진로에 대한고민		자율고	일반고
사회	국제고		
인문	외고		

즉, 자신의 진로가 고등학교 선택의 첫 기준이 돼야 합니다. 만약 공학계열에 방향을 두고 있다면 과학고, 자율고, 일반고를 두고 진학을 고민해야 하겠죠. 물론 표에 함께 비교되지 않은 영재학교도 공학계열에 속합니다. 2025학년도부터 자율고와 외고, 국제고의 선발권이 폐지가 되고 모두 일반고로 전환을 계획하고 있습니다. 이러한 방향의 취지도 각 고등학교에 설립목적에 적합하지 않았다고 판단되었기 때문입니다.

2) 학습 스타일에 따라 대입까지 바라보는 선택

학습 스타일에 따라 고등학교 유형을 선택하는 과정은 매우 중요합니다. 명문 고등학교에 들어가는 것도 중요하지만 학교의 커리큘럼이 나의 학습 스타일과 잘 어울려 대입 경쟁력을 만들어 줄 수 있어야 한다는 것입니다.

여기서 한가지 질문을 던집니다.

'내신이 중요하다면서 왜 경쟁이 치열한 특목자사고를 가려 할까요?'

이 답을 찾으려면 대학입학전형의 구성을 확인해야 합니다.

<table>
<tr><th colspan="5">대학입학전형</th></tr>
<tr><td colspan="4">수시전형</td><td>정시전형</td></tr>
<tr><td>*학생부교과전형</td><td>*학생부종합전형</td><td>논술전형</td><td>특기자전형</td><td>수능전형</td></tr>
<tr><td colspan="3"></td><td colspan="2">실기전형</td></tr>
<tr><td colspan="5">특별전형</td></tr>
</table>

우선 대입은 크게 수시와 정시 둘로 나뉘어 집니다. 그리고 기본적으로 정시는 수학능력시험이라는 것을 알고 있습니다. 물론 특기자전형과 정시에 실기전형이 있고, 전 영역에 특별전형이 있기는 합니다. 그러나 현재 대입전형의 비율을 살펴보면 학생부교과전형, 학생부종합전형, 수능전형 3가지가 크게 3분할을 하고 있다고 해도 과언이 아닙니다.

정시 수능은 많이 들어봤지만, 수시에 학생부 전형이 교과전형과 종합전형 두 가지가 있다는 것이 중요합니다. 둘은 똑같이 학생부를 가지고 판단하지만 전혀 다른 방식으로 평가하는 선발 방법입니다. 먼저 두 전형은 학생부의 평가 범위가 다릅니다. 학생부교과전형은 학생부 내에서 오직 내신점수만 판단합니다. (수능최저기준 및 면접 등 별도의 전형 요소가 일부 존재합니다.) 즉, 이 전형은 결국 경쟁이 치열한 특목자사고 보다는 일반고가 유리할 수 있습니다. 반대로 학생부종합전형은 학생부 전반을 평가합니다. 우리가 책에서 꾸준히 다룬 고입의 자기주도학습전형과 유사한 요소이죠. 학생부교과전형과 비교하여 교과만을 가지고 차이를 나눠도 학생부종합전형은 다음 5가지 항목을 추가로 확인합니다.

▪ 2023학년도 서울대학교 입학요강 참조

항목	평가 요소	세부
교과 등급	성적 추이	꾸준히 성장해 온 학습 이력
	이수 과목	전공과 적합한 과목의 수강 여부
세부능력 및 특기사항	관찰 항목	수업의 참여도와 학생의 학습 노력
	평가 항목	학업역량, 전공적합성, 발전가능성
	평가 역량	수업 참여도, 문제해결력, 커뮤니케이션 능력, 학습연계과정

그렇기 때문에 내신 등급도 중요하지만 어떠한 수업을 들어가며 스스로 진로를 향하여 성장했는지가 중요합니다. 또한 심화된 수업 및 과정이 많아야 깊고 다양한 역량을 보여줄 수 있으므로 특목자사고가 유리할 것입니다.

결국 나의 학습 스타일에 따라 학생부종합전형이 유리한지 학생부교과전형이 유리한지 판단하고 학교를 선택해야 합니다. 연결하여 수능 경쟁력도 학교 유형별로 차이가 날 수 있습니다. 주요 3개 전형에 대하여 고등학교 유형별 유불리를 따지면 다음과 같이 표현할 수 있습니다.

<table>
<tr><th>고등학교 유형</th><th>수시-학생부종합전형
(교과활동)</th><th>정시
(수능)</th><th>수시-학생부교과전형
(내신)</th></tr>
<tr><td>영재학교</td><td>매우 유리</td><td>약간 유리</td><td rowspan="4">불리</td></tr>
<tr><td>과학고</td><td>유리</td><td>약간 유리</td></tr>
<tr><td>외고, 국제고</td><td>유리</td><td>약간 유리</td></tr>
<tr><td>자율고</td><td>유리</td><td>유리</td></tr>
<tr><td>일반고</td><td>불리</td><td>불리</td><td>유리</td></tr>
</table>

여기에서 많은 학생과 학부모님이 오해하는 부분을 확인할 수 있습니다. 일반고의 대입 경쟁력을 강화하는 방안은 수능이 아니라 학생부교과전형의 비중을 확대해야 하는 것입니다. 수능전형을 확대하는 것은 일반고 경쟁력 강화라는 표현보다는 공정한 경쟁이 적합할 수 있습니다. 하지만 이 또한 완벽히 동일선상에서 시작한다고 볼 수는 없습니다. 수능영역에 맞는 수업을 많이 배정하고 있는 학교들이 있기 때문입니다. 가장 유리한 학교는 자율고가 될 것이며, 전과목을 많이 배치할 수는 없지만 진로분야의 심화 학습을 하는 특목고가 그 다음일 것입니다.

그렇다면 각전형의 대입 비중은 어떨까요?

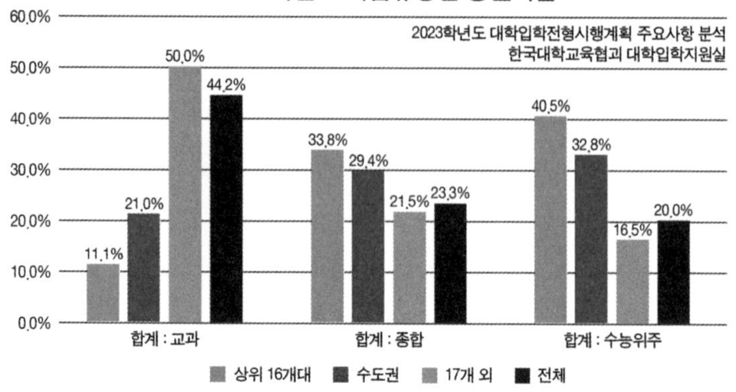

대학 분류	학생부교과	학생부종합	수시합계	수능위주	정시합계	2023학년도 계
상위 16개 대	5,751	17,531	30,052	21,011	21,873	51,925
수도권	27,670	38,787	85,220	43,225	46,562	131,782
16개 외	148,713	63,859	242,390	48,900	54,809	297,199
전체	154,464	81,390	272,442	69,911	76,682	349,124

전국 전체 대학으로 비교해보면 학생부교과전형이 44% 정도로 가장 많은 학생을 선발하는 것을 확인할 수 있습니다. 하지만 수도권, 상위 16개 대학으로 좁혀질수록 학생부교과전형은 감소하고 상대적으로 학생부종합전형이 늘어나는 것을 확인할 수 있습니다. 한마디로 표현하자면 수도권의 주요대학들은 학생부 및 다양한 서류와 평가 방법을 통하여 진로 목표가 뚜렷한 학생들을 선발하기를 선호하고 지방 거점국립대 등 전국의 대학에서는 지역 내 내신이 좋은 성실한 학생들을 선호한다고

볼 수 있습니다. 때문에 상위 16개 대학을 목표로 한다면 학생부 종합전형을 기준으로 입시를 준비하는 것이 유리할 것이며 그렇기 때문에 특목고와 자사고를 선호하는 현상이 생겨납니다.

수능전형은 또 다른 양상을 보이는데요. 2021학년도 서울대 합격자 순위를 보면 영재학교와 특목고는 신입생 중 약 90%가 수능이 아닌 수시전형으로 합격했음을 확인할 수 있습니다.

▪ **2021학년도 서울대 신입생 상위고 30개 및 일반고 10개 종합 자료**

학교분류		수시	정시	계	수시비율
영재학교		304	23	327	93%
일반고 계		65	85	150	43%
일반고	과학중점	16	15	31	52%
	강남구	7	9	16	44%
	서초구	13	19	32	41%
	기타	16	30	46	35%
자율고 계		171	133	304	56%
자율고	광역	49	77	126	39%
	전국	122	56	178	69%
특목고 계		253	28	283	89%
특목고	과고	29	7	36	81%
	예고	122	9	131	93%
	외고	102	12	116	88%
종합계		793	269	1064	75%

▪ **2021학년도 서울대 신입생 상위 10개고 및 30위 내 전국단위 자사고**

순위	학교	유형	세부분류	수시	수시비율	정시	합계
1	서울예술고	특목	예고	70	95%	4	74
2	서울과학고	영재	영재	56	82%	12	68

3	용인외대부고	자사	전국	30	50%	30	60
4	경기과학고	영재	영재	47	89%	6	53
5	하나고	자사	전국	42	91%	4	46
6	대원외국어고	특목	외고	32	74%	11	43
	대전과학고	영재	영재	43	100%	0	43
8	한국과학영재학교	영재	영재	33	89%	4	37
9	대구과학고	영재	영재	34	97%	1	35
10	선화예고	특목	예고	29	85%	5	34
12	민족사관고	자사	전국	21	68%	10	31
21	인천하늘고	자사	전국	20	91%	2	22
23	상산고	자사	전국	9	47%	10	19

정찬민 국민의힘 의원실 '2021학년도 서울대 합격자 출신 고교별 현황

하지만 자율고와 일반고는 40~60%사이를 보이고 있습니다. 즉, 정시와 수시를 동시에 준비하는 부담감이 있다는 것입니다. 물론 자율고와 일반고의 차이는 자율고는 수시를 학생부종합전형으로, 일반고는 수시를 학생부종합전형으로 준비한다고 볼 수 있습니다. 특히 자율고는 학교 커리큘럼의 자율성을 가지고 있는 학교인 만큼 상산고는 수시비율이 47%인 반면 하나고는 90%로 학교마다 학습스타일이 다르므로 자신에게 맞는 학교를 잘 찾아봐야 합니다.

3) 합격가능성을 고려한 전형 선택

마지막으로 고입의 목표로 할 고등학교 선택시 고려할 요소로 내가 들어갈 수 있는 전형인지 확인해야 하는 것입니다. 그

리고 입학 요소가 비슷한 학교라면 조금 더 디테일하게 선택해야 합니다. 그리고 최종적으로는 중복지원 가능한지도 확인해야 합니다. 경쟁을 통한 입학이기 때문에 만약 마지막까지 과학고와 자율고가 고민된다면 두 학교를 모두 지원해 보는 것입니다. 물론 이때는 학생이 입시 스트레스로 인한 에너지 소모가 심해져 회복탄력성이 좋은 친구들에게 추천합니다.

3월	4월	5월	6월	7월	8월	9월	10월	11월	12월	추가
			과학영재학교			과학고				
						예고, 체고			자율학교	
									전국자사고	
									외고, 국제고	
									광역자사고	
									중점학교	
									일반고	
									자공고	
								마이스터고		
				1			2		3	4

실제로 중학교 3학년의 입시 전형은 위와 같이 1년간 진행이 되며 과학영재학교 / 과학고, 예고, 체고, 마이스터고 / 자율학교, 자율고, 외고, 국제고, 중점학교(지역별 상이), 자공고(지역별 상이) / 일반고 등 4번의 지원을 할 수 있습니다. (중점학교와 자공고는 3번 범주의 학교를 지원할 경우 지원이 불가능한 지역도 있으므로 꼭 매년 확인해야 합니다.) 또한 위 표에서 표현한 추가적인 정보가 있습니다. 바로 전국단위와 광역단위의

표시입니다. 점선으로 테두리가 표시된 과학영재학교, 자율학교, 전국단위 자사고는 전국에서 지원이 가능합니다. 예를 들어 한국과학영재학교는 부산에 소재하고 민사고는 강원도에 소재하지만 둘은 각각 과학영재학교와 전국단위 자사고에 속해 있는 학교로 전국 어디에서나 지원이 가능합니다.

그렇다면 고등학교 입학전형의 특수성을 학교 유형별로 간단히 안내하겠습니다. 아래 표처럼 고등학교 유형별로 전형 단계별 평가 방법 및 내신 반영 과목 등이 차이가 있습니다. 그러므로 고등학교 진학 목표 선택시 자신의 학습 성취도와 역량으로 합격 가능성을 고려해야 합니다.

고등학교 유형	내신 반영 과목						기타 선발 기준
	국	영	수	과	사	기타	
영재학교	○	○	○	○	종합평가		2차 시험 (수학, 과학)
과학고			○	○			2차 면접 (구술면접)
외고		○					2, 3학년 성취평가제 AAAA 국어, 사회
국제고		○					
전국단위 자사고	○	○	○	○	○	일부	심층 면접 (수학, 과학)
자율학고	○	○	○	○	○	일부	사전 접촉 면접
지역단위 자사고	서울 150% 추첨 시 면접을 기본으로 하나 세부사항 상이						

- 과학영재학교

앞서 과학고와 과학영재학교와의 차이에서도 안내한 것처럼 과학영재학교는 다른 고등학교와 다르게 영재교육진흥법의 범위안에 있습니다. 그래서 다른 고입전형이 가질 수 없는 지필전형과 캠프전형을 가지고 있어 **1단계 서류평가, 2단계 지필평가, 3단계 캠프평가**로 8개 학교가 모두 동일하게 진행됩니다. 그리고 전국 8개 학교 중에 한 곳을 선택하여 지원하게 됩니다.

선택시 첫 고려항목은 과학영재학교와 과학예술영재학교를 고민합니다. 간혹 '과학예술영재학교'라 하여 수학과 과학의 비중이 적을 것이라 예상하고 지원하는 경우가 있지만 정확히 표현한다면 '과학융합영재학교'라고 하는 것이 적합해 보입니다. 즉, 수학과 과학을 예술, 문화, 사회, 공학 등에 어떻게 접목시키는지를 조금 더 구체적으로 바라보는 정도의 차이인 것입니다. 다음 고려항목은 학교별 전통적인 입학난이도로 크게 서울과학고등학교 > 경기과학고등학교, 한국과학영재학교 > 이하 5개교 정도로 구분하게 됩니다. 마지막으로 2차 지필유형이 서술형인 학교와 경시단답형인 학교를 놓고 구분을 합니다. 하지만 이제 수학 10문항, 과학 25문항을 기준으로 개방성이 높은 서술형 열린 문항이 70% 비율로 8개교가 공통되게 출제되도록 지필 개선안이 발표되어 의미가 약해졌습니다. 오히려 이제는 지역우선선발 전형이 강화되어 학생의 거주지역을 고려하거나 전략적으로 다른 지역을 도전해보는 고민거리가 생겼습니다.

■ 2022학년도 영재학교 8개교 입학전형 분석

구분		서울과학 고등학교	경기과학 고등학교	한국과학 영재학교	대전과학 고등학교
정원	선발정원	120명	120명	120명	90명
해당 지역 배정 인원	2차 지필 후	25개 자치구 1명 (경기 1명 등 82)	31개시 1명 (서울 1명 등 47)	없음	15명 (강원, 충남, 충북 2 등 34)
	지역선발 비율	68.4%	39.2%	0.0%	37.8%
	지역배정 외 서울+경기	105명	105명	120명	58명
1단계 서류	1차원서접수 제출기간	3(원서) 4(우편) 7(입력마감)	3(서류마감) 7(추천서마감)	7(입력마감)	3(원서) 4(우편) 7(입력마감)
	학생부	중1, 2 초등제출	중1, 2 초등제출	중1 초등제출	중1, 2 초등제출
	자소서글자수	1. 지원동기 500 2. 수과장점800 3. 1, 2번 외 특별함 500 3문항 1800자	0. 독서3권 택1 300 1. 수과장점 600 2. 열정 600 3문항 1500	1. 선발이유 600 2. 환경 600 3. 수과장점 600 4. 수과외활동 600 5. 대인관계 600 6. 기타 제한 없음 자소서 증빙서류 3장 6문항 3000+	1. 지원동기 500 2. 수과장점 1000 3. 환경 1000 3문항 2500
	추천서	수학과학영재성1, 인성1	일반 현직교원2, 추천관찰전형 교원3	수과 교원1, 담임 등 교원1	담임 등 1, 수, 과, 정보발명 교사1
	서류탈락비율 (내신)	영재성전원	영재성전원	영재성전원	영재성전원 전년 1000명
2단계 지필	2차지필기간	7월 11일			
	전형변경 안내사항	서술형, 열린 문항			
	선발인원	최대 2배수	1.5배수	1.33배수	1.5배수
	전년 유형	긴제시문, 풀이과정중심	긴제시문, 풀이과정중심	스토리형, 창의성중심	단답, 객관식 다수
3단계 캠프	3차캠프기간	8월 14, 15일	8월 14일	8월 8일	8월 14일
	전년 유형	보고서, 발표중요	보고서, 발표중요	보고서, 발표중요	수학과학지필 주요소

구분		대구과학 고등학교	광주과학 고등학교	세종과학 예술영재학교	인천과학 예술영재학교
정원	선발정원	90명	90명 (전국 : 45, 광주 : 45)	84명	75명
해당 지역 배정 인원	2차 지필 후	24명 (부산, 울산, 경북, 경남 2 등 44명)	45명 (전남, 전북, 제주 2 등 19명)	10명 (강원, 충북, 충남 3 외 각 2 등 46)	20명 (영재학교지역 외 권역 추가 40명)
	지역선발 비율	48.9%	71.1%	53.6%	53.3%
	지역배정 외 서울+경기	48명	28명	43명	37명
1단계 서류	1차원서접수 제출기간	3(서류마감) 7(추천서마감)	4일(금)	3(원서) 4(우편) 7(입력마감)	3(원서) 4(우편) 7(입력마감)
	학생부	중1, 2 초등제출	중1 초등제출 영재원미반영	중1 초등제출	중1, 2 초등제출
	자소서글자수	(서류변경예정공지) 1. 수과장점 및 진로 800 2. 인성 500 3. 기타 500 3문항 1800	1. 지원동기 1000 2. 수과장점 1000 3. 교과 외 활동 3 각 500 4. 의미활동 1000 4문항 4500	1. 수과장점 1000 2. 의미활동 500 3. 융합역량 500 4. 아래 중 택 1500 (장래희망, 인성, 학업역량, 역경극복, 독서 중 택 1) 4문항 2500	1. 가치창출 500 2. 수학장점 500 3. 과학장점 500 4. 독서활동사항 3 각 300 4문항 2100
	추천서	현직교원1	담임1, 교과1	현직교원2	수학1, 과학1
	서류탈락비율 (내신)	영재성전원	영재성전원	영재성전원 전년 1000명	영재성전원
2단계 지필	2차지필기간	7월 11일			
	전형변경 안내사항	서술형, 열린 문항			
	선발인원	2배수	2배수	(84−지역선발) ×2배수	2배수
	전년 유형	단답, 객관식 다수	단답, 객관식 다수	단답, 객관식 다수	단답, 객관식 다수
3단계 캠프	3차캠프기간	8월 14, 15일	8월 13일	8월 14일	8월 14일
	전년 유형	표현력, 발표력, 영어	표현력, 발표력 중시	표현력, 발표력 중시	수학과학지필

입시 전형을 살펴보면, 1단계 서류평가는 학생부, 자기소개서, 추천서로 대입 학생부종합전형과 동일하게 진행됩니다. 이제 학생부종합전형은 추천서가 폐지되었으니 대입보다 더 많은 자료가 반영되는 셈입니다. 영재교육진흥법을 따르며 학생부의 항목도 이공계특성화대학교 KAIST, DGIST처럼 미반영항목 없이 학생부에 기재된 모든 내용이 제출 가능합니다. (단, 학교에 따라 도말 처리 항목이 조금씩은 안내됩니다.) 그러므로 학교 대회, 영재교육원 활동 등을 충실히 하고 자신의 장점을 학생부와 자기소개서에 담는 준비성이 필요합니다.

2단계는 고입 중에 영재학교에만 존재하는 지필평가가 진행됩니다. 이 전형 과정이 중등부 전체의 수학, 과학의 심화 선행 학습을 선도하였다고 해도 과언이 아닙니다. 다른 과정을 준비하는 학생들도 뒤쳐지지 않기 때문에 함께 달려온 것이죠. 하지만 올해부터 정책적으로 지필시험 범위를 중학교 내로 정하며 올해 지필은 선행 수준이 완화되어 출제되었습니다. 그러나 2단계 준비를 위하여 학교에서 배우는 교과학습 외에 추가적인 학습이 필요한 것은 변함이 없어 보입니다. 특히 긴 호흡의 수학 서술문항 연습과 실험설계 중심의 과학 문제해결 연습은 필수입니다. 또한 수학과 과학이 융합되어 출제되는 힘–에너지계산, 화학변화–석출량, 유전–개체수 등의 연계 학습이 필요합니다.

마지막 3단계 캠프전형은 영재학교에서 적응하기 위한 능력을 지니고 있는지 확인하는 전형입니다. 실험설계, 실험수행, 면접, 팀프로젝트, 토론 등을 통하여 영재학교에서 자기주도적으로 연구를 하고 실험실에서 원만히 공동 프로젝트 수행이 가능한지 점검하는 것입니다. 때문에 다양한 경험을 동아리, 영재교육원 등에서 경험해본 학생이 유리합니다.

- 과학고등학교

과학고는 학교마다 표현과 단계 분류는 조금씩 다르지만, 일반적으로 **1단계 서류평가**, **2단계 출석면접**, **3단계 소집면접**으로 전형이 진행됩니다. 과학고는 전국에 총 20개의 학교가 있으며 광역단위 고등학교입니다. 예를 들면 경기도는 경기북과고만 지원이 가능하며 인천은 인천과고와 진산과고만 지원 가능합니다. 간혹 세종과학고등학교와 세종과학예술영재학교를 혼돈하는 경우가 있는데 세종과고는 서울지역만 지원가능한 과학고이며 세종과학예술영재학교는 세종시에 위치한 전국에서 지원 가능한 과학영재학교입니다.

■ 2022학년도 과학고 20개교 입학전형 분석

전국 과학고 현황			전형방법				
지역	학교명	정원	1단계	1단계선발	2단계	3(2)단계 선발	3단계
서울	세종과고	160	서류	1, 2차 통합	출석면접	1.5배수	소집면접
	한성과고	140	서류	1, 2차 통합	출석면접	1.5배수	소집면접
경기	경기북과고	100	서류	1, 2차 통합	개별면접	3배수(80%)	소집면접
인천	인천과고	80	서류	2배수	전화/출석	1.5배수	소집면접
	진산과고	80	서류	2배수	출석면접	1.5배수	소집면접
부산	부산과고	100	서류	1, 2차 통합	출석/방문	1.5배수	소집면접
	부산일과고	100	서류	1, 2차 통합	출석/방문	1.5배수	소집면접
대구	대구일과고	80	서류	1, 2차 통합	출석면담	1.5배수	소집면접
대전	대전동신과고	80	서류	1.75배수	출석면담	2, 3차 통합	소집면접
울산	울산과고	72	서류	1, 2차 통합	출석면담	1.5배수	소집면접
강원	강원과고	60	서류	1, 2차 통합	방문/출석	1.5배수	소집면접
경남	경남과고	100	서류	3배수	전화/소집	1.6배수	면접평가
	창원과고	80	서류	2.5배수	사전/방문	1.5배수	면접/총체
경북	경북과고	40	서류	1, 2차 통합	소집면담	1.5배수	개별면접
	경산과고	60	서류	1, 2차 통합	소집면담	1.5배수	소집면접
전남	전남과고	80	서류	1, 2차 통합	면담	1.5배수	면접평가
전북	전북과고	60	서류	1, 2차 통합	소집/방문	1.5~2배수	면접평가
충남	충남과고	72	서류	1, 2차 통합	면담	1.5배수	면접평가
충북	충북과고	54	서류	1, 2차 통합	역량평가	1.5배수	창의성면접
제주	제주과고	40	서류	1, 2차 통합	소집/방문	1.5배수	면접평가
총합계		1638					

전국 과학고 현황		내신반영학기				서류특징		2021학년도 결과		
지역	학교명	2-1	2-2	3-1	3-2	추천서	수상실적	지원자	경쟁률	20대비
서울	세종과고	0	0	0	2단계	1부	제외	558	3.49:1	0.14
	한성과고	0	0	0	2단계	1부	제외	536	3.83:1	-0.36
경기	경기북과고	0	0	0		1부	학기당1개	739	7.39:1	-1.41
인천	인천과고	수과 각 50%			3단계	1부	학기당1개	240	3.00:1	-0.20
	진산과고	수과 각 50%			3단계	1부	학기당1개	244	3.05:1	-0.63
부산	부산과고	0	0	0		1부	학기당1개, 영재○	239	2.39:1	-0.08
	부산일과고	0	0	0		1부	학기당1개, 영재○	256	2.56:1	-0.23
대구	대구일과고	0	0	0		1부	학기당1개	167	2.09:1	-0.93
대전	대전동신과고	30:30:40 (수과 각 50%)				1부	학기당1개, 영재○	283	3.54:1	-0.16
울산	울산과고	15/15	15/15	20/20		1부	제외	216	3.00:1	-0.26
강원	강원과고	0	0	0		1부	학기당1개	120	2.00:1	-0.42
경남	경남과고	20%	30%	50%	3단계	1부	제외	286	2.86:1	-0.63
	창원과고	1:2:2:2.5:2.5(수과 각 50%)			4단계	1부	제외	217	2.71:1	-0.83
경북	경북과고	0	0	0		1부	학기당1개	103	2.58:1	0.10
	경산과고	0	0	0		1부	학기당1개	130	2.17:1	0.15
전남	전남과고	30:30:40 (수과 각 50%)				1부	학기당1개, 영재○	211	2.64:1	-0.58
전북	전북과고	20%	30%	50%		1부	고입용(제외)	145	2.42:1	0.05
충남	충남과고	수과 각 50%				1부	고입용(제외)	223	3.10:1	-0.49
충북	충북과고	0	0	0		2부	학기당1개, 영재○	176	3.26:1	0.35
제주	제주과고	0	0	0		1부	학기당1개	107	2.68:1	-0.33
총합계								5196	3.17:1	-0.34

과학고의 1단계는 영재학교의 1단계와 같습니다. 단, 학생부가 초중등교육법에 맞게 수학과학 이외의 과목 성적은 삭제되고 수학과 과학 역시 성취수준만 제공이 됩니다.

2단계 출석면접은 과학고마다 상이한 과정입니다. 때문에 전형을 2단계로 표기한 과학고도 많은데, 최근에는 대부분의 과학고가 이 절차를 밟고 있습니다. 3단계 소집면접과 연결하여 안내하면 2단계는 서류 신뢰도, 3단계는 인성과 수학, 과학 융합능력을 확인합니다. 같은 수학, 과학 능력이지만 과학영재학교에서는 실제로 문제를 해결하고 실험하는 것을 지필 또는 캠프에서 확인한다면, 과학고에서는 면접을 통하여 언어로 자신의 능력을 보여줘야 합니다. 그만큼 자신감과 함께 평상시 발표 및 소통 능력이 중요합니다.

- 외국어고등학교, 국제고등학교

외고와 국제고를 한데 묶은 이유는 사실상 두 학교의 전형은 같다고 해도 무방하기 때문입니다. 그래서 가끔 의심을 받습니다. 국제고의 위치를 보면 서울, 고양, 동탄, 세종, 부산, 청심, 인천 등 과학고과 짝지어 학군을 만들거나 신도시가 생길 때 설립되었습니다. 이 때 기존의 외고를 옮기는 것이 부담되기 때문에 국제고라는 유형을 만들었을 의도가 있다는 것이죠. 하지만 교육과정을 보면 두 학교는 확연히 다릅니다. 두 학교는 각각 외국어와 국제통상의 전문인재를 양성하려는 특수한 목적이 있기 때문입니다.

먼저 외국어고등학교는 전문교과 I 의 총 이수 단위의 60%

이상을 전공 외국어로 하고, 전공 외국어를 포함한 2개 외국어로 전문교과 I 의 과목을 편성하여 어학 영역이 확대된 커리큘럼을 가지고 있으며 국제고등학교는 전문교과 I 의 국제계열 과목과 외국어 계열 과목을 72단위 이상 이수하되, 국제계열 과목을 50% 이상 편성하여 국제정치, 국제법, 지역이해 등을 학습하게 됩니다.

두 학교는 1단계 내신 및 출결(감점) 160점, 2단계 1단계+면접(40) 200점으로 진행됩니다. 중요한 것은 단계별 점수가 정확하게 정해진 것입니다. 과학영재학교와 과학고는 입시의 각 요소에 구체적 점수가 보이지 않는 반면 외고, 국제고와 다음에 안내될 전국단위 자사고는 정확한 점수 배점이 있습니다.

특히 이 변화는 1단계에서 뚜렷하게 나타납니다. 1단계가 서류평가에서 내신 및 출결 평가로 바뀐 것입니다. 즉, 똑같이 자기소개서, 추천서, 학생부를 제출하지만 서류에 대한 평가는 2단계에서 면접과 함께 이루어집니다. 1단계는 영어 성취도가 2학년 1학기부터 3학년 2학기까지 4학기동안 A를 맞으면 40×4=160점 만점이 기록됩니다. 단, 미인정 결석 (미인정 지각 · 결석 · 조퇴 등은 3회가 1회로 인정)은 감점요소로 자리잡는데 보통 1점을 넘지 않습니다. 하지만 외고와 국제고를 지원하는 학생들의 경우 대부분 4학기간 A이기 때문에 이 1점 감점은 탈락을 의미합니다. 다음으로 동점자는 3학년 2학기부터 국어, 사회 순으로 성취수준을 판단하여 A가 아닌 학생들을 탈락시킵니다. 즉, 4학기 동안 영어, 국어, 사회 3과목의 성취도 모두를 A로 기록하고 미인정 결석이 없다면 1단계는 무조건 통과가 가능합니다.

2단계에서는 면접을 통하여 자기주도학습 영역과 인성 영역으로 나누어 학생을 평가합니다. 1단계 점수를 포함하여 진행하지만 대부분 1단계는 160점이기 때문에 결국 면접으로 합불이 결정됩니다. 외고와 국제고 면접이기 때문에 영어면접이 진행될 것이라 생각하는 경우가 많지만 순수하게 우리말로 면접이 진행됩니다. 학생부와 자기소개서를 통한 서류 연계 면접과 개별로 준비된 문항들이 주어지는데 자신의 진로 목표와 지원동기, 국제 관계와 사회 문제에 대한 기본적 이해와 발표 연습이 필요합니다.

- 전국단위 자율형 사립학교

자율고등학교는 지원 지역의 범위로 전국단위와 지역단위로 분류됩니다. 지역단위자사고는 각 시도별로 다르게 선발되기 때문에 책에서 하나로 묶기는 어렵습니다. 주로 내신 변별력보다 자기소개서와 면접을 강조하는데, 꼭 교육청의 선발 방법을 확인하시길 바랍니다.

전국단위 자사고는 전국에 총 10개 고등학교가 있습니다. 자율이란 단어만큼 커리큘럼도 다르지만 선발 배점 및 방법도 아래와 같이 각각 다릅니다. 예를 들어 수학 과목의 2학년 1학기 내신이 B인 경우 포항제철고를 지원한다면 학기 별 가중치 25%에 과목별 가중치 수학 25%를 곱하여 약 6% 정도의 비중을 차지하지만 광양제철고라면 학기 별 가중치 30%에 과목별 가중치 30%를 곱하여 약 9%의 비중을 차지하게 되므로 포항제철고를 지원하는 것이 상대적으로 유리할 것입니다.

▪ **2022학년도 전국단위 자사고 10개교 입학전형 내신반영 비율 분석**

전국단위 자사고	학기별 가중치				과목별 가중치								
	2-1	2-2	3-1	3-2	국어	영어	수학	과학	사회	역사	도덕	기/가 음미체 각	선택
상산고	20%	30%	50%	0%	23%	23%	33%	20%					
현대청운고	20%	20%	30%	30%	25%	30%	35%	5%	5%				
포항제철고	25%	25%	25%	25%	20%	25%	25%	15%	15%				
민사고	20%	20%	30%	30%	15%	15%	15%	15%	9%	9%	6%	3%	6%
외대부고	20%	20%	30%	30%	25%	25%	25%	13%	13%				
북일고	20%	20%	30%	30%	15%	15%	25%	25%	15%	5%			
하나고	20%	20%	30%	30%	25%	25%	25%	13%	13%				
인천하늘고	20%	20%	30%	30%	17%	25%	25%	17%	17%				
김천고	20%	20%	30%	30%	67%			33%					
광양제철고	30%	30%	40%	0%	25%	20%	30%	15%	10%				

물론 전국단위 자사고 10개 학교는 모두 경쟁이 치열하여 내신이 반영되는 과목은 모두 A를 받아야 안전하게 1차 합격이 가능하게 됩니다. 전국단위 자사고도 모두 1단계 내신 및 출결, 2단계 면접으로 진행되기 때문입니다. 단, 학교마다 서류와 면접의 배점이 다르며 면접방법에도 조금씩 차이점이 있습니다. 예를 들어 상산고의 경우에는 2단계에 1단계 300점과 함께 창의융합면접 60점 인성과 독서면접 40점을 더하여 400점으로 진행됩니다. 수학을 기본으로 한 융합구술면접과 독서에 관련된 면접을 진행하는 특이사항이 있습니다. 외

대부고의 경우에는 1단계 40점, 2단계 60점으로 2단계 면접이 절대적입니다. 그런데 대부분 학생부보다는 자기소개서 기준의 질문이 나오기 때문에 자신의 키워드를 정확하고 깊이 있게 표현하는 것이 입시의 핵심입니다. 그렇기 때문에 전국단위 자사고는 같은 유형의 학교로 바라보지 않고 한 학교를 선택하여 최근 전형 트랜드를 파악하고 준비해야 합니다.

- 자율학교와 과학중점학교

마지막으로 일반고등학교에 속하여 있는 자율학교와 과학중점학교에 대하여 안내하고 학교 세부 안내를 마무리하려 합니다. 자율학교와 과학중점학교는 전국단위 자사고 같은 일반고, 과학고 같은 일반고라고 생각하면 좋습니다. 자율학교는 대표적으로 공주사대부고, 공주한일고, 거창고, 풍산고 등이 있습니다. 대부분 내신을 기준으로 선발하지만 각 학교마다 차이가 달라 꼭 입학설명회와 전형요강을 확인하는 것이 좋습니다. 대부분의 학교가 전국단위 자사고보다 더 전통을 강조하며 공동체를 강조하는 특징이 있으며 '자율'이라는 단어가 학교 유형에 들어가는 만큼 자율고처럼 자유로운 커리큘럼을 운영합니다. 과학중점학교는 일반고등학교를 지원하기 전에 희망 여부에 따라 추첨에 지원할 수 있는 학교입니다. 영재학교와 과학고를 준비하던 학생들의 차선책으로 생각할 수 있습니다. 커리큘럼도 일반고등학교의 수학과학 비중이 30%, 과학고의 수학과학 비중이 70%라면 약 45%의 비중을 가지고 있고 물, 화, 생, 지 II를 모두 다루며 과학을 깊이 있게 학습할 수 있는 장점이 있습니다. 과학중점학교의 모든 재학생이 이 과정을 진행하는 것은 아니며, 입학 후에 과학중점반을 지원해야 이수 가능합니다.

진로–학습성향–합격가능성을 바탕으로 고등학교를 선택하는 방법을 확인하였습니다. 결국 세 가지 선택 요소 모두 학생이 기준이 됩니다. 그렇기 때문에 초등학교와 중학교처럼 선택 없이 진학하면 학교생활과 대입 모두 좋지 않은 영향을 받을 수 있습니다. 이 페이지에 소개되지 않은 대안학교, 마이스터고, 예고, 국제학교 심지어 홈스쿨까지도 자신의 진로와 성향에 적합하다면 모두 좋은 학교입니다. 일반고를 지원해도 집 가까운 곳을 그냥 들어가기 보다는 학교알리미에 들어가 어떠한 수업과 동아리가 개설되어 있는지 확인하고 자신에게 적합하다고 판단되는 학교를 지원할 필요가 있습니다. 특히 이제 고교학점제의 기조가 펼쳐지기 때문에 학교의 교육과정은 대입에 절대적 요소가 됩니다.

5. [WHEN] 학교가 원하는 나의 장점을 보여주는 입시 준비법 (자소서+면접)

초중고 학습 파노라마			유치원	초1	초2	초3	초4	초5	초6	중1	중2	중3	고1	고2	고3
1	WHO	우리아이 학습이슈	활동	자기주도		평가		학습성과		진로 교과	비교과 내신	고입	진로 교과	대입 비교과	수시·정시
2	WHY	성장목표	경험			적성			진로		고교진학 (계열)		대학진학 (전공)		직업 탐구
3	WHAT	집중활동	언어, 예체능, 여행			특기적성각종대회			진로탐색활동		비교과	진학교과		진학전략	
4	WHERE	학교선택	유치원	초등학교 (공립vs사립vs혁신초)						중학교 (공립vs사립vs국제중&국제학교)			고등학교 (고입vs일반고)		
5	WHEN	공부시기	영어		수학		대회 (+영재교육원)		중등과정		+고입 학습	고등과정		+대입학습	

중학교 3년간 학년별로 학습 및 입시를 준비하는 방법은 앞서 [중1 진로목표] - [중2 진학목표] - [중3 고입전략] 순서로 안내하였습니다. 이번에는 입시의 관점으로 학교생활기록부를 바탕으로 어떻게 자기소개서와 면접까지 준비하는지 정리하겠습니다. 여기서 중요한 것은 자기소개서와 면접 준비는 중학교 3학년 입시전형을 앞두고 진행하는 것이 아니라 중학교 1학년부터 학기마다 계획을 세우고 채워 나가야 한다는 것입니다.

1단계	2단계	3단계	4단계	5단계
진로목표 설정	학생부 활동정리	나의 키워드 선정	자소서 글감 배치	전형 대비
1학년 1학기	1학년 1학기 ~ 3학년 2학기			입시 1분기 전

보통 입시를 위한 컨설팅은 위와 같이 5단계로 진행합니다. 만약 입시를 준비하는 시기가 늦춰진다면 2단계부터 4단계를 반복하는 시간이 줄어들겠죠. 그만큼 나만의 STORY를 채우고 보완하는 양이 적어질 것입니다.

1) 진로목표 설정

1단계	2단계	3단계	4단계	5단계
진로목표 설정	학생부 활동정리	나의 키워드 선정	자소서 글감 배치	전형 대비
진로철학				
1학년 1학기	1학년 1학기 ~ 3학년 2학기			입시 1분기 전

진로선택을 넘어 진로 철학을 잡아봅니다. '기계공학자'에서 '○○○○○하고 싶은 기계공학자'처럼 진로의 방향성을 세우는 과정입니다. 물론 학기가 거듭하고 다양한 활동을 하면서 때로는 진로철학이 변할 수도 있습니다. 뭐 진로가 변하기도 하는데요. 하지만 학기가 시작되기 전에 언제나 자신의 진로철학을 되돌아보고 설정을 해야 효과적인 활동을 진행할 수 있습니다.

2) 학생부 활동정리

1단계	2단계	3단계	4단계	5단계
진로목표 설정	학생부 활동정리	나의 키워드 선정	자소서 글감 배치	전형 대비
진로철학	활동기록장			
1학년 1학기	1학년 1학기 ~ 3학년 2학기			입시 1분기 전

두번째 과정은 학생부에서 각 항목별로 유의미한 활동들을 끌어내는 과정입니다. 하지만 이런 점검은 활동을 하고 바로 진행되는 것이 아니라 학기말에 진행되는 것이기 때문에 디테일을 놓치는 경우가 많습니다. 특히 자기소개서와 면접에서 이 '디테일'은 사건의 현실성과 신뢰도를 높여줍니다.

'아! 그 활동을 주도적으로 활동을 하면 그런 느낌, 그런 상황을 만날 수 있지!'

선생님이라는 단어가 앞서(先) 살아간(生) 경험의 선배인만큼 디테일이 입학담당 선생님의 웃음을 만들어 줍니다.

그래서 활동이 끝나고 난 후에 즉시 활동기록장을 작성하는 것이 좋습니다. 활동 기록장은 동기－과정－나의 장점－결과－향후과제 순으로 정리합니다. 특히 진로진학동기와 학업역량, 인성 중에 어느 부분을 강조할 수 있는 활동인지 적어보고 만약 전공과 학업역량 부분이라면 수행과정과 학습적 장점, 이론 등을 강조하여 기록하고, 인성을 보여줄 수 있는 활동이라면 갈등관리, 의사소통능력 등을 구체적으로 적습니다.

가장 중요한 것은 키워드와 향후 과제입니다. 이 활동에서 나를 보여줄 수 있는 핵심은 무엇일까 고민해보는 것이 먼저 필요합니다. 전략적으로 활동을 하는 것이죠.

활동기록장			
이름	활동명	활동기간	키워드
주요도 선택	진동진학동기	학업역량	인성(커뮤니케이션)
동기	알게 된 경로, 선택 목적 등		
과정	[전공, 학업역량] 활동내용, 수행과정, 문제해결방법, 역할 등 [커뮤니케이션] 갈등관리 중심기재		
나의 장점	[전공, 학업역량] 창의성, 분석력, 집중력, 판단력 등 [커뮤니케이션] 배려, 나눔, 갈등관리, 협력, 의사소통 등		
결과	느낀점, 성장, 성과, 실패요인 등		
향후 과제	보완점, 학습과제, 궁금증, 적용 등		
최영득 원장 in.naver.com/id40704			

마지막으로 결과를 바탕으로 앞으로의 발전을 계획하는 것입니다. 대회, 수행평가, 독서활동, 동아리, 봉사활동, 학급임원활동 어느 것이든 좋습니다. 스스로 뿌듯함을 느끼는 활동을 한 달에 한 개씩만 작성하여도 1년이면 약 6~8개의 활동 기록장이 작성되며 3년이면 18가지 이상의 활동이 모이게 되겠죠.

학기 중의 활동으로 만족스럽지 못하다면 학생부에 기재되지 않는 아쉬움은 있지만 외부 활동도 추천합니다.

추천사이트 7 청소년 활동 정보 서비스 e청소년
한 줄 평 : 학교 밖 활동을 찾아 경험하고 싶다면!
URL : https://www.youth.go.kr/youth/eYouth/main/main.yt?site_preference=normal

e청소년 사이트는 진로목표에 맞게 진행할 수 있는 거주지 주변의 활동들을 찾아줍니다. 학생부에 녹이기엔 어렵겠지만, 자소서에 경험으로 적거나 면접에서 자기주도성을 보여주기에 좋은 경험이 될 것입니다. 그리고 무엇보다 이런 외부 활동의 경험은 학생의 진로성숙과 가치관의 성장에 도움을 줍니다.

3) 나의 키워드 선정

1단계	2단계	3단계	4단계	5단계
진로목표 설정	학생부 활동정리	나의 키워드 선정	자소서 글감 배치	전형 대비
진로철학	활동기록장	학생부관리장		
1학년 1학기	1학년 1학기 ~ 3학년 2학기			입시 1분기 전

활동 기록이 한 학기동안 모이면 주요 활동을 정리하여 나의 핵심 키워드를 선정합니다. 여기서 키워드는 학업능력, 전공적합성, 발전가능성, 인성 4가지로 입시요소에 맞게 간단하게 정리할 수 있습니다. 꼭, 단어나 문장으로 키워드를 정리하기 보다는 활동기록장에서 가장 빈번하게 기록된 활동 키워드를 요약하면 됩니다.

학생부관리는 학기마다 꾸준히 진행하며 채워갑니다. 특히 앞서 활동기록장에 작성되었던 진로, 학업역량, 인성 요소에 맞추어 최소 2개씩을 정리해보고 공통점을 찾아 키워드로 정리해봅니다. 그리고 만약에 채울 수 없는 칸이 생기거나 부족함이 느껴지면 해당 부분을 다음 학기의 목표로 잡습니다. 예를 들어 2학년까지 친구와의 커뮤니케이션 활동 중 나의 장점을 찾아내지 못했다면 동아리활동, 학급활동, 수행평가 등 다양한 모둠 활동을 하도록 노력하는 것입니다. 그리고 활동기록장에 최대한 커뮤니케이션 항목을 채우도록 노력해야 하겠죠.

학생부관리장

기본적인사항

학생		희망학교		학년					
이름	학교	1차목표	2차목표	1-1	1-2	2-1	2-2	3-1	3-2
최정우	지안중학교	한국과학영재학교	하나고등학교	2024	2024	2025	2025	2026	2026

내신(점수기록)

2-1					2-2					3-1					3-2				
국	영	수	사	과	국	영	수	사	과	국	영	수	사	과	국	영	수	사	과
91	96	98	88	99	91	90	97	90	94	88	91	95	91	99	92	94	99	91	100
A	A	A+	B	A+	A	A	A	A	A	B	A	A	A	A+	A	A	A+	A	A+

키워드

학업능력	전공적합성	발전가능성	인성
수학	SW개발자	학습내용 활용력	경청하고 아이디어로 발전

자기소개서

1. 진로희망 (진로계획)			2. 진로연계 교과활동 (진로목표와 가장 연관성 깊은 활동)		
학기	학생부	선택이유	학기	학생부	활동명
1-2	진로활동	다양한 책을 읽고 생활을 편리하게 하는 SW개발	2-1	세특	정보시간 다른 친구들의 아이디어를 코드로 바꾸어줌
3. 심화교과활동 (스스로 계획한 학습과정1)			4. 교과활동 (스스로 계획한 학습과정1)		
학기	학생부	활동명	학기	학생부	활동명
2-1	수상실적	발명대회 : 센서를 통한 욕실 습도조절장치	1-2	자유학기 활동	창의수학 : 함수를 이용한 나만의 수학퍼즐 제작 및 발표
5. 교과커뮤니케이션 (본인의 인성을 나타낼수 있는 개인적 경험1)			6. 커뮤니케이션 (본인의 인성을 나타낼수 개인적 경험2)		
학기	학생부	활동명	학기	학생부	활동명
1-2	자유학기 활동	미래사회 토론시간에 팀원의견 경청 모두 1개 이상 적용	3-1	자율활동	학습회장으로 반친구들의 의견 수렴 학습분위기 개선

학기별 메모

1-1	1-2
진로활동 부족 2학기에는 수학, 과학, SW활동	충실히 활동 진행, 교과준비
2-1	2-2
사회과목 내신 주의, 발명기록	수상우수, 커뮤니케이션 활동 기록
3-1	3-2
리더십 내용 기록하기, 자사고 내신 비교(부족) 목표수정필요	

최영득 원장 in.naver.com/id40704

4) 자소서 글감 배치

1단계	2단계	3단계	4단계	5단계
진로목표 설정	학생부 활동정리	나의 키워드 선정	자소서 글감 배치	전형 대비
진로철학	활동기록장	학생부관리장	자소서개요장	
1학년 1학기	1학년 1학기 ~ 3학년 2학기			입시 1분기 전

자기소개서는 고등학교마다 다르게 구성되어 있어 당해 입시 요강을 확인해야 하지만, 고입은 외고, 국제고, 전국단위 자사고와 같이 정확히 자기주도학습전형을 따르는 학교들은 아래 '고입' 양식을 사용합니다.

고입	대입
1. 본인이 스스로 학습계획을 세우고 **학습해 온 과정과 그 과정에서 느꼈던 점**, 학교 특성과 연계해 **지원학교에 관심을 갖게 된 동기**, 고등학교 입학 후 자기주도적으로 본인의 꿈과 끼를 살리기 위한 **활동계획 및 고등학교 졸업 후 진로계획**에 관하여 구체적으로 기술하십시오.	1. 고등학교 재학기간 중 지원한 분야와 관련하여 어떤 노력과 준비를 해왔는지 **지원동기**와 본인에게 의미가 있는 **학습경험, 교내활동**을 중심으로 기술해주시기 바랍니다. (1500자 이내)
2. **본인의 인성(배려, 나눔, 협력, 타인존중, 규칙준수 등)**을 나타낼 수 있는 개인적 경험 및 이를 통해 배우고 느낀 점을 구체적으로 기술하십시오. (1+2, 1500자 이내)	2. 고등학교 재학기간 중 공동체(동아리, 학습, 학교 등)에 **기여한 교내활동(수업활동 포함)을 본인의 특성**이 드러나도록 기술하여 주시기 바랍니다. (800자 이내)
	[대학 자율 문항] **지원 동기, 진로계획** 등 학생을 종합적으로 판단하기 위해 필요한 경우 대학별로 1개 자율 문항을 추가해 활용

대입은 1, 2번의 2,300자 항목은 기본적으로 사용하며 대학마다 자율 문항을 1개 추가 사용할 수 있습니다. 그런데 항목을 확인하면서 밑줄 된 문구를 비교해보면 구성요소가 유사함을 알 수 있습니다. 생각해보면 두 전형이 평가하는 요소가 갖기 때문에 당연히 질문하는 문항도 유사한 것입니다. 그리고 지원동기, 학습활동, 인성이라는 표현으로 활동을 담도록 구성되어 있습니다.

자기소개서는 자기를 소개하는 문서이므로 이제 지원동기, 학습활동, 인성에 맞추어 글감을 배치하면 되겠죠! 그러나 작성한 글을 확인하면 처음 자기소개서를 작성할 때 꼭 실수하는 네 가지 실수가 있습니다. 짚고 넘어가며 올바른 자기소개서를 작성하는 방법을 배워봅시다.

첫째, 자기소개서를 작성하는 목적을 생각해야 합니다.

자기소개서는 문서명 그대로 자기를 소개하는 글임에 앞서, 결국 지원 학교나 기관에서 나를 뽑기를 바라며 쓰는 글입니다. 하지만 많은 학생들이 상급학교에서 무엇을 원하는지 생각하고 쓰기보다 자신이 생각할 때 학교생활에서 활동한 가장 큰 이슈들을 선택해서 끼워 맞추려는 경우를 많이 확인합니다. 이런 실수를 방지하기 위하여 지원동기, 학습활동, 인성의 질문 앞에 '내가 원하는 인재임을 보여줄 수 있는' 이라는 문구가 숨어있다고 생각하고 글을 작성해야 합니다. 결국 상급학교가 원하는 4가지 평가요소 안에 들어오지 않는 활동은 아무리 좋은 활동이라도 자기소개서에 기재할 항목은 아닌 것입니다.

둘째, 지원동기는 추상적이지 않아야 합니다.

지원동기의 핵심은 결국 '진로철학'입니다. 입시는 상급학교가 커리큘럼을 잘 차려 놓고 가장 잘 학습할 사람을 찾는 과정입니다. 그리고 학습에 대한 의지는 목표가 뚜렷한 학생에게 크게 느껴지죠. 그런데 진로를 만들어오고 미래를 계획하는 모습을 어떤 뭉게구름 같은 이미지로 생각하고 추상적으로 작성하는 경우가 많습니다.

수학, 과학이 우리 주변에서 나타나는 여러 가지 현상들을 정확하게 설명할 수 있다는 것을 알게 되면서 두 학문에 흥미를 느끼게 되었습니다. 그리고 그 두 가지 학문이 가장 조화롭게 만나는 학문이 물리학이라고 생각하며 물리학자가 되기로 마음먹었습니다. 과학고의 첨단기기로 그 꿈을 펼치고 싶습니다.

조리 있게 잘 작성된 것 같지만 다른 사람이 똑같은 글을 가져오더라도 카피했다고 이야기하기 어려워 보입니다. 구체성이 없기 때문입니다. 그래서 동기는 진로를 향하여 과거와 현재의 경험, 그리고 앞으로 계획하고 있는 준비를 활동과 연결하여 작성하여야 합니다.

과거		현재		미래	
경험	부족한 점	활동	적성	목표	지원분야
구체적 사례	극복역량 적합	최근 노력	진로(전공) 적합	향후 과제	과제해결 적합

위의 표와 같이 세 가지 활동에서 사실과 느낀 점을 연결하여 작성한다면 진로를 위한 개성 있는 스토리와 함께 지원한 분야에 대한 관심과 적합도까지 한번에 보여줄 수 있을 것입니다.

셋째, 학습활동은 자랑거리 모두를 나열하는 것이 아닙니다.

> 과학토론대회 은상의 경험과 과학창의동아리의 활동은 협동의 중요성을 알 수 있는 좋은 기회가 되었습니다. 또한 로봇공학자가 되려면 코딩이 중요하다는 것을 알게 되어 아버지께서 일하시는 회사에 가서 여러가지 언어를 배우고 프로그래밍에 따라 로봇이 움직이는 것을 보았습니다. 그리고 정보올림피아드와 로봇대회에서 좋은 성적을 거두었습니다. 코딩을 하면서 수학이 필요하다는 것을 알게 되어 성대경시대회와 KMO를 꾸준히 나갔으며 학교 자유학기활동에서 진행한 수학 수행평가에 서도 좋은 통계발표로 반에서 가장 높은 점수를 받았습니다.

위 문단을 보면 정말 다양한 활동에 도전을 했다는 것을 알 수 있습니다. 그러나 상급학교는 무엇을 했는지보다 어떻게 했는지 확인하고 싶어합니다. 그래서 활동의 과정과 성장을 더 집중하여 확인할 수 있도록 자기소개서에는 부모의 지위, 인증

시험 점수, 대회명, 대회입상실적 등과 같은 자극적인 사실들을 기재할 수 없습니다. 아래는 용인한국외국어대학교부설고등학교의 자기소개서 작성시 유의사항 1, 2번 항목입니다.

> 〈자기소개서 작성 시 유의사항〉
>
> 1. 자기소개서는 평가를 위한 중요한 자료이므로 반드시 본인이 작성하여야 하며, 사실에 입각하여 정직하게 건학이념과 연계한 자신의 지원동기, 꿈과 끼를 살리기 위한 활동계획, 진로 계획 등을 기술하십시오.
>
>   ※ 자기소개서의 대리 · 허위 · 표절 작성 시에는 사후에도 입학 취소 등 불이익 부과
>
> 2. 자신의 경험이나 사례 등을 들어 구체적으로 작성하되, 본문에는 학생 본인을 식별할 수 있는 내용, 부모의 사회 · 경제적 지위를 유추할 수 있는 내용 (기재 시 10% 이상 감점 처리됨), 영어 등 각종 인증시험 점수, 경시대회 입상실적(우회적 · 간접적 기재 포함), 자격증 취득 사항 등(기재 시 0점 처리됨)은 기재하지 마십시오.

그러므로 지원동기와 어울리는 활동을 한두 가지 선택하여 구체적으로 작성해야 합니다. 다행이 이 책을 읽고 체계적으로 준비한 학생들은 동기－과정－나의 장점－결과－향후과제로 이어 나가는 활동기록장을 이미 작성하고 있기에 쉽게 구체적으로 적을 수 있습니다.

자소서개요장

학생	학교	희망고등학교1	희망고등학교1

키워드			
학업능력	전공적합성	발전가능성	인성

1. 내가 원하는 인재임을 보여줄 수 있는 지원동기			
과거	경험	구체적 사례	
	부족한점	극복역량 적합	
현재	활동	최근 노력	
	적성	진로(전공) 적합	
미래	목표	향후 과제	
	지원분야	과제해결 적합	

2. 내가 원하는 인재임을 보여줄 수 있는 학습활동			
활동1		키워드	
동기			
과정			
나의 장점			
결과			
향후 과제			
활동2		키워드	
동기			
과정			
나의 장점			
결과			
향후 과제			

3. 내가 원하는 인재임을 보여줄 수 있는 커뮤니케이션능력			
활동1		키워드	
동기			
과정			
나의 장점			
결과			
향후 과제			
활동2		키워드	
동기			
과정			
나의 장점			
결과			
향후 과제			

최영득 원장 in.naver.com/id40704

네번째, 인성은 착함과 선함을 보여주는 것이 아닙니다.

> 반에 많은 친구들이 짝을 하고 싶어하지 않던 말을 잘 하지 않는 친구가 있었습니다. 다른 친한 친구와 짝을 하고 싶었으나 학급회장인 저는 담임선생님이 챙겨 달라는 말씀에 그 친구와 같이 앉기 시작했습니다. 처음에는 정말 힘들었지만 학기가 끝나고 돌아가면서 친구에게 고맙다는 쪽지를 받았습니다. 먼저 배려하고 다른 친구들과 함께할 수 있도록 도와준 것을 친구도 느낀 것 같았습니다.

올해 대학 자기소개서는 '인성'이라는 단어를 포기하고, 정확하게 '공동체(동아리, 학습, 학교 등)에 기여한 교내활동(수업활동 포함)'이라고 표현되어 있습니다. 즉, 착함과 선함보다는 공동체 속 커뮤니케이션 능력에 가깝습니다. 상급학교에서 지원자와 함께 할 경우 다른 학생들과 얼마나 좋은 집단지성을 만들어 낼 수 있는지 확인하는 것입니다.

주의해야 할 사항들을 곱씹어보면 자기소개서를 작성하는 과정은 진로를 바탕으로 지원동기, 학습활동, 커뮤니케이션 능력을 보여주는 과정임을 알 수 있습니다. 그리고 구체적으로 보여주기 위하여 그간 쌓아온 활동기록장을 알맞게 연결하는 것이죠.

2단계	3단계	4단계
학생부 활동정리	나의 키워드 선정	자소서 글감 배치
1학년 1학기 ~ 3학년 2학기		

그래서 2, 3, 4단계를 순차적으로 진행하는 것이며 학기마다 정리를 하며 탄탄하게 누적을 시키면 스스로도 매 학기 자기소개서에 자신감이 배가될 것입니다.

5) 전형대비

1단계	2단계	3단계	4단계	5단계
진로목표 설정	학생부 활동정리	나의 키워드 선정	자소서 글감 배치	전형 대비
진로철학	활동기록장	학생부관리장	자소서개요장	자소서, 면접 준비
1학년 1학기	1학년 1학기 ~ 3학년 2학기			입시 1분기 전

이렇게 탄탄히 준비를 하며 입시를 한 분기 남긴 상황이 되면 자기소개서와 학생부에 대한 부담은 거의 없을 것입니다.

오히려 어떻게 자기소개서의 글자수를 축소해 나갈지 머리가 아플 뿐입니다. 이제 걱정이 되는 것은 면접입니다. 하지만 그럴 필요 없습니다. 자신도 모르는 사이 이미 준비되어 있으니까요.

고입에서 면접은 학교마다 조금씩 다르기는 하지만 크게 서류기반 면접과, 제시문을 바탕으로 한 구술면접, 인성면접 세 가지 범주안에서 구성됩니다. 그런데 구술면접을 제외한 나머지 두 가지 요소는 모두 활동기록장에 기재되어 있습니다.

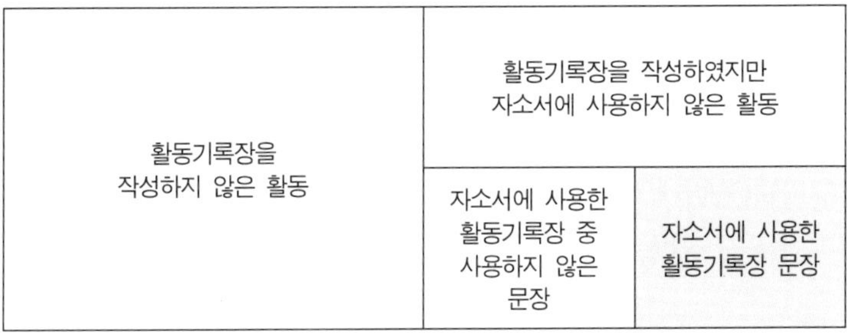

<table>
<tr><td rowspan="2">활동기록장을
작성하지 않은 활동</td><td colspan="2">활동기록장을 작성하였지만
자소서에 사용하지 않은 활동</td></tr>
<tr><td>자소서에 사용한
활동기록장 중
사용하지 않은
문장</td><td>자소서에 사용한
활동기록장 문장</td></tr>
</table>

학생부를 바탕으로 자소서를 작성하는 과정은 위 도식처럼 학생부의 활동을 쪼개 가는 과정입니다. 사각형 오른쪽 아래, 자소서에 사용한 활동기록장의 문장 외 남은 7/8 범위 조각들은 모두 면접용 답안이 됩니다.

자소서에 사용한 활동이지만 활동기록장에서 사용하지 않은 문장들은 활동이 사실임을 묻는 질문의 보충설명이 됩니다. 활동기록장을 작성하였지만 자소서에 사용하지 않은 활동들은 나의 키워드를 뒷받침해주는 다른 사례가 되며 믿음직한 후보선수처럼 듬직함을 안겨줄 것입니다. 마지막으로 활동기록장을 작성하지 않은 부분들은 최소한의 에너지로 학생부 관리 당시 신경 썼던 관리 포인트들을 생각하며 한두 번 읽어보면 면접준비는 마무리됩니다. 구술면접과 창의성면접 준비가 남기는 했지만 이 또한 다음 6. [HOW]의 활동을 꾸준히 한다면 충분히 해결 가능합니다. 이것이 바로 학생부 관리와 입시 준비의 위력입니다. 그리고 자녀를 위해 부모님이 멘토링을 한 노력의 대가입니다. 입시의 마지막 수험생의 발걸음을 몇 걸음 가볍게 해준 것이죠.

6. [HOW] 나의 진로를 보여주는 학습 방법 (과제탐구 R&E 활동)

<table>
<tr><th colspan="3">초중고 학습 파노라마</th><th>유치원</th><th>초1</th><th>초2</th><th>초3</th><th>초4</th><th>초5</th><th>초6</th><th>중1</th><th>중2</th><th>중3</th><th>고1</th><th>고2</th><th>고3</th></tr>
<tr><td>1</td><td>WHO</td><td>우리아이 학습이슈</td><td>활동</td><td colspan="2">자기주도</td><td colspan="2">평가</td><td colspan="2">학습성과</td><td>진로 교과</td><td>비교과 내신</td><td>고입</td><td>진로 교과</td><td>대입 비교과</td><td>수시 · 정시</td></tr>
<tr><td>2</td><td>WHY</td><td>성장목표</td><td colspan="3">경험</td><td colspan="3">적성</td><td colspan="2">진로</td><td colspan="2">고교진학 (계열)</td><td colspan="2">대학진학 (전공)</td><td>직업 탐구</td></tr>
<tr><td>3</td><td>WHAT</td><td>집중활동</td><td colspan="3">언어, 예체능, 여행</td><td colspan="3">특기적성각종대회</td><td colspan="2">진로탐색활동</td><td>비교과</td><td colspan="2">진학교과</td><td colspan="2">진학전략</td></tr>
<tr><td>4</td><td>WHERE</td><td>학교선택</td><td>유치원</td><td colspan="6">초등학교 (공립vs사립vs혁신초)</td><td colspan="3">중학교 (공립vs사립vs국제중&국제학교)</td><td colspan="3">고등학교 (고입vs일반고)</td></tr>
<tr><td>5</td><td>WHEN</td><td>공부시기</td><td colspan="2">영어</td><td colspan="2">수학</td><td colspan="2">대회 (+영재교육원)</td><td colspan="2">중등과정</td><td>+고입 학습</td><td colspan="2">고등과정</td><td colspan="2">+대입학습</td></tr>
<tr><td>6</td><td>HOW</td><td>학습트랜드</td><td colspan="3">융합교육</td><td colspan="2">SW교육</td><td colspan="2">과정중심 수행평가</td><td colspan="2">R&E활동</td><td colspan="3">STORY형 학습 (교과+비교과)</td><td>입시</td></tr>
</table>

최소 2028년까지를 이끌어 갈 2022년 개정교육과정은 초등학교(기초 소양)–중학교(미래역량 함양)–고등학교(진로와 학업설계)를 이어가며 혁신적 포용 인재를 만들어가고 있습니다. 불필요한 교과 내용과 비효율적인 비교과 요소를 버리고 학교 내에 잘 만들어진 교육 활동안에서 지식을 통한 문제해결력을 키워 나가고, 진로설계에 에너지를 모아줍니다. 초등학교 고학년부터 만나온 수업 속 수행평가로 기초소양을 닦으며, 이제는 지식을 '소비'하지 않고 지식을 '생산'하게 되는 것이죠.

농구선수에게 야구방망이로 홈런치는 역량을 요구하지는 않습니다. 즉, 자신의 진로를 빠르게 선택하고 해당 과정에 깊은 탐구를 수행하는 것입니다. 자신이 가지고 있는 지식을 바탕으로 새로운 지식을 '생산'하는 것, 이것을 과제탐구라고 하며 아래와 같은 과정으로 진행합니다.

	탐구 과정	수행 방법	참고 사이트 및 자료
1	키워드 선택	진로에 관련된 가장 궁금한 키워드 선택	커리어넷, 대입종합포털, 교과서 및 도서 등
2	주제이해/선택	키워드 관련 최신 뉴스 검색 및 용어 확인 및 가능한 범위 선택	인터넷뉴스, TED, 유튜브, 진로연관사이트 등
3	설계 및 계획	연구자료를 통한 주제 분석 방법 연구 및 실험계획 (수행평가/발표/토론/실험/대회/동아리활동/방과 후 수업 등 활용)	RISS, 한국과학창의재단 홈페이지 등
4	자료수집/수행	문제 해결을 위한 자료분석, 토의/토론, 실험, 설문조사 등 수행	전공서적, wiki, 구글링, 통계청 등
5	결론도출/평가	주제의 결과를 찬성과 반대, 창의적 방안, 가설검증 등으로 정리 부족한 점, 키워드에 관한 보완 및 해결, 향후 진행계획 수립	기존자료 종합

과제탐구의 순서는 평소 진로에 대한 학습과정 중 생겨난 궁금증에서 시작합니다. 그렇게 진로와 관련된 여러가지 키워드 중 한 가지를 선택하는 것입니다. 그리고 다양한 방법으로 정보를 찾고 연구해가며 탐구과정을 수행합니다. 다양한 참고 사이트를 표에서 안내하였는데 RISS라는 사이트는 앞으로 꼭 기억해야 합니다.

추천사이트 8 RISS (Research Information Sharing Service)
한 줄 평 : 진로 전공에 대한 논문 검색의 시작!
URL : http://www.riss.kr/

무엇보다 계열 및 전공별로 최신 논문이 정리되어 있고, 타 사이트의 자료까지 검색어로 모두 검색이 가능하여 궁금한 내용을 찾을 때 가장 효과적인 사이트입니다. 하지만 중학생으로서 읽기에는 접근하기 어려운 주제들이 많이 있습니다. (대학생도 이해하기 어려운 논문이 많습니다.) 그래서 키워드 및 주제를 RISS에서 대략적으로 잡아보았다면, 설계 및 계획을 할 때에는 한국과학창의재단 STEAM 홈페이지를 추천합니다.

추천사이트 9 한국과학창의재단 STEAM교육
한 줄 평 : 탐구과정 설계 및 수행 방법을 스캔하기!
URL : https://steam.kofac.re.kr/

학교에서 진행된 수행평가와 창의적체험활동 등의 사례들이 안내되며 초, 중, 고등학교 학생 수준에 맞는 다양한 탐구과정 예시가 기록되어 탐구하고 싶은 주제와 적합한 방법들을 쉽게

찾을 수 있습니다.

그리고 깊이와 수준에 대한 고려는 하지 말고 부담 없이 첫 발을 디디는 것이 중요합니다. 아래는 3년간 실제 한걸음 한걸음 나아간 과제탐구 사례입니다.

	탐구 과정	수행 방법		
1	키워드 선택	**미래식량문제를 해결하는 생명공학자를 진로철학으로 가지고 커리어넷을 검색하며 '스마트 팜'** 키워드를 발견		
2	주제이해/선택	팜에이트라는 국내 기업을 확인하고 팜에이트의 사업 현황 및 소비자의 인식에 대한 궁금증이 생겼으며, 수경재배를 하며 뿌리에서 양분을 흡수할 수 있도록 물의 전기전도도(EC)와 산도(pH)를 조절한다는 것에 궁금증이 생김. 이후 **[즐거운 농업의 시작, 스마트 팜 이야기] 라는 책**을 읽고 추가 조사 진행		
		전기전도도와 산도의 관계 및 생장 조사(향후 과제)	산도에 따른 식물의 생장 조사(2학년 선택)	팜에이트 등 스마트 팜 현황 및 소비자인식 조사(1학년 선택)
3	설계 및 계획	RISS의 사례를 통하여 전기전도도와 산도는 비례하여 증가한다는 것을 확인함. 현재는 실험이 어려움	STEAM교육사이트 실험계획 방법 조사 및 **과학정규동아리** 수행	홈페이지 검색 및 설문조사 진행
4	자료수집/수행		식물의 생장 시기에 따른 효율적인 빛의 세기 알아보기 사례를 바탕으로 실험 계획 및 수행	팜에이트 및 농림축산식품부 홈페이지 조사 및 반 대상 **설문조사 수행평가 발표**
5	결론도출/평가	전기전도도와 산도에 관한 공부를 추가로 진행하며 고등학교서 진행할 향후 과제로 계획	pH가 중성에 가까울수록 식물의 생장속도가 빠르다는 것을 확인하였으며 토양의 산도측정기를 활용함/수중 pH 조절 및 전기전도도를 확인하고 싶지만 동아리실험도구로 부족	스마트 팜의 채소는 편의점 및 마트까지 진입하였으며 구매 사실과 맛의 차이를 느끼지 못함/과학적 연구를 해보고 싶음

'미래식량문제를 해결하는 생명공학자'라는 진로철학을 가지고, 적합한 주제를 검색하며 '스마트 팜'이라는 키워드를 찾고 도전한 3년간의 기록이죠. 처음부터 실험을 설계하고 수행하며 거창한 보고서를 쓰지 않습니다. 해당 학생도 처음에는 여러 사이트에서 뉴스를 검색하고 현황 및 설문조사부터 진행을 하였습니다. 이후 더욱 깊은 관심을 가지며 과학동아리에서 pH의 차이에 대한 식물 생장 실험을 진행합니다. 더 많은 것을 연구해보고 싶지만 향후 과제로 남겨둔 모습도 보입니다. 이렇게 연구한 내용들은 전공적합성과 학업역량을 동시에 보여주는 자기소개서의 핵심이 됩니다.

또한 꾸준히 탐구한 과정은 학생부에서도 자연스럽게 나타납니다. 위 수행과정에서 밑줄 되어진 항목만 보아도 잘 관리가 되어진다면 중학교 1학년 세부능력 및 특기사항에는 스마트 팜에 대한 설문조사 및 발표 내용이 기록되며 독서활동사항에는 [즐거운 농업의 시작, 스마트 팜 이야기] 라는 책이 기록될 것입니다. 진로활동에도 미래식량 문제에 대한 이야기가 나올 수 있으며 중학교 2학년에도 동아리활동 등에 내용이 기재되겠죠. 과제탐구 주제명과 활동내용이 정확히 학생부에 기재되지 않을 수도 있습니다. 개인 연구 주제이기 때문이죠. 하지만 학생부 여러 곳에 녹아 있는 일관된 학습 흔적이 자기소개서 과제탐구 활동 내용에 힘을 실어줄 것이고, 면접에서는 준비된 질문으로 다가올 것입니다.

이것이 과제탐구(R&E)활동이며 입시의 강점을 보일 수 있는 STORY형 활동이 됩니다. 그래서 고등학교에서도 과제탐구 활동을 강조하고 있으며 대입 학생부종합전형에서 입시 경쟁력의 한 축을 차지합니다. 또한 과정을 이해하기 위하여 노력하는 과정은 스스로 즐겁게 공부할 수 있는 에너지가 될 것입니다.

7. 중학생이 알아야 할 고교학점제

파트를 마치며 마지막으로 고교학점제에 대한 안내를 구성해 보았습니다. 이 파트를 통하여, 진로를 기반으로 하며 고입 자기주도학습전형과 대입 학생부종합전형을 중심으로 달리는 것에 조금이라도 의구심을 가지고 여전히 교과 심화학습을 중심으로만 달려나가려는 것을 한번 더 만류해 보려고 합니다.

현재 안내된 고교학점제의 요점을 바라보면 4가지 큰 변화가 일어납니다. 그런데 하나하나의 규모가 그동안 추진된 교육 정책과는 스케일이 다릅니다. 현 2015개정교육과정과 진로기반 인재 양성 측면에서 방향은 다르지 않습니다. 하지만 제도적 강화와 이에 따른 결과물이 크게 달라집니다. 즉, 진로와 자기주도성을 강조한 이 책의 전략 대부분이 앞으로 고입과 대입에서 더욱 강조될 부분이라는 것입니다. 이제 큰 변화들을 하나씩 살펴보겠습니다. 고교학점제를 위하여 안내되는 표는 모두

2021년 교육부에서 발표한 고교학점제 종합 추진계획에서 발췌하였습니다.

1) 미리 경험하는 대학 생활 = 192학점 미이수 보완 및 선택의 자유 확대

고교학점제는 '학점'이라는 단위를 사용한 것에 주목해야 합니다. 지금 고등학교는 180단위의 수업과 24단위의 창의적체험활동이 더해져 총 204'단위'를 이수해야 졸업이 가능합니다. '단위'라는 것은 한 학기동안 시간표에 구성된 한 교시를 표현하는 양입니다. 월~금요일까지 5일간 6교시라는 시간표를 한 학기 동안 이수했다면, 30단위를 이수한 셈입니다. 그런데 이를 교과 174학점과 창의적체험활동 18학점을 더하여 총 192학점으로 12단위를 축소하며 명칭도 '학점'이라는 이름으로 변경하였습니다.

이유는 아래 표를 보면 확인 가능하지만 대학교처럼 미이수의 경우가 발생하기 때문입니다. 수업만 들으면 '단위'를 주던 제도에서 성취 수준을 이수해야 졸업이 가능한 '학점' 제도로 변경된 것입니다. 이 때문에 예전보다 교육시간은 줄어들었지만 재수강을 해야 할 수도 있고, 반대로 학점 기준을 달성하면 학교 내에서 연구활동이나 동아리활동 등 다른 추가 활동이 가능해질 수도 있습니다. 즉, 목표를 가지고 자기주도적으로 학습하는 것이 경쟁력이 되는 것입니다.

▪ 학점제형 학사제도 운영 체계

- **교 · 강사** : 다과목 지도 전문성을 갖춘 교사 등을 포함한 교수자원의 탄력적 배치
- **학교공간** : 다양한 과목개설을 위한 교실과 홈베이스, 도서실 등 학생 자율 활동 공간 확보

2) 수업 선택이 전략 = 전문교과I을 이제 일반계 고등학교에서도 선택 수강 가능

고교학점제는 자유롭게 수강신청이 가능해지며 선택과목의 폭이 넓어집니다. 고교학점제가 완벽히 적용되는 2025학년도 고등학교 입시에서 외고, 국제고, 자사고의 선발권이 폐지되는데 이제 그 학교에서 진행되었던 수업들을 일반고에서도 들을 수 있게 됩니다. 아래 개편되는 항목들을 보면 특목고에서만 들을 수 있던 전문교과I이 전형 도입 후에는 보통교과로 변경됩니다.

〈현행〉

교과	과목
보통	공통과목
	일반선택과목
	진로선택과목
전문	전문교과 I (특목고)
	전문교과 II (특성화고)

⇨

〈개편 방안〉

교과	과목		과목 성격
보통	공통과목		**기초소양** 및 **기본학력** 함양, **학문의 기본 이해** 내용 과목 (학생 수준에 따른 대체 이수 과목 포함)
	선택과목	일반선택	교과별 **학문 내의 분화된 주요 학습내용** 이해 및 탐구를 위한 과목
		융합선택	**교과 내 · 교과 간 주제 융합 과목**, 실생활 **체험 및 응용을 위한 과목**
		진로선택	교과별 **심화학습(일반선택과목의 심화 과정)** 및 진로 관련 과목
전문	전문공통		직업세계 진출을 위한 기본과목
	전공일반		학과별 기초 역량 함양 과목
	전공실무		NCS 능력단위 기반 과목

좋은 변화이지만 이 기회를 잘 사용하려면 주의할 사항이 있습니다. 전문과목과 심화과목에는 선수과목이 있다는 것입니다. 과학고와 외고처럼 특수목적에 맞는 커리큘럼이 1학년 때부터 정해져 있는 경우는 3학년에 어떠한 과목을 듣더라도 문제가 되지 않습니다. 하지만 일반고에서 1학년 때 진로를 선택하지 않는다면 일반선택과목을 들어야만 들을 수 있는 전문교과 과목은 개설되어 있어도 들을 수 없게 됩니다. 결국 중학교 때 진로와 전공을 선택해야 한다는 것입니다.

추천사이트 10 고교학점제 과목선택 가이드북	
한 줄 평 : 고교학점제의 구성을 이해하고 싶다면!	
URL : edunet.net/nedu/html/studentGuide/html/edupolicy/stguide/stg_main.html	

고교학점제의 구성과 진로와 진학에 적합한 과목선택 방법을 확인하려면 에듀넷에서 정리해 놓은 가이드북을 참조하면 됩니다.

시기	1학년 5월	1학년 5월	1학년 7월	1학년 9월
구분	진로 목표에 대한 이해	학교 교육과정 편성분석	이수 희망과목 사전조사	수강신청
주체	학교, 학생	학생	학생	학교, 학생

그런데 선택 절차를 보면 '진로 목표에 대한 이해'가 1학년 5월에 편성되어 있습니다. 만약 고입 전에 진로에 대한 고민을 해보지 않은 학생들은 당황 그 자체이겠죠. 하지만 학교는 5월 학생이 선택한 진로를 바탕으로 수업을 편성하고 수요조사를 통하여 반은 개설되고 학생은 수강신청을 하게 됩니다.

3) 평가 부담 없이 편안한 선택 유도 = 내신 걱정 없이 들을 수 있는 선택 과목 시스템

세번째로 평가의 부담이 적어집니다. 우선 모든 과목이 지금의 중학교처럼 5단계 성취평가제로 진행됩니다. 정확히는 6단계입니다.

▪ **과목별 성적 산출 방식(안)**

구분		성취도 정보		통계정보			서열정보
		원점수	성취도	성취도별 학생비율	과목평균	수강자수	석차등급
보통 교과	공통과목	○	5단계	○	○	○	○
	선택과목	○	5단계	○	○	○	×
전문교과		○	5단계	○	○	○	×

중학교 성취평가제처럼 소수점 첫째자리 반올림 90점 이상은 A로 표현되어 E까지 있는 것은 같으나 40점 미만은 'I, incomplete' 미이수가 됩니다. 물론 공통과목은 그렇더라도 석차등급이 안내되어 지금과 같은 변별력을 보일 것입니다. 하지만 선택과목은 석차등급이 보이지 않습니다. 만약 석차등급이 리얼하게 나타나면 부담스러워서 원하는 과목을 들을 수 없겠죠. 그런 배려에서 석차등급을 없앴습니다. 그런데 문제는 대입에서는 무엇을 변별력으로 할까요? 일단 학생부교과전형과 학생부종합전형 두 학생부전형 중 교과전형의 의미가 있을까요?

때문에 내신을 기본으로 한 학생부교과전형의 운영이 어려워집니다. 그런데 생각해보면 수능은 어떨까요? 마찬가지입니다. 수능비율이 높아지면 학생들이 수업시간에 다른 공부를 할 것이 뻔합니다. 그래서 마지막 4번째 큰 변화가 생깁니다.

4) 대입제도가 변합니다.

종합추진계획 마지막 붙임을 살펴보면 해외 고교학점제 운영 현황이 표로 나타납니다.

붙임 4 해외 고교학점제 운영 현황

	미국 (캘리포니아주)	캐나다 (온타리오주)	중국	일본	핀란드	대한민국 (학점제 도입 후)
내신 평가	절대평가	절대평가	절대평가	절대평가	절대평가	상대평가 절대평가 혼용
대입	SAT 등, 고교내신 (GPA)	고교내신	대입시험 (가오카오)	대학별고사, 센터시험	대학 입학시험	고교내신, 수능, 대학별고사
고교 유형	종합고	종합고	일반계고 직업계고	일반계고 직업계고 종합고	일반계고 직업계고	일반계고 직업계고 특목고

먼저 가장 눈에 들어오는 것이 우리나라를 제외하고 모두 내신평가가 절대평가로 운영됩니다. 결국 C에서 이야기했던 학생부교과전형은 운명을 달리할 확률이 높습니다. 최소한 면접이나 학생부 일부를 정성평가 받는 방법으로 수정될 것입니다.

그리고 앞서 우려했던 대입시험은 대학별고사나 졸업고사로 보는 경우가 많습니다. 눈에 들어오는 것은 중국의 가오카오라는 대입시험입니다. 어쩌면 다른 고교학점제를 하는 나라와 같이 방향을 잡고 싶었지만 어마어마한 인원의 수험생을 서류를 통하여 선발하기는 힘들 것이라 생각합니다. 하지만 중국도 대입시험에 2문항의 논술문항이 포함되어 있습니다.

한치 앞도 예측 어려운 우리나라 입시입니다. 하지만 고교학점제의 도입으로 이제 진로에 맞춘 활동을 하고 탐구 중심의 학습을 한다면 결코 억울하지는 않을 길이 펼쳐질 것입니다. 정답이 없던 입시가 고교학점제라는 정책으로 2년 전 '정답 없는 입시 균형이 답이다' 초등편 첫 권을 썼을 때의 바람처럼 학생을 고려한 진로와 학생에게 적합한 학습에 균형을 맞추면 답이 되는 변화를 만들어 주었습니다.

MEMO

PART 2

중학생 자녀의 마음성장 학습 & 진로 코칭

제3장 상담실에서 만난 중학생 자녀 이야기

1. 중학생 자녀의 부모는 "당황스럽고 화가 나요"
2. 중학생 자녀는 "혼란스럽고 두려워요"

1. 중학생 자녀의 부모는 “당황스럽고 화가 나요”

상담실에서 만난 중학생 자녀의 부모들은 아이가 공부를 해야 하는데 공부를 하지 않아서 힘들다는 이야기를 많이 합니다. 부모들이 생각하기에 자녀의 중학생 시기가 대학입시의 성공과 실패를 가늠하는 중요한 시기이기 때문입니다. 한국의 대학입시 현실을 바라볼 때 충분히 동의할 수 있는 부분입니다. 그래서인지 중학생 자녀가 공부를 하지 않으면 오히려 부모가 더 불안하고 초조한 것을 볼 수 있습니다. 부모들이 자녀 자신보다 자녀의 미래를 더 걱정하기 때문에 그런 것 같습니다. 중학생 아이들이 공부를 스스로 알아서 잘하면 좋겠지만 대부분의 아이들은 공부에 별로 욕심이 없어 보입니다. 그러다 보니 부모와 자녀 사이에 갈등이 생기는 가장 큰 이유가 자녀의 공부와 학교 성적일 것입니다. 아마도 중학생 자녀가 공부만 잘한다면 부모가 신경 쓸 일이 별로 없을 것 같습니다.

부모들은 자녀의 성공적인 미래 모습을 기대하기 때문에 자녀의 현재 모습을 걱정합니다. 그래서 부모들이 공부를 안 하는 자녀를 가만히 두고 보고만 있을 수가 없습니다. 그것이 중학생 자녀를 둔 부모들의 마음일 것입니다. 실제로 자녀가 중학생이 되면서부터 자녀의 공부와 성적이 부모들의 가장 큰 골칫거리입니다. 그런데 중학생 아이들 중에 공부에 욕심을 내고 공부를 열심히 하는 아이들이 얼마나 될지 곰곰이 한번 생각해 보면 좋겠습니다. 아이들뿐만 아니라 어른들 중에서도 공부를 좋아해서 열심히 하는 사람들이 많지는 않을 것입니다. 가령, 학문적으로 위대한 업적을 남겨서 위인전에 나올 법한 사람들은 공부를 좋아했을 것입니다. 그리고 대학에서 강의하는 사람들도 공부하는 것을 좋아하고 지적인 욕구도 큰 것 같습니다. 이러한 사람들은 대부분 자신의 전문 분야나 흥미 있는 분야의 공부를 좋아하고 열심히 합니다. 현실에서도 한 분야를 전문적으로 깊이 있게 공부하는 지적 탐구의 욕심이 큰 사람들을 볼 수 있습니다. 중학생 아이들의 표현을 빌려 말하면 이러한 사람들은 자기가 하고 싶은 공부만 하는 사람들입니다. 반면에 중학생 아이들은 자기가 하기 싫은 공부를 억지스럽게 해야 합니다. 대학입시에서 성공하기 위해서 말입니다.

중학생 아이들에게 공부하는 것이 어떤지 물어보면 대부분 매우 부정적으로 대답합니다. 왜냐하면 한국에 사는 아이들에게 고등학교까지의 공부는 실제로 거의 대부분 대학입시를 위한 공부이기 때문입니다. 그래서 아이들은 자기가 하고 싶은 공부를 하는 것이 아니라 시험공부를 하는 것이라고 불평합니다. 아이들의 말이 타당하고 현실적으로 그렇기도 합니다. 한국에서 아이들은 어릴 때부터 대학입시에서 중요한 과목인 국·영·수 중심의 공부를 주로 많이 하고 있습니다. 게다가 대학입시에서 필요한 선택 과목 공부도 잘해야 합니다. 그러다 보니 중학생 아이들에게 공부는 학교 내신을 잘 받기 위해서도 필요하지만 결국은 좋은 대학에 가기 위해서 어쩔 수 없이 하는 것입니다. 생각해 보면 대학입시를 위한 공부는 아이들이 아무리 공부가 좋아서 하더라도 중간에 충분히 그만두고 싶을 만한 공부이긴 합니다. 공부를 좋아하더라도 무조건 성적을 올리기 위한 과도하게 경쟁적인 공부를 꾸준히 좋아서 하기는 어렵기 때문입니다.

상담실에서 만난 부모들이 중학생 자녀 때문에 힘들다고 이야기하는 공통적인 주제들이 있습니다. 아마도 중학생 자녀를 둔 부모라면 비슷하게 힘들어하는 부분일 것입니다. 이 책을 보는 부모들이 지금 한창 중학생 자녀 때문에 힘들 수도 있습니다. 그렇다면 우리 집에 있는 중학생 자녀만 힘들게 하는 것이 아니라는 사실을 알았으면 좋겠습니다. 어느 부모든지 중학생 자녀는 처음 경험하는 낯설고 당황스러운 대상입니다. 그렇기 때문에 부모는 중학생 자녀가 왜 그렇게 행동하는지 이해하는 것이 필요합니다. 부모가 중학생 자녀를 충분히 이해할 수 있으면 그 자체로 사랑할 수도 있습니다. 중요한 사실은 중학생 자녀는 여전히 부모의 사랑과 격려를 필요로 한다는 것입니다. 다음에 나오는 이야기들은 상담실에서 만난 다양한 이야기들을 비슷한 주제로 묶어서 새로운 이야기로 만든 것입니다. 이 이야기들을 통해서 중학생 자녀를 둔 부모들이 자녀를 이해하는데 도움이 되기를 바랍니다.

✓ "우리 애는 공부에 욕심이 없어요"

상담실에서 만난 아이들은 자기가 하고 싶어서 하는 공부가 아니라는 푸념을 많이 합니다. 반면에 집, 학교, 학원 등에서 아이들을 지도하고 가르치는 어른들은 반드시 꼭 해야 하는 공부라고 이야기합니다. 이처럼 아이들과 어른들이 생각하고 이야기하는 공부가 분명하게 서로 다릅니다. 많은 아이들이 어릴 때부터 이런저런 공부를 많이 합니다. 그렇기 때문에 공부에 대한 스트레스도 많이 받습니다. 아이들은 공부를 잘해야 하고 성적을 잘 받아야 한다는 부담감을 안고 삽니다. 그래서 공부를 할 때 불안, 우울, 분노 등 부정적인 정서 경험을 많이 합니다. 대학입시를 목표로 하는 과도하게 경쟁적인 학습 분위기가 아이들의 성격 형성에도 나쁜 영향을 미치고 있는 것이 사실입니다. 무엇보다 아이들이 공부를 하면서 실패감을 너무 많이 느끼는 것 같습니다. 아이들은 실패감을 느끼면 위축된 모습을 보입니다. 이러한 경험이 오랫동안 반복되면 아이들의 자존감은 낮아지고 학습에서 자신감을 갖는 것이 어렵습니다.

아이들이 이야기하기로는 학교에서 배우는 공부가 전부 다 재미없는 과목들은 아니라고 합니다. 아이들은 보통 스토리텔링이 있는 동화나 소설처럼 이야기 형식을 좋아한다고 합니다. 그래서 중학생 아이들도 이야기가 재미있는 국어나 역사 등은 좋아합니다. 다만, 점수가 나오고 등수가 나오는 시험공부에 흥미가 없을 뿐입니다. 대부분의 아이들은 대학입시까지 수많은 시험을 봐야 하고 시험 결과를 받아들여야 합니다. 그러다 보니 아이들은 시험 성적이 곧 자기 자신인 것처럼 여겨지는 존재감을 형성하기도 합니다. 그렇기 때문에 아이들의 입장에서 공부는 재미도 없는데 자기 자신을 비참하게 만드는 짜증 나는 것일 수 있습니다. 실제로 아이들이 공부를 하는 이유는 100점을 목표로 하는 시험을 잘 보기 위해서입니다. 물론 공부를 잘해서 1등을 하면 성취감을 느끼고 공부하는 재미도 느낄 수 있습니다. 그러나 1등 이외의 아이들은 공부 재미보다는 공부 스트레스만 받습니다. 그런데 1등을 한 아이들도 다시 1등을 할 수 없다는 불안감으로 스트레스를 받습니다. 결론적으로 공부는 성적에 상관없이 모든 아이들이 스트레스를 받게 하는 것입니다.

청소년 아이들 중에는 어릴 때부터 공부를 하면서 느꼈던 정서적 경험이 상당히 부정적인 경우가 많이 있습니다. 심지어 대학을 진학한 후에 자신의 진로와 직업에 필요한 학습을 해야 함에도 불구하고 방황하거나 무기력하게 시간을 보내기도 합니다. 대학생 상담을 하다 보면 아동·청소년기 공부 경험이 대학생활에서 하는 다양한 학습 활동에도 영향을 미치는 것을 알 수 있습니다. 대학에서 학습 활동에 적극적인 학생들을 보면 대체로 긍정적인 학습 경험을 가지고 있습니다. 반면에 부정적인 학습 경험을 가지고 있는 학생들은 학습 활동에 흥미가 별로 없고 소극적인 모습을 보입니다. 중학생 아이들도 이전 학습 경험의 영향을 많이 받습니다. 심리상담사로서 상담실에서 중학생 아이들을 만날 때 가장 안타까운 모습이 있습니다. 그것은 아이들이 어릴 때부터 공부에 대한 부정적인 정서 경험이 많을수록 흥미가 있을 법한 분야의 학습마저도 거부하는 모습입니다. 가령, 아이가 학교 공부를 안 할 수는 있습니다. 그런데 그 아이가 자신이 좋아하고 흥미 있는 것마저도 배우려고 안 한다면 문제가 심각한 것입니다. 이러한 아이들은 자신의 삶 속의 다양한 분야에 대한 흥미와 호기심을 잃어버리고 심리적으로 무기력한 상태일 수 있습니다. 그래서 주변에서 흔하게 만날 수 있는 중학생 아이들이 부모들의 눈에는 '우리 애는 공부에 욕심이 없어요' 상태의 모습을 보일 수가 있는 것입니다.

✓ "우리 애는 하라는 공부는 안하고 쓸데없는 짓만 해요"

상담실에서 만난 중학생 지민이는 외모에 관심이 많은 여자 아이입니다. 지민이는 화장품에 관심이 많고 예쁘게 화장하는 것을 좋아합니다. 그래서 뷰티 크리에이터들이 화장하는 동영상을 자주 찾아서 봅니다. 그렇다고 지민이가 화장을 과하게 하고 다니지는 않습니다. 여느 여중생들처럼 학교에서 허용하는 범위 안에서 화장을 하고 다닙니다. 그런데 지민이 엄마는 지민이가 화장하고 다니는 것을 매우 못마땅하게 여깁니다. 왜냐하면 지민이가 초등학생 때는 공부를 잘했는데 중학생이 되고 난 후 성적이 좋지 않았기 때문입니다. 그래서 지민이 엄마는 지민이가 하라는 공부는 하지 않으면서 아침부터 열심히 화장하는 것을 보면 화가 난다고 합니다.

지민이의 꿈은 뷰티 디자이너나 메이크업 아티스트가 되는 것이 아닙니다. 지민이는 자신의 진로와 상관이 없지만 화장하는 동영상 보는 것을 좋아할 뿐입니다. 지민이에게 나중에 직업적으로 하고 싶은 것이 무엇인지 진로에 대해서 물어보면 항상 '모르겠어요'라고 힘없이 대답합니다. 그래서 혹시 지민이가 흥미 있는 메이크업과 관련한 일을 하고 싶냐고 물어보면 '아니요'라고 단호하게 말합니다. 상담실에서 확인할 수 있는 것은 지민이가 진로목표가 없다는 사실입니다. 지민이처럼 상담실에서 만난 중학생 아이들은 자신의 진로를 생각하면서 진로탐색 활동으로 동영상을 찾아보는 경우는 거의 없습니다. 아이들은 그저 재미있고 학업 스트레스를 풀기 위해서 동영상을 본다고 이야기합니다. 중학생 자녀가 공부는 하지 않더라도 공부에 대한 부담감과 스트레스를 받고 있는 것입니다.

부모 입장에서 생각해 보면 중학생 자녀가 쓸데없는 짓을 하지 말고 차라리 그 시간에 공부를 한다면 참 기특해 보일 것입니다. 그런데 안타깝게도 현실에서는 그러한 일이 잘 일어나지 않습니다. 부모가 다음과 같이 생각한다면 중학생 자녀의 쓸데없는 짓을 이해할 수도 있을 것 같습니다. 예를 들어 중학생 자녀가 공부만 하려고 하면 스트레스를 받습니다. 왜냐하면 아이들이 공부를 하는 과정도 스트레스지만 시험 결과에 따른 부모의 부정적 평가가 더 큰 스트레스이기 때문입니다. 그렇다면 아이들 입장에서는 시험 결과에 대한 부모의 비난을 그나마 자존심을 지키면서 버틸 수 있는 방법을 찾을 것입니다. 그래서 차라리 공부를 하지 않았기 때문에 시험 성적이 좋지 않다는 핑계를 만들기 위해서 공부를 안 할 수 있습니다. 아이들이 공부를 했는데 결과가 나쁜 것보다 아예 공부를 안 하고 결과가 나쁘면 자존심이 덜 상하기 때문입니다. 그래서 비록 부모 눈에는 쓸데없는 짓을 하는 것 같아도 아이들이 공부를 회피하면서 시간을 보낼 수 있는 방법일 수 있습니다. 어찌 보면 중학생 아이들이 하는 쓸데없는 짓거리들은 공부와 성적 압박에 짓눌리지 않고 살아가기 위한 최선의 방법일 수도 있습니다.

✓ "우리 애는 너무 게을러요"

승기는 중학교 2학년 남학생이었습니다. 승기 어머니가 아이 때문에 너무 힘들어서 상담을 신청했습니다. 승기 어머니가 심리적으로 매우 힘든 상태였기 때문에 부모 상담을 먼저 진행했습니다. 상담실에서 처음 만난 승기 어머니는 상담실에 앉아마자 한숨부터 내쉬었습니다. 그리고 승기 어머니가 가장 먼저 한 이야기는 승기가 매일 학교에 지각을 한다는 것이었습니다. 어머니가 보시기에 승기가 너무 게을러서 그런 것 같다고 했습니다. 승기가 거의 매일 지각을 하다 보니 학교 담임 선생님이 자주 전화를 한다고 했습니다. 승기 담임 선생님 전화를 받으면 어머니는 당황스럽고 화가 나는데 오히려 승기는 태평하다고 합니다. 어머니가 너무 화가 나서 승기에게 거의 매일 지각하는 이유를 물어보면 승기는 학교에 공부하러 가기 싫어서라고 대답한다고 합니다. 아이들이 학교에서 공부를 안하더라도 친구들과 놀기 위해서 학교에 갈 수 있습니다. 그런데 승기는 안타깝게도 친구 관계가 좋지 못합니다. 어머니의 이야기를 들어보니 승기가 학교에 갈만한 이유가 별로 없어 보였습니다.

상담실에서 중학생 아이들을 만나보면 아이들이 부모로부터 '게으르다'는 소리를 많이 듣고 있다는 것을 알 수 있습니다. 부모의 눈에 비친 중학생 자녀는 최선을 다해서 열심히 살고 있지 않기 때문입니다. 그러다 보니 자녀가 게을러서 그렇다고 생각할 수도 있습니다. 그런데 심리상담사로서 아이들과 이야기하다 보면 아이들이 태어날 때부터 게으른 성격이어서 게으른 모습을 보이는 것이 아닙니다. 오히려 아이들이 심리적으로 무기력해졌기 때문에 게으른 모습을 보이는 경우가 많습니다.

중학생 아이들이 어떤 상황에서 무기력한 모습을 보이는지 이해한다면 부모가 자녀의 게으른 모습을 수용할 수 있을 것입니다. 상담실에서 부모들의 이해를 돕기 위해서 다음과 같이 이야기하곤 합니다. 사방이 꽉 막힌 방에 오랜 시간 갇혀 지내면 어떨지 상상해보라고 합니다. 그리고 그 답답한 방에 갇혀서 오랜 시간이 지나도 빠져나갈 수 있는 방법이 전혀 없을 때 어떤 기분이 들지 상상해보라고 합니다. 만약에 부모들이 그러한 상황에 처한다면 희망이 없어지고 무기력해질 것이라고 이야기합니다. 그러고 나서 부모들이라면 갇힌 방에서 무엇을 할 수 있을지 물어봅니다. 부모들의 이야기를 들은 후에 강조해서 이야기하는 것이 있습니다. 아이가 심리적으로 그렇게 답답하고 무기력한 상태인데도 죽지 않고 버티는 것만 해도 대단한 것이라고 말입니다. 이처럼 부모들은 중학생 자녀의 무기력함을 게으름으로 잘 못 알기 때문에 자녀가 심리적으로 힘들어도 적절한 대처를 하지 못하는 경우가 많습니다. 그래서 사방이 꽉 막힌 방에 갇힌 것 같이 무기력한 자녀에게 유일하게 스며드는 빛과 같은 부모의 공감과 격려마저 차단해버립니다.

✓ "우리 애는 하고 싶은 게 없어요"

어릴 적 서준이의 꿈은 과학자가 되는 것이었습니다. 초등학교에 들어가기 전부터 서준이는 손으로 만들고 조립하는 것을 매우 좋아했습니다. 서준이는 초등학교에서 열리는 과학 경진대회에서 여러 번 상을 받았습니다. 부모는 서준이가 과학적 재능이 많다고 생각하고 과학고에 진학하기를 원했습니다. 그리고 서준이가 과학고에 진학만 한다면 최상위권 대학에도 쉽게 진학할 수 있다고 생각했습니다. 그래서 서준이가 초등학교 3학년 때부터 과학고를 목표로 공부를 시켰습니다. 그때부터 서준이가 매일 해야 하는 공부량이 매우 많아졌습니다.

서준이는 순응적인 아이여서 부모가 이끌어주는 대로 열심히 공부했습니다. 서준이도 과학고에 들어가고 최상위권 대학에 진학하여 빌 게이츠 같은 컴퓨터 프로그래머가 되고 싶었습니다. 서준이는 학교에 다니면서 과학 영재학교와 학원도 다니고 개인과외까지 받았습니다. 서준이 몸이 열 개라도 부족해 보였지만 서준이는 뚜렷한 목표가 있었기 때문에 열심히 공부했습니다. 그런데 그렇게 열심히 잘하던 서준이가 중학교에 입학할 즈음부터는 활력이 없어 보였습니다. 그렇다고 서준이가 공부를 전혀 안 하는 것은 아니었지만 숙제를 잘 안 하거나 해야 할 공부를 빠트리는 경우가 많아졌습니다. 무엇보다 서준이의 시험 성적이 의외로 많이 떨어졌습니다.

부모들이 중학생 자녀가 하고 싶은 게 없다고 이야기하는 경우가 있습니다. 이러한 아이들은 과도한 공부에 너무 지쳐버린 상태인 학습 소진이 일어났을 수도 있습니다. 그리고 자신이 공부로는 더 이상 성과를 낼 수 없다고 생각하고 자신의 미래까지 포기한 경우가 많습니다. 어릴 때부터 공부를 잘했던 아이들은 공부를 잘해야 자신의 미래가 보장된다고 믿습니다. 중학교 1학년인 서준이는 학습 소진이 일어난 상태였습니다. 어릴 때부터 과학고를 목표로 부모가 이끄는 대로 잘 따랐던 서준이가 어느 순간부터 몸과 마음이 지쳤을 것입니다. 그런데 문제는 서준이의 지친 몸과 마음 상태를 알아주는 사람이 전혀 없었습니다. 서준이 부모는 서준이가 힘들다고 말할 때마다 다독이면서 더 열심히 공부를 하도록 했습니다. 그리고 서준이 시험 성적이 높을 때는 몇 마디 칭찬을 했지만 성적이 잘 안 나오면 수만 마디 평가를 했습니다. 이러한 상황이 반복되면서 서준이는 심리적으로 무기력해져 간 것입니다. 그러면서 성적도 떨어지니까 과학고나 최상위권 대학에 갈 수 없을 것 같아 자신의 미래가 불안해졌습니다. 그리고 빌 게이츠 같은 프로그래머는 될 수 없다고 절망했습니다. 서준이가 열심히 공부했던 이유가 사라지고 나니 더 이상 하고 싶은 것이 아무 것도 없는 마음 상태가 된 것입니다.

2. 중학생 자녀는 "혼란스럽고 두려워요"

부모들은 사춘기를 시작으로 하는 자녀의 태도 변화가 당황스럽고 힘들다고 합니다. 자녀의 중학생 시기는 사춘기의 절정기라고 할 수 있습니다. 그래서 부모의 눈에 비친 중학생 자녀는 미운 짓만 골라서 하는 마치 '중 2병'에 걸린 환자처럼 보이기도 합니다. 자녀가 초등학생이었을 때는 고분고분하게 부모 말 잘 듣던 예쁜 아이였을 것입니다. 그런데 중학생 자녀는 키와 덩치가 훌쩍 커버리고 부모 말을 무시하거나 부모 말만 골라서 안 듣는 미운 아이가 된 것입니다. 그러면서도 자기가 원하는 것은 부모에게 당당하게 요구하는데 부모가 생각하기에 중학생 자녀가 요구하는 것이 왜 그렇게 많은지 화가 납니다. 상담실에서 만난 부모들은 자녀가 어리고 예쁠 때는 뭘 해줘도 안 아까웠는데 중학생이 되어 미우니까 뭘 해주기가 싫다고 말하기도 합니다. 아마도 부모들은 중학생 자녀가 알아서 공부나 열심히 하면 좋겠다는 마음뿐일 것입니다.

상담실에서 부모와 중학생 자녀를 만나보면 서로 이해하지 못하는 간극이 생각보다 큰 경우가 많습니다. 마치 자석의 N극과 N극이 만나서 서로 밀어내려고만 하는 것 같습니다. 부모와 자녀의 관계가 자석의 N극과 S극의 만남처럼 서로 애착하고 달라붙었을 때가 분명히 있었을 겁니다. 그런데 상담실에서 마주한 부모와 자녀의 기억 속에는 아주 먼 옛날이야기처럼 희미할 뿐입니다. 지금 부모의 눈앞에 보이는 중학생 자녀는 더 이상

어리고 예쁜 자녀가 아닙니다. 거의 매일 부모 속을 썩이는 꼴도 보기 싫은 존재입니다. 그런데 이처럼 부모가 중학생 자녀를 부정적으로만 평가하는 것은 자녀의 성장과 발달을 이해하지 못하고 수용하기 어려울 때 나타납니다.

부모는 자녀의 미래를 위해서 자녀의 삶에 부모 역할로 개입을 합니다. 자녀를 건강하게 양육하고 바람직하게 훈육하는 것이 부모의 역할이자 책임입니다. 그래서 부모가 자녀의 삶에 바람직하게 개입하는 것은 반드시 필요합니다. 그런데 자녀가 중학생이 될 즈음부터는 부모가 자녀의 공부와 성적에만 집착하듯이 개입하려는 모습을 보이는 경우가 많습니다. 부모와 자녀 간 대화의 주제도 대부분 공부와 시험 성적과 대학 진학에 관한 경우가 많습니다. 부모와 자녀 사이에 공부와 성적 말고도 대화의 주제는 많이 있습니다. 그런데 부모와 자녀 간 대화가 즐겁고 다양하지 않았던 가정일수록 대화의 주제가 공부와 성적으로만 흐르는 경향이 있습니다. 그래서 중학생 아이들은 부모와 대화를 하면 항상 '기–승–전–공부, 성적, 커서 뭐 할래'가 되어 스트레스만 받고 짜증이 나서 말하기 싫다고 합니다.

아직 어린 중학생 자녀에게 부모의 마음을 이해해 달라고 말하기는 어렵습니다. 오히려 부모가 중학생 자녀의 마음을 헤아리는 것이 필요합니다. 중학생 아이들의 마음은 혼란스럽고 때로는 아프기까지 합니다. 그런데 아이들의 마음이 혼란스러워지는 것은 사춘기 이후 나타나는 자연스러운 현상입니다. 한편으로는 심리적으로 잘 성장하고 있다는 증거이기도 합니다. 그런데 아이들이 발달적으로 생기는 마음의 혼란스러움에 더하여 부정적인 상황에 처하면 마음이 아프고 병들어 버립니다. 중학생 자녀의 발달 중에 생기는 마음의 혼란스러움은 시간이 지나면서 대부분 해결됩니다. 그러나 자녀의 마음이 병든 경우에는 시간이 지나도 잘 해결되지 않습니다. 무엇보다 자녀의 미래 삶에 매우 부정적인 영향을 끼치기도 합니다. 가령, 20대 이후에 사회에 잘 적응하지 못하는 경우가 그렇습니다. 그렇기 때문에 자녀의 마음을 헤아리지 못하고 아이를 미워하는 것은 부모로서의 책임감을 저버리는 것입니다. 부모이기 때문에 먼저 중학생 자녀의 마음을 헤아려주어야 합니다. 그러기 위해서는 중학생 자녀의 마음에 대해 아는 것이 필요합니다.

상담실에서 가장 많이 접하는 중학생들의 기분(감정)들이 있습니다. 이 기분들은 청소년 시기에 발달적 특성으로 나타나기도 합니다. 사춘기를 시작으로 청소년 시기에는 아이들의 심리적인 불안정감이 커집니다. 급격하게 성장하는 시기이기 때문입니다. 우선, 아동기에서 성인으로 가는 청소년기에는 신체적 변화가 빠르게 일어납니다. 그리고 청소년기에는 생각하는 방식도 아동기와 달라지는데 전두엽과 같은 사고를 담당하는 뇌의 변화가 크게 일어나기 때문입니다. 이처럼 청소년기에는 몸과 마음의 급격한 성장과 변화가 일어나기 때문에 중학생 아이들이 자신의 감정을 조절하는 것이 쉽지 않습니다. 부모들이 자녀가 영유아기였을 때 성장과정을 잊었겠지만 중학생의 성장과정도 영유아기처럼 빠르고 큽니다. 영유아기에 성장통이 있는 것처럼 청소년기에도 성장통이 있습니다. 그런데 부모가 자녀의 성장통을 다르게 경험하는 이유는 아기는 말도 못 하고 작으니까 안쓰럽지만, 중학생은 말도 잘하는데 말은 안 듣고 덩치는 크니까 밉기 때문입니다.

중학생 아이들은 자기 자신도 이해하기 어려운 기분의 변화로 혼란스러워하고 두려워합니다. 그래서 다음과 같은 중학생 아이들의 기분(감정)들을 부모들이 잘 이해하면 좋겠습니다. 부모들이 이 기분들을 멀리하면 멀리할수록 중학생 자녀와의 관계가 멀어질 수 있습니다. 그렇기 때문에 중학생 아이들이 경험하는 대표적인 기분들을 이해하고 중학생 자녀를 충분히 보듬어 줄 수 있기를 바랍니다.

✓ "우울해요"

상담실에서 만난 중학생들은 대부분 '우울해요'라는 말을 많이 합니다. 아이들이 표현하는 우울한 기분은 슬프거나 외롭거나 공허한 느낌 등과 연관되어 나타나기도 합니다. 가령, 부모의 사랑을 받지 못한다고 생각하거나, 중학생 아이들에게 가장 중요한 친구 관계가 좋지 않거나, 공부를 뛰어나게 잘하고 싶은데 그렇지 못한 경우입니다. 중학생 아이들은 자신이 기대하는 것들이 이루어지지 않는 현실에서 오는 상실감으로 우울한 기분을 느끼는 경우가 많습니다. 게다가 발달적으로 자신의 정체감마저 모호해지는 시기이기 때문에 우울감을 더 많이 경험할 수 있습니다.

우울한 아이들은 그 모습만 살펴봐도 금세 우울하다는 것을 알 수 있습니다. 마치 삶의 모든 흥미와 기쁨을 잃어버린 듯한 상태의 무기력한 모습을 보입니다. 무엇보다 자기 자신에 대해 매우 부정적으로 평가하는 생각을 자주 합니다. 그래서 자존감이 매우 낮습니다. 그리고 왠지 모를 죄책감에 휩싸이면서 자신이 처한 상황을 부정적으로만 바라봅니다. 더군다나 중학생 시기에 자신의 미래를 계획하고 준비해야 함에도 불구하고 자신의 미래를 암울하게만 그립니다. 그러다 보니 자신의 미래를 위해서 현재 충분히 준비할 수 있는 것들을 하지 못하고 무기력하게 지냅니다. 왜냐하면 어차피 아무리 애쓰고 노력해도 자신의 미래는 나쁠 것이라고 믿기 때문입니다.

중학생 아이들의 우울한 기분이 오래 지속되고 심해지면 위험한 상황이 일어날 수 있습니다. 아이들이 자신의 감정을 조절하는 능력이 충분히 발달하지 않은 상태에서 자살과 같은 위험한 행동을 충동적으로 할 수도 있습니다. 그렇기 때문에 중학생 자녀의 우울감이 지속되고 심해지는 것 같으면 반드시 심리상담 등 전문적인 도움을 받을 수 있도록 부모가 적극적으로 개입해야 합니다.

✓ "불안해요"

상담실에서 만난 우울한 아이들 중에는 불안을 같이 경험하는 경우가 많습니다. 그런데 아이들을 만나다 보면 아이들이 '우울해요'라는 말은 잘하는데 '불안해요'라는 말은 잘 안 하는 것 같습니다. 중학생 아이들이 말은 안 하더라도 불안은 신체적 증상으로 나타나기 때문에 쉽게 알아차릴 수 있습니다. 보통 아이들이 머리가 어지럽거나 아프다고 하고, 배가 아프다고 하고, 가슴이 답답하거나 아프다고 하고, 신체 중 일부가 떨린다고 하는 등의 신체화 증상을 보입니다. 이러한 증상들은 아이들이 시험을 보거나 사람들 앞에서 발표를 하기 전에 많이 나타납니다. 아이들은 신체화 증상을 통해서 무의식적으로 불안을 일으키는 상황을 피하고 통제하려는 것처럼 보입니다.

중학생 아이들의 불안은 심리적으로 위협적인 상황에서 긴장을 하고 스트레스를 받으면 나타나는 자연스럽고 흔한 감정입니다. 그러나 아이들에게 신체화 증상이 나타날 만큼 불안을 과도하게 느끼고 자주 경험한다면 아이들이 견딜만한 수준을 넘어서는 매우 고통스러운 감정일 것입니다. 아이들이 공부할 때 적당한 스트레스가 도움이 되듯이 불안도 적당하게 느끼면 도움이 됩니다. 가령, 시험 결과에 대한 불안이 있으면 그 불안을 해소하기 위해서 시험 준비를 열심히 하게 됩니다. 그러나 시험 결과에 대한 불안이 지나치게 많아지면 시험 준비를 못할 정도로 심리적 어려움을 겪습니다. 불안이 심한 아이는 공부를 하려고 애를 써도 집중력이 현저히 떨어지기 때문에 학습능력이 낮아집니다. 가령, 시험에 대한 불안이 높은 아이는 시험 결과에 대한 지나친 걱정때문에 공부를 집중해서 하지 못합니다. 그러면 당연히 시험 결과가 좋지 못할 것입니다. 그러다 보면 시험에 대한 불안이 높은 아이는 좋지 못한 시험 성적 때문에 다음 시험에 대한 불안이 더 높아지는 상황이 반복해서 일어납니다. 이처럼 불안이 높은 아이가 불안이 높아지는 상황이 반복되면 결국 자포자기하는 심정이 되어 무기력해집니다.

중학생 아이들 중에는 불안에 취약한 성격인 경우가 있습니다. 중학생 자녀의 영유아기 부모 애착 경험이 불안정한 경우에 불안에 취약한 성격이 될 가능성이 높습니다. 불안에 취약한 아이들은 갑작스러운 환경의 변화나 부모와 또래 관계에서 어려움이 생기면 불안을 심하게 느낄 수 있습니다. 아이들이 불안에 취약한 성격이라고 하더라도 가정 환경이나 부모와 친구 관계가 안정적이면 심리적인 문제가 나타나지 않을 수 있습니다. 그런데 안타깝게도 중학생 아이들이 처한 지나치게 경쟁적인 학습 환경은 안정감을 주지 못합니다. 그렇기 때문에 많은 아이들이 시험과 성적으로 인한 불안을 경험하는 경우가 많습니다. 그리고 청소년기에 매우 중요한 또래 관계에서의 어려움도 아이들에게는 큰 불안 요인입니다.

✓ "화가 나요"

상담실에서 심리적 문제로 만난 중학생 아이들 중에는 화가 많은 경우가 많습니다. 이러한 아이들은 일상에서 조금만 툭 건드려져도 짜증과 화를 내는 모습을 보입니다. 물론 중학생 아이들의 대화를 들어보면 '짜증 나'라는 말은 자주 사용하는 일상의 언어입니다. 심지어 자기 기분이 조금만 언짢아도 감탄사처럼 사용하는 말입니다. 그래서 '짜증 나'라고 말하는 아이가 진짜 화가 난 것인지 아닌지 구분하기가 어렵기도 합니다. 여하튼 중학생 아이들은 화가 많아 보입니다. 아이들이 화를 건강하고 적절하게 표현할 수만 있다면 화는 대인관계에서 순기능적인 역할을 합니다. 가령, 아이들이 자기 자신의 심리적 경계선을 알고 누군가 그 경계선을 침범하려 할 때 화를 통해서 자신을 지키려는 힘을 상대방에게 보여줄 수 있습니다. 그러나 아이들이 화를 조절하지 못하고 상황에 맞지 않게 화를 자주 낸다면 심리적인 문제가 있을 가능성이 높습니다.

중학생들은 발달적으로 아직 화 즉, 분노를 조절할 수 있는 능력이 충분히 발달하지 못한 상태입니다. 중학생 시기에 뇌의 전두엽이 한창 발달을 하는데 전두엽에서 분노 감정을 통제하고 조절하는 역할을 담당하기 때문입니다. 그래서 발달상 자신의 감정을 잘 조절하지 못하는 중학생 아이들이 다른 사람들이 알 수 있을 정도로 분노를 표출하는 것을 때로는 부모들이 자연스럽게 바라볼 필요가 있습니다. 이러한 경우에는 훈육을 통해서 아이들이 자신의 분노를 이해하고 조절하고 건강하게 표현할 수 있는 방법을 가르쳐줘야 합니다. 그런데 심리상담사로서 중학생 아이들 중에서 자신의 분노를 겉으로 표현하지 못하는 아이들이 분노 조절을 잘 못하고 표출하는 아이들보다 더 걱정이 되는 경우가 있습니다.

중학생 아이들과 상담을 진행하다 보면 어느 순간 아이들이 심리적으로 안전감을 느끼면서 자신의 분노를 자유롭게 표현하는 경우가 생깁니다. 심리상담사로서 꼭꼭 숨겨져 있던 아이들의 분노를 만나는 순간이 무척 반가우면서 안심이 됩니다. 왜냐하면 중학생 아이들의 분노가 깊이 숨겨져 있어서 드러나지 않으면 문제가 되지만 드러나기만 하면 심리적으로 건강하게 성장할 수 있기 때문입니다. 무의식적으로 숨겨진 분노는 다른 부정적 행동이나 정서로 바뀌어서 나타납니다. 중학생 아이들의 심한 우울이 그러한 경우입니다. 분노 감정과 우울 감정이 어울리지 않는 것처럼 보이지만 깊은 우울과 분노 폭발은 연관성이 높습니다. 그래서 중학생 아이들의 불안과 마찬가지로 분노도 우울과 함께 나타나는 경우가 많습니다.

✓ "아무것도 하기 싫어요"

상담실에서 만나는 중학생 아이들 중에 가장 대하기 어려운 경우가 '아무것도 하기 싫어요' 상태의 아이들입니다. 아이들이 중학생이 되어도 아직은 부모가 강요하면 한번 정도는 해보기는 하는 시기라서 아이들이 심리상담을 받는 것도 보통 부모가 먼저 상담을 신청하고 중학생 자녀가 부모를 따라서 옵니다. 중학생 아이들은 상담실에 오는 것이 싫더라도 부모와 싸우기 싫어서 마지못해 오는 경우가 많습니다. 심리상담사로서 이러한 상태의 아이들과 상담적인 관계 맺기를 하는 것이 쉽지 않습니다. 왜냐하면 이러한 아이들은 모든 것이 다 귀찮고 아무것도 하기 싫은 마음 상태이기 때문에 상담실에서도 매우 소극적이고 방어적인 태도를 보입니다.

중학생 자녀를 둔 부모가 자녀의 심리상담을 신청하기까지 서로 갈등만 쌓다가 오는 경우가 많습니다. 보통 중학생 자녀는 부모가 하라는 공부는 하지 않습니다. 그런데 컴퓨터나 스마트폰으로 게임을 하거나 동영상은 봅니다. 부모가 화가 나서 컴퓨터나 스마트폰을 못하게 하면 자기 방에서 아무것도 안 하고 누워만 있습니다. 중학생 자녀의 그러한 모습을 보면 부모들은 '미친다'고 합니다. 차라리 아이가 밖에 나가서 친구들과 놀기라도 하면 좋겠다고 합니다. 만약에 중학생 자녀가 또래 관계에 문제가 없고 학교 적응에 문제도 없다면 부모가 크게 걱정할 필요는 없을 것 같습니다. 다만 부모가 염려하는 공부만 하지 않는 것일 수 있기 때문입니다. 그러나 중학생 자녀가 심리적으로 무기력한 상태여서 나타난 현상이라면 부모가 상황을 심각하게 받아들이고 잘 대처해야 합니다.

아무것도 하기 싫은 상태의 무기력한 아이들을 만나보면 우울, 불안, 분노 등이 복합적으로 작용하는 경우가 많습니다. 그래서 상담실에서 중학생 아이들을 만나면 우울만 있거나 불안만 있거나 분노만 있거나 하는 경우가 적습니다. 그리고 아이들이 상담실에 오기 전에 이러한 감정들을 수없이 경험하면서 좌절하고 심리적으로 무기력한 상태가 된 경우가 많습니다. 이러한 아이들을 상담실에서 만날 때 심리상담사로서 가장 안타까운 마음이 들면서도 상담하는 것이 가장 어렵습니다. 그렇지만 삶의 의욕이 전혀 없어 보이는 아이들이 자살행동을 하지 않고 살아있는 것만으로도 다행이고 스스로 상담실을 찾아오는 것만으로도 참 다행이라는 생각을 합니다. 그리고 심리적으로 무기력한 아이들이 자기 발걸음으로 상담실에 온다는 것은 지금은 무기력하지만 더 나은 삶을 살고 싶은 마음이 있기 때문에 적극적으로 도움을 요청하는 것이라고 믿고 있습니다. 그래서 심리상담사로서 아이들이 자신의 삶을 살아갈 수 있도록 마음의 힘을 북돋아 주려고 노력합니다. 중학생 자녀의 심리적으로 무기력한 상태는 단기간에 이루어지지 않기 때문에 부모가 책임감 있게 자녀의 마음을 살펴보고 보살펴야 합니다.

✓ 심리상담사로서 부모들에게 전하고 싶은 이야기

시대와 문화와 상관없이 자녀에게 기대하는 부모의 마음은 비슷해 보입니다. 그것은 자녀가 잘 되고 잘 살기를 바라는 마음입니다. 한국에서는 많은 부모들이 자녀가 좋은 대학에 진학하기를 원합니다. 왜냐하면 자녀가 상위권 대학에 진학하면 경제적으로 안정적인 삶이 보장된다고 믿기 때문입니다. 그래서 자녀가 사회에서 성공적인 삶을 살기 위해서는 무엇보다 상위권 대학의 인기 학과에 진학하는 것이 필요하다고 생각합니다. 이것이 한국 사회에서 부모들이 가지고 있는 자녀 교육에 대한 신념일 것입니다. 이러한 부모들의 신념 때문에 아이들이 어릴 때부터 공부를 많이 하는 것을 당연하게 생각하는 것 같습니다. 그리고 자녀가 상위권 대학에 진학할 수 있게 하는 것이 부모의 가장 큰 역할이라고 생각하는 것 같습니다. 물론 사랑하는 자녀가 사회에서 성공하기를 바라는 부모의 마음은 당연합니다. 그래서 부모가 자녀의 교육에 신경을 많이 쓰고 교육비를 지출할 수 있는 것입니다. 그런데 이것은 부모가 자녀를 사랑하는 여러 방법 중 하나일 뿐입니다. 무엇보다 이러한 자녀의 학습 성과를 중요시하는 부모의 사랑이 자녀에게 상처를 주고 자녀의 심리적 성장을 저해하는 경우가 많기 때문에 문제가 됩니다. 안타까운 사실은 부모들이 자녀의 공부에 과도하게 개입하면서 자녀를 정서적으로 학대를 하고 있음에도 불구하고 그러한 사실을 잘 모르고 있다는 것입니다. 상담실에서 만난 부모들의 이야기를 들어보면 사랑하는 자녀를 정서적으로 학대하고 있다는 것을 알고 한다기 보다는 전혀 모르고 하는 경우가 많습니다.

심리상담학 관련 연구자들이나 전문가들은 아이들이 심리적으로 건강하게 성장하여 건강한 삶을 살기 위해서는 아이들이 학대를 받으면 안 된다고 강조합니다. 그런데 부모들이 눈에 보이는 '육체적 학대'에 대해서는 잘 알고 조심하는 반면에, '정서적 학대'에 대해서는 잘 모르고 하는 경우가 많습니다. 자녀에 대한 학대가 육체적이든 정서적이든 상관없이 자녀에게 부정적이고 나쁜 영향을 주는 것은 별반 다르지 않습니다. 육체적으로 학대받는 자녀는 부모가 자신을 사랑하지 않는다는 것을 분명하게 알 수 있습니다. 그런데 정서적으로 학대받는 자녀는 자신이 학대받고 있다는 사실을 잘 모르는 경우가 많습니다. 그래서 부모가 자신을 사랑하지 않는다고 확실하게 말하지도 못합니다. 이러한 경우 자녀는 부모에 대해서 매우 혼란스러운 경험을 하게 됩니다. 왜냐하면 아이들은 뉴스에 나오는 학대받는 아이들과 다르게 자신들의 부모가 학원비 등 경제적으로 많은 것을 주고 있다는 사실과 무엇보다 육체적인 폭력을 가하지 않았다는 사실을 분명하게 알기 때문입니다. 그래서 부모가 자신을 사랑하는 것 같으면서도 아닌 것 같은 마음의 갈등으로 부모의 사랑을 확신할 수가 없는 것입니다.

아이들 입장에서 부모를 객관적으로 살펴보면 부모가 자신을 사랑한다는 수많은 근거가 있습니다. 부모의 경제력 덕분에 생존하고 있고 부모가 주는 용돈으로 생활하고 있기 때문입니다. 다만 자신을 대하는 부모의 말과 태도 때문에 상처를 받아 마음이 고통스러울 뿐입니다. 그러다 보면 객관적인 사실로는 부모를 미워하면 안 되는 데 심리적인 사실로는 미워하게 되는 마음속 갈등이 생깁니다. 결국, 부모의 사랑에 모순이 있다는 것을 알아가면서 부모로부터 마음이 멀어지게 됩니다. 자녀 입장에서 생각해 보면 부모가 자신을 사랑하는 것 같은데도 불구하고 정서적으로는 친밀함이 느껴지지 않기 때문에 부모의 사랑에 대한 확신이 없고 마음 속 혼란이 있는 것입니다. 그러다 보니 부모와 자녀의 관계에서 가장 중요한 부모에 대한 자녀의 심리적인 안전감과 신뢰감이 견고하게 형성되지 못합니다. 그래서 아이들은 무서운 세상에서 심리적으로 의지하고 안길 수 있는 유일한 부모의 품을 잃어버렸다고 느낍니다. 이러한 이유로 중학생 아이들이 심리적으로 외로움을 많이 느끼고 이 세상에서 아무도 없이 혼자라는 생각을 합니다. 그런데 아이들이 의지할만한 또래관계마저 좋지 않으면 외로움은 더욱 깊어집니다. 심리적으로 외로움을 깊이 느끼는 아이들이 힘을 내서 살아가기에는 경쟁적인 학습 분위기가 너무 버거울 수 있습니다. 상담실에서 중학생 아이들을 만나면서 알게 된 분명한 사실은 중학생 자녀는 부모의 사랑과 공감과 격려를 더욱 더 많이 필요로 한다는 것입니다.

중등편 학습균형

제4장
중학생 자녀의 태도가 당황스럽다

1. 자녀는 '중2 병'이 아니라 성장통이 심합니다
2. 착하고 말 잘 들었던 어린 아이와 이별하세요
3. 자녀가 부모 말 잘 들으면 오히려 걱정하세요
4. 자녀는 반항하고 사랑을 원하는 모순덩어리입니다

1. 자녀는 '중2 병'이 아니라 성장통이 심합니다

✓ 자녀의 삶도 힘들다

중학생 자녀 때문에 상담실에서 만난 부모들에게 중학생 자녀의 삶도 힘들다는 이야기를 종종 합니다. 그러면 어떤 부모들은 정색을 하면서 매우 못마땅한 어투로 다음과 같이 말하기도 합니다.

"자기들이 하는 게 뭐가 있다고. 학교에 가서 공부만 열심히 하면 되는데. 도대체 뭐가 힘들다는 건지 모르겠네요."

부모 입장에서 생각해보면 충분히 이해가 되는 말입니다. 중학생 자녀를 둔 부모들을 만나다 보면 부모들의 마음 밑바닥에는 위와 같은 생각이 비슷하게 깔려있는 것 같습니다. 그래서 부모들이 중학생 자녀에게 기대하는 만큼 공부를 안 하고 성적이 잘 안 나오면 자녀를 대하는 태도가 전혀 공감적이지 않습니다. 아마도 부모들이 당연히 해야 할 공부를 안 하는 중학생 자녀의 마음을 이해하는 것이 어려울 수도 있을 것입니다.

부모들이 마주하고 있는 현실적인 삶이 버겁기 때문에 마음의 여유가 없을 수도 있습니다. 무엇보다 부모들은 가정의 생계를 책임지는 역할을 합니다. 그래서 아무리 힘들어도 직업 활동을 해야 하고 돈을 벌어야 합니다. 그런데 직업 활동의 스트레스를 감당하면서 자녀를 위한 교육비까지 책임질 정도로 돈을 번다는 것이 결코 만만한 일이 아닙니다. 그리고 예기치 않게 가정에 경제적인 어려움마저 생기면 부모들의 삶이 더욱 힘들어질 수밖에 없습니다. 가령, IMF 외환위기나 코로나 19와 같이 예상치 못한 위기가 가정을 위협하는 상황이 생기면 부모들이 감당하는 삶은 더욱 무거워질 수밖에 없습니다. 이와 같은 부모들의 삶이 공부만 하면 되는 자녀의 삶보다 실제로 더 힘이 듭니다. 그래서 부모들이 감당해야 하는 버거운 삶에 비하면 자녀가 감당하는 삶의 어려움은 매우 작게 보일 수도 있습니다. 그러나 자녀의 시선으로 세상을 바라본다면 자녀가 경험하는 삶도 만만치 않게 힘들고 어렵다는 것을 알 수 있습니다. 한국의 청소년 자살률이 전 세계에서 매우 높을 정도로 아이들은 힘들고 고통스러워합니다.

이미 어른이 된 지 오래된 부모들도 과거 중학생 시기를 지나서 현재의 삶을 살고 있는 것입니다. 부모들이 중학교 청소년기였을 때에도 현재 골머리를 앓게 하는 자녀와 별반 다르지 않은 '질풍노도'의 시기를 겪었을 것입니다. 분명히 부모들도 쉽지 않았던 청소년 시기를 보냈을 것입니다. 다만, 기억의 망각 덕분에 중년의 부모들이 자신들의 청소년 시기에 어떤 생각과 감정의 경험들을 했었는지 잘 기억하지 못할 뿐입니다. 그래서 청소년기를 잘 기억하지 못하는 어른이 된 부모들의 입장에서 보면 중학생 자녀의 불평들은 이유 없는 '배부른 소리'처럼 들리기도 합니다. 상담실에서 만난 한 어머니는 이렇게 말하기도 했습니다.

"자기 사달라는 거 다 사주고, 자기 하고 싶다는 거 다 하게 해 줬는데 뭐가 부족해서 그렇게 불만이 많은지 정말 모르겠어요. 공부 좀 하라고 하면 그렇게 화를 내고 자기가 알아서 공부한다고 하면서 정작 성적은 그 모양이고. 그래서 대학은 어떻게 갈 거냐고 하면 자기가 알아서 한다고 빽 소리 지르고 방으로 들어가 버려요. 도무지 믿음이 안 가니 답답해서 미쳐버리겠어요."

부모들이 자녀가 영유아기일 때는 자녀의 발달과정에 관심을 많이 가집니다. 그래서 발달에 대한 정보를 찾아 비교하면서 자녀가 잘 성장하고 있는지 꼼꼼하게 살펴봅니다. 무엇보다 이 시기에는 정기적인 영유아 검진제도가 있어서 자녀의 발달상태를 알 수 있습니다. 가령, 자녀의 신체발달, 언어발달, 운동발달, 인지발달 등을 객관적인 지표로 확인할 수 있습니다. 그래서 자녀가 또래 아이들과 비교하여 잘 성장하고 발달하고 있는지를 발달지표를 통해서 알 수 있습니다. 이처럼 자녀가 영유아기일 때는 부모들은 자녀가 오로지 건강하게 잘 자라기를 바라는 마음이 가장 큽니다. 그런데 부모들이 자녀가 성장할수록 자녀의 전반적인 발달에 대해서는 그다지 큰 관심을 보이지 않는 것 같습니다. 그러다 보니 인간의 발달 중 가장 큰 변화가 일어나는 사춘기 중학생 자녀의 발달을 잘 이해하지 못하고 감정적으로 대응을 하는 경우가 많은 것 같습니다.

✓ 자녀의 신체적 변화는 스트레스다

부모들이 자녀의 영유아기 '성장통'을 기억한다면 중학생 자녀의 신체적인 변화가 얼마나 큰 스트레스인지 이해할 수 있을 것입니다. 성인들도 자신의 몸이 아프고 변화가 생기면 심리적으로 안정감을 유지하는 것이 쉽지 않습니다. 만약에 어떤 사람이 자신의 고통을 감내하면서도 다른 사람을 배려할 줄 안다면 인격적으로 상당히 성숙한 사람일 것입니다. 대부분 발달적으로 성숙한 성인들도 신체적인 고통과 변화가 있으면 스트레스를 받고 짜증을 냅니다. 그런데 발달적으로 미성숙한 중학생 아이들이 자신의 신체적 고통과 변화를 편안하게 받아들인다는 것은 매우 어렵습니다. 상담실에서 만난 중학생 아이들 특히, 여자 아이들은 자신의 신체가 변하는 것에 대해 부끄러워하고 심지어 수치심을 느끼는 경우도 있습니다. 아이들은 아동기의 앳된 모습에서 성인의 모습으로 변하는 과정이 결코 편안한 일이 아닙니다.

아이들은 발달적으로 사춘기를 시작으로 2차 성징이 일어납니다. 아이들은 2차 성징을 통해서 새로운 몸을 가지는 것과 같은 경험을 합니다. 2차 성징으로 성호르몬이 많아지기 때문입니다. 그래서 아이들은 이전과 다르게 성인 남녀처럼 신체적으로 뚜렷한 차이를 보이기 시작합니다. 여자 아이들은 가슴이 나오고 엉덩이가 커지고 생리를 시작합니다. 남자 아이들은 신체 골격이 더 커지고 변성기로 목소리가 변하고 몽정과 같은 사정을 시작합니다. 그리고 아이들의 몸에 없었던 털들이 생식기 주변과 겨드랑이 등에 나기 시작합니다. 이와 같은 신체적 변화는 아이들에게 매우 낯선 경험입니다. 아이들은 영유아기의 급격한 신체 변화를 기억하지 못하기 때문에 2차 성징으로 인한 신체 변화는 태어나서 처음 겪는 당황스러운 경험일 것입니다. 그래서 중학생 아이들은 낯선 몸으로의 변화 때문에 부끄러움과 수치심을 느끼기도 합니다.

중학생 아이들에게는 자신의 신체 변화를 이해하고 수용하는 심리적 과정이 필요합니다. 그런데 환경적으로 아이들이 자신의 신체 변화를 이해하고 건강하게 받아들이는 것이 쉬운 일이 아닙니다. 왜냐하면 아이들의 손에 항상 들려있는 스마트폰 속 온라인 세상에서는 '외모지상주의'를 부추기고 있기 때문입니다. 실제로 인터넷상에는 사람들의 외모를 신봉하는 것뿐만 아니라 외모를 심하게 비하하는 콘텐츠들이 넘쳐납니다. 그래서 중학생 아이들에게는 공부 실력보다 얼굴이 예쁘고 잘 생기고 몸매가 좋고 키가 큰 것이 더욱 중요해 보일 수 있습니다. 아이들에게는 사람들이 칭찬하는 외모가 또래 사이에서 인정받는 능력이 될 수도 있습니다. 친구들 사이에서 외모는 아이들 말로 인싸(인사이더의 줄임말)의 조건으로 충분합니다. 이러한 외모지상주의 분위기 때문에 외모에 관심이 많고 사람들의 시선에 민감한 중학생 아이들에게 신체 변화는 매우 큰 스트레스일 것입니다.

✓ 뇌의 변화는 스트레스다

중학생 아이들의 수용하기 힘든 행동을 이해하기 위해서는 청소년기 뇌의 발달을 이해하는 것이 중요합니다. 2차 성징으로 인해서 아이들의 신체 변화만 일어나는 것이 아닙니다. 중학생의 아이들의 뇌는 아동기와 질적으로 전혀 다른 차원으로 발달하는 중입니다. 성인과 청소년의 뇌 사진을 비교해보면 오히려 청소년의 뇌 부피가 더 크다고 합니다. 아이들의 뇌가 발달하면서 전체 부피가 커지다가 청소년기에 뇌신경세포의 시냅스 가지치기와 같이 뇌가 리모델링을 하면서 부피가 줄어든다고 합니다. 중학생 아이들의 뇌는 선택과 집중의 원리에 따라서 아이들이 관심을 가지고 행동하는 것에 따라서 불필요한 시냅스를 가지치기하여 최적화된 뇌로 변하는 것입니다. 마치 과실나무를 가지치기하면서 크고 좋은 열매를 맺도록 하는 것과 비슷합니다. 부모들이 알아야 할 중요한 사실은 중학생 아이들의 관심과 행동이 바람직하지 않더라도 뇌는 그것에 맞춰서 최적화된 상태로 변한다는 것입니다. 그래서 중학생 자녀가 게임과 같은 어떤 중독 행위에 몰입하면 그 행위에 최적화된 뇌로 발달하는 것입니다. 뇌는 아이들의 인생에 있어서 무엇이 좋고 나쁜지 판단하지 못하고 아이들의 행위에 따라서 효율적으로 변하는 것이 최선입니다. 그래서 중학생 자녀의 뇌가 건강하게 성장하도록 부모가 자녀를 존중하는 태도와 공감적인 대화를 통해서 자녀가 건강하고 바람직한 행위를 하도록 훈육해야 합니다.

중학생 아이들의 뇌의 성장과 변화가 부모들의 눈에 보이지는 않지만 아이들은 정신적으로 혼돈 가운데 있습니다. 중학생 시기에 뇌의 가장 큰 변화는 뇌의 앞부분인 전두엽과 전전두엽의 발달입니다. 전두엽은 기억력, 사고력, 판단력 등 종합적인 사고 기능을 담당합니다. 그리고 전전두엽은 계획하고 문제를 해결하는 능력, 결과에 대해 예측할 수 있는 능력, 충동을 조절하는 능력, 주의력 등을 담당합니다. 그렇기 때문에 중학생 아이들은 감정, 특히 부정적인 감정에 민감하게 반응은 하지만 감정을 조절하는 능력은 충분히 발달하지 못한 상태입니다. 그래서 아이들이 이성보다 감정이 앞서서 충동적이고 변덕스러운 모습을 보이는 것입니다. 그러한 중학생 아이들의 감정적인 모습에 가장 당황스러운 사람은 바로 중학생 자녀 자신일 것입니다. 실제로 중학생 아이들은 자기 자신도 이해하기 어려운 충동적이고 변덕스러운 마음 때문에 스트레스를 많이 받습니다.

✓ 심리적 변화는 스트레스다

중학생 아이들은 자기 자신을 어떻게 생각하는지에 대한 자기 개념이 분명하지 않고 모호합니다. 아이들의 성장과 발달은 이전에는 생각지도 않았던 자신의 존재에 대한 질문을 하게 합니다. 즉, '나는 누구인가?'라는 자기 정체성에 대한 질문입니다. 이 질문은 삶의 목적이나 삶의 의미와 같은 여러 가지 인문학적 질문들로 확장되어 갑니다. 이러한 질문들은 사춘기 이후 아이들의 인지능력이 발달하면서 자연스럽게 나타나는 현상입니다. 그리고 아이들이 이와 같은 질문들에 대한 답을 스스로 찾아가는 과정이 자기 자신과 자신의 삶에 대한 분명한 생각인 자아정체감을 형성하는 과정입니다. 중학생 시기는 발달상 아이들이 자신의 자아정체감을 형성하는 시기입니다. 그런데 아이들이 자신의 존재론적 물음에 대한 답을 찾는 것이 결코 쉽지 않습니다. 중학생 아이들이 건강한 자아정체감을 형성하는 것은 정신적으로 어렵고 힘들고 피곤한 과정입니다.

중학생 아이들이 자아정체감을 형성하기 위해서는 '나는 누구인가?'라는 인문학적 질문에 성실하게 대답하는 과정이 필요합니다. 그러기 위해서는 아이들에게 충분히 깊이 생각할 시간이 필요합니다. 아이들에게 자신의 정체감에 대한 문제는 학교 시험처럼 정확한 답이 있는 것이 아닙니다. 마치 답도 없는 문제를 오랜 시간 앉아서 풀어야 하는 것과 같아서 정신적으로 피곤한 일입니다. 그리고 현실적으로 대학입시 공부에 전념해야 하는 시기에 아이들이 자신의 존재론적 질문에 답하는 과정을 진지하게 한다는 것이 쉽지 않습니다. 그렇기 때문에 많은 아이들이 자신의 정체감을 건강하게 형성하지 못해서 이리저리 끌려 다니듯이 방황하면서 살아갑니다. 그리고 아이들은 정체감의 불확실함 속에서 심리적으로 애매모호한 상태를 경험합니다. 아이들이 정체감을 성취하지 못하고 자신에 대해 불확실한 상태가 지속되면 심리적으로 스트레스를 받습니다.

중학생 아이들은 자신의 신체, 뇌, 심리적 발달 과정 자체로도 고통과 심한 스트레스를 받고 있습니다. 어떤 아이들은 사춘기 성장통이 심할 수도 있도 어떤 아이들은 사춘기 성장통을 잘 넘길 수도 있습니다. 사춘기 성장통을 잘 넘기는 아이들을 살펴보면 항상 아이들의 이야기를 경청하고 공감하는 부모가 있다는 것을 확인할 수 있습니다. 간혹 재난 뉴스 영상을 보다 보면 재난으로 고통을 겪는 사람들이 전혀 모르는 사람일지라도 공감적인 태도로 다가오면 안기어 울면서 위로를 받는 것을 볼 수 있습니다. 중학생 시기는 아이들의 발달 과정 중에 급격한 변화가 일어나는 재난과 비슷합니다. 재난을 겪는 아이들이 위로를 받을 수 있는 사람은 오직 부모뿐입니다. 물론 아이들에게 좋은 영향을 미치는 사람들이 있어서 위로를 줄 수 있습니다. 그러나 부모가 줄 수 있는 심리적 위로를 절대로 대신할 수는 없습니다.

2. 착하고 말 잘 들었던 어린 아이와 이별하세요

✓ 부모의 상실감이 있다

“우리 아이가 얼마나 착하고 엄마 아빠 말을 잘 들었는데요. 그런데 중학생이 되면서 친구들을 잘 못 사귀어서 그런지 이상하게 부모 말을 잘 안 들어요. 엄마가 말만 하면 잔소리한다고 짜증내고, 아빠가 뭐라고 하면 아무 말도 안 하고 인상만 쓰고... 언제 터질지 모르는 폭탄 같다니까요. 예전에는 착하고 말도 잘 들었는데... 뭐가 문제인지 모르겠어요.”

상담실에서 만난 중학생 자녀를 둔 부모들 중에는 위와 같은 이야기를 하는 경우가 많습니다. 부모들은 과거 착하고 말 잘 들었던 어린 자녀를 추억하면서 현재 비뚤어진 중학생 자녀와 비교를 합니다. 나이만 들었지 분명히 똑같은 자녀인데도 불구하고 말입니다. 부모들이 자신들의 눈앞에서 건강하게 성장하고 있는 중학생 자녀를 이해하지 못하는 경우가 많은 것 같습니다. 부모들이 중학생 자녀를 경험하기 전에는 ‘사춘기’나 ‘중1 또는 중2 병’이라고 일컬어지는 이야기는 다른 집 아이의 이야기로만 생각했을 것입니다. 그래서 정작 자신의 자녀가 성장하고 변하고 있다는 것을 받아들이지 못하고 있었을지도 모릅니다. 그런데 사춘기부터 시작하는 아이들의 태도 변화는 아이들이 성장하고 발달하면서 나타나는 자연스러운 모습이라는 것을 이해해야 합니다. 아이들의 발달과정에는 우리 집 아이는 안 그러겠지라고 생각할 만한 예외가 없습니다. 아이들은 성장합니다.

사춘기 이후 중학생 자녀의 성장과 발달은 영유아기 때와 비슷한 면이 있습니다. 그래서 부모들이 자녀의 영유아기였을 때를 기억하면 중학생 자녀의 성장과 발달을 이해하는 데 도움이 됩니다. 영유아기 자녀를 둔 부모들이 자녀의 3세 전후와 6세 전후에 육아를 매우 힘들어합니다. 이 시기에 아이들이 청개구리처럼 말하고 행동하는 데 마치 사춘기 청소년들의 반항적이고 공격적인 모습을 보이기 때문입니다. 그래서 어떤 심리학자는 이 시기를 첫 번째 사춘기라고 표현하기도 합니다. 사춘기의 심리적인 핵심은 부모에게 의존하는 것으로부터 독립하는 것입니다. 갓 태어난 아기는 생존하기 위해서 부모에게 의존할 수밖에 없습니다. 그래서 아이들은 자신의 생존을 책임지는 부모의 말을 잘 듣고 따르려고 합니다. 그런데 어느 순간부터 아이들의 내면의 힘이 커지면서 자신의 생각과 주장을 강하게 드러내어 부모를 당황하게 만듭니다. 보통 아이들이 3세가 될 때 그리고 6세가 될 때 나타나는 발달 현상입니다. 이 시기에는 부모에게 절대적으로 의존해야하기 때문에 중학생 아이들이 집을 나가는 것처럼 부모로부터 강하게 분리하려는 모습은 나타나지 않습니다. 아직은 부모가 아이들의 생존에 매우 필요하기 때문입니다. 게다가 중학생 아이들처럼 부모관계를 대체할 수 있는 또래 관계도 없기 때문입니다. 이 시기 아이들이 이 세상에서 자신들이 의존할 수 있는 대상은 오로지 부모뿐이기 때문에 독립심이 발달하더라도 부모로부터 완전히 분리하여 나가지는 못합니다.

영유아기 발달과정 중에 나타나는 자녀의 독립적인 성향은 부모들이 잘 보듬을 수 있습니다. 여전히 사랑스럽고 작고 귀여운 어린아이이기 때문입니다. 그러나 부모가 중학생 자녀의 독립적인 성향을 수용하는 것은 쉽지 않습니다. 중학생 아이들은 어린아이들처럼 작고 귀여운 모습도 아니고 덩치는 이미 성인과 비슷합니다. 그런데 부모 말은 안 듣고 미운 말만 골라하거나 말을 아예 안 하면서 태도는 반항적이고 공격적입니다. 그래서 부모가 중학생 자녀를 이해하고 보듬어 안는 것이 어려울 수밖에 없습니다. 어린아이는 안아 올려서 어르고 달래면 되는데 중학생 자녀는 그럴 수도 없으니 말입니다. 그렇기 때문에 부모들이 중학생 자녀를 이해하려면 자녀의 발달과정을 먼저 이해하는 것이 무엇보다 중요합니다. 그리고 중학생 자녀의 태도를 이해하는 데 있어서 발달심리학적 지식이 도움이 될 수 있습니다.

"자녀의 발달을 이해하면 상처만 주는 것 같은 자녀를 다시 사랑할 수 있습니다."

✓ 엄마여서 더 힘들다

상담실에는 보통 어머니와 자녀가 함께 오는 경우가 많습니다. 아버지가 자녀와 함께 오는 경우는 매우 드뭅니다. 자녀 상담을 신청하는 것도 아버지보다는 어머니인 경우가 많습니다. 아무래도 자녀 양육에 있어서는 어머니가 더 많은 책임을 지고 자녀와 더 가깝게 오랜 시간을 보내기 때문에 그런 것 같습니다. 그래서 자녀가 문제행동을 나타내면 어머니가 스트레스를 더 많이 받기 때문에 어머니의 마음이 더 힘들고 고통스럽습니다. 이러한 이유로 자녀와 갈등으로 오랫동안 속앓이를 한 어머니일수록 심리상담사를 마주하자마자 여태껏 속상했던 마음을 하염없이 털어놓기도 합니다. 현실적으로 어머니들이 자녀 때문에 화나고 고통스러운 마음을 맘 편하게 터놓고 이야기할 곳이 별로 없기 때문입니다. 게다가 자녀 양육의 공동책임자인 아버지이자 남편은 자녀 문제를 별로 대수롭지 않게 여기는 경우도 많습니다. 그래서 아내가 자녀 때문에 왜 그렇게 힘들어하는지 몰라서 아내의 마음을 공감하지 못하는 경우가 많습니다. 반대로 아버지가 자녀 문제로 힘들어하고 오히려 어머니는 대수롭지 않게 여기는 가정도 있습니다.

어머니들이 아무리 친한 사람이더라도 자신의 자녀를 비난하고 부정적으로 평가하는 듯한 이야기를 다른 사람에게 하는 것을 매우 불편해합니다. 중학생 자녀가 아무리 말 안 듣고 화나게 하더라도 남들에게는 잘 보이게 하고 싶은 것이 어머니의 마음이기 때문입니다. 그래서 어머니들이 비밀이 보장되고 공감적인 분위기의 상담실에서 자녀 때문에 힘든 자신의 마음을 편하게 풀어놓는 것입니다. 상담실에서 어머니들의 이야기를 듣다 보면 사랑하는 자녀가 마음에 비수를 꽂는 말을 하거나 상처 주는 행동을 할 때마다 어머니들이 얼마나 슬퍼하는지 느낄 수 있습니다. 어머니들이 경험하는 아픔과 슬픔을 한 마디로 표현하면 지독하게 사랑했던 사람에게 완전히 배신당하는 마음일 것입니다. 이 세상에 자녀에 대한 어머니의 사랑만큼 지독한 사랑은 별로 없어 보입니다. 그러다 보니 중학생이 되어 돌변하는 자녀 때문에 어머니들은 친숙했던 자녀와 이별하는 고통을 겪게 됩니다.

상담실에서 부모들을 만나보면 엄마여서 더 힘들어 보입니다. '품 안의 자식'이라는 표현에서 이야기 하는 품은 아마도 엄마의 가슴 품일 것입니다. 엄마의 품은 캥거루의 아기 주머니처럼 자녀가 절대적인 안정감을 느끼는 곳입니다. 그 품으로 자녀가 아기였을 때는 자녀에게 생명을 주는 젖을 물립니다. 그리고 죽은 예수와 아들로서 예수를 안고 있는 엄마인 마리아의 모습을 형상화한 피에타상의 모습처럼 자녀가 힘들거나 고통스러울 때 엄마는 탄식하며 위안을 주려고 자녀를 자신의 품으로 끌어안습니다. 이처럼 엄마의 품 안에 자녀가 편안하게 안겨있는 모습은 어디서나 찾아볼 수 있는 자연스러운 모습입니다. 그런데 품 안의 자식이었던 어린 자녀가 중학생이 되어 엄마 품을 떠나려고 합니다. 그러다 보니 자신의 품에 항상 안겨있을 것 같은 자녀를 떠나보내야 하는 엄마이기 때문에 더 힘든 경험을 하는 것 같습니다. 아마도 아빠로서는 이해하기 어려운 자녀에 대한 정서적 박탈감마저 느낄 수 있습니다.

✓ 이별하고 새롭게 사랑하라

중학생 자녀 때문에 상담실을 찾은 어머니들에게 과거에 혹시 이별을 해 본 경험이 있는지 물어보기도 합니다. 사람들은 저마다 다양한 상실의 경험이 있습니다. 그런데 상실감 때문에 마음이 힘들다는 것을 잘 모르기도 합니다. 가령, 가족의 죽음으로 인한 상실감까지는 아니더라도 사람들은 살아가면서 다양한 인간관계에서 갈등하고 헤어지는 이별과 상실의 경험이 있습니다. 인간관계에서 가족이나 친밀한 사람의 죽음으로 인한 상실감은 너무 크기 때문에 다른 상실감과 비교하기는 어렵습니다. 그렇지만 인간관계의 상실감 중에서 연애와 이별 경험만큼 강렬한 상실 경험은 없을 것입니다. 그래서 중학생 자녀 문제로 힘들어하는 어머니들에게 과거 연애와 이별 경험을 물어봅니다. 그런 후에 어머니들이 사랑했던 과거의 자녀와 연애를 끝내고 이별을 할 때라고 알려드립니다. 즉, 사랑했던 자녀와 이별하는 상실감의 고통을 견뎌야 한다고 말입니다. 과거 착하고 말 잘 듣던 어린 자녀는 이미 떠나버려서 다시는 돌아오지 않을 것이기 때문입니다.

어머니들 중에는 사랑했던 과거의 자녀와 이별을 잘하지 못하고 마음에서 떠나보내지 못해서 매우 힘들어하는 경우가 있습니다. 연애를 하다가 헤어질 때 이별을 잘해야 새로운 연애를 잘할 수 있다는 말이 있습니다. 마찬가지로 과거의 자녀와 이별을 잘해야 새로운 현재의 자녀를 사랑할 수가 있습니다. 어머니들에게 익숙한 과거의 자녀는 말 잘 듣고 귀엽고 예쁜 어린 자녀였습니다. 어머니와 10년 넘게 서로 사랑했던 초등학생 자녀는 발달상 아동기 자녀입니다. 그런데 중학생 자녀는 발달상 청소년기입니다. 여전히 그대로인 것 같은 어린 자녀이지만 어찌 보면 질적으로 다른 새로운 단계의 사람입니다. 그러나 어머니들이 사랑하는 자녀라는 사실은 결코 바뀌지 않습니다. 다만 어머니들의 눈에는 자녀가 성장하고 발달하면서 나타나는 낯선 행동과 태도의 변화가 크게 보이는 것입니다. 그래서 중학생 자녀가 마치 다른 사람처럼 보일 수 있지만 여전히 부모의 사랑을 원하는 자녀일 뿐입니다.

부모들에게 있어서 중학생 자녀는 새롭게 사랑해야 할 대상입니다. 어린 자녀를 사랑했던 과거와 같은 사랑으로는 중학생 자녀를 사랑하는 것이 어렵습니다. 우선, 부모들이 자녀의 심리적 성장과 발달을 이해하고 받아들여합니다. 중학생 아이들의 건강한 심리적 성장은 자신이 스스로 알아서 선택하고 결정하고 책임지는 모습으로 나타납니다. 그렇게 하기 위해서는 아이들이 심리적으로 의존했던 부모에게 점차 멀어지는 연습의 단계가 필요합니다. 아이들은 부모에 대한 심리적인 의존성에서 벗어나고 싶은 마음이 커지는 것입니다. 그래서 아이들이 부모의 생각대로 행동하려고 하지 않고 자신의 생각대로 행동하려고 합니다. 자녀가 성장하면서 부모의 생각과 달라지는 것입니다. 그러다 보니 부모와 중학생 자녀 사이에 갈등이 많이 생깁니다. 그래서 중학생 자녀와 갈등이 생길 때마다 부모들이 과거의 자녀와 이별하고 새롭게 사랑해야 한다는 신호로 받아들이면 도움이 될 것 같습니다. 부모들이 자녀에 대한 사랑의 방식을 바꿔야 할 때입니다.

3. 자녀가 부모 말 잘 들으면 오히려 걱정하세요

✓ 심리적 발달을 이해하라

아이들의 심리적 발달과정을 살펴보면 초등학교 고학년 즈음부터 사춘기가 시작하는 것으로 보입니다. 보통 여자 아이들이 남자 아이들보다 사춘기가 좀 더 빠르게 시작하는 것 같습니다. 사춘기는 부모에게 의존할 수밖에 없는 어린아이였던 자녀가 발달상 아동기에서 청소년기로 넘어가는 과정입니다. 청소년기는 어른이 되기 위해서 무엇보다 부모로부터 심리적인 독립을 연습하는 시기입니다. 그렇기 때문에 사춘기를 시작으로 나타나는 자녀의 태도 변화가 분명히 있습니다. 이 때 부모들이 사춘기 이후 나타나는 자녀의 태도 변화를 이해하기 어렵고 익숙하지 않기 때문에 힘들어합니다. 아마도 대부분 부모들은 자녀가 질풍노도인 사춘기를 격정적이지 않게 조용히 지나가기를 바랄 것입니다.

어떤 부모들은 자신의 자녀가 사춘기를 조용히 넘어가서 사춘기가 없었다고 말하기도 합니다. 그러나 아이들의 심리적인 발달이라는 관점에서 살펴보면 조용히 지나가는 사춘기는 있을 수가 없습니다. 아이들은 사춘기를 시작으로 몸과 마음이 급격하게 변하기 때문에 혼란스러움을 경험합니다. 아이들은 처음 경험하는 심신의 변화로 마음에 혼란스러움이 생기고 스트레스를 받습니다. 아이들이 스트레스를 지속적으로 계속 받으면 우울해지고 불안해집니다. 게다가 아이들이 영유아기에 급격한 신체적 성장 때문에 성장통이 있었던 것처럼 청소년기에도 성장통을 경험합니다. 이처럼 아이들의 몸과 마음이 편안하지 않기 때문에 심리적으로 불안정해지는 것입니다. 부모들마다 자녀의 사춘기를 다르게 경험하는 것은 사춘기로 인한 아이들의 심리적 불안정함이 겉으로 분명하게 드러나는지 아닌지에 따라 다르기 때문일 수도 있습니다.

부모들이 자녀와의 관계를 가장 힘들어하는 사춘기의 절정은 보통 중학생 시기입니다. 그래서 '중2 병'이라는 말이 중학생 아이들의 전반적인 상태를 나타내는 용어처럼 사용되기도 합니다. 그리고 중2 병인 중학생을 개그 소재로 써서 사람들에게 웃음을 줄 수 있는 이유도 대부분의 사람들이 충분히 이해할 수 있기 때문입니다. 예전에 북한이 남한을 쳐들어오지 못하는 이유가 중학생들이 무서워서라고 하는 유머도 있었습니다. 중2 병에 걸린 중학생 아이들을 경험한 사람들은 이러한 이야기에 100% 공감하면서 웃을 것입니다. 요즘은 '중2 병'보다 '중1 병'이 더 무섭다고 하는데 아마도 사춘기가 좀 더 빨라져서 나타나는 현상인 것 같습니다.

'중1 병'이든 '중2 병'이든 부모를 힘들게 하는 중학생 자녀의 태도는 성장 과정 중에 나타나는 자연스러운 현상입니다. 그렇기 때문에 중학생 자녀가 부모를 힘들게 한다면 자녀가 심리적으로 건강하게 잘 자라고 있다는 사실을 보여주기도 합니다. 그러나 중학생 자녀의 태도가 상식적인 범위를 넘어서서 가정이나 학교에서 문제를 일으킨다면 자녀에게 심리적인 어려움이 있을 수도 있습니다. 가령, 아이들이 폭력적인 언어나 행동을 절제하지 못하거나 자해행동을 할 수 있습니다. 이러한 경우에는 부모들이 중학생 자녀를 주의해서 살펴보고 도움을 줘야 합니다. 그런데 반대로 중학생 자녀에게 사춘기로 인한 변화가 조금이라도 보이지 않아도 부모가 걱정해야 할 일일지도 모릅니다. 가령, 부모에게 매우 순응적이고 착한 아이로 살려고 하는 중학생 아이들도 심리적인 어려움이 있을 수 있습니다. 왜냐하면 중학생 자녀가 부모가 하라는 대로 착하게 한다는 것은 자기 자신의 욕구나 주장을 강하게 억압해야 가능하기 때문입니다. 이러한 아이들이 자기주장을 하지 않는 이유는 자기주장을 해도 부모가 전혀 귀담아 들어주지 않는다는 것을 알기 때문일 수도 있습니다.

✓ 중학생은 사춘기의 절정이다

중학생 시기는 초등학교 고학년부터 시작하는 사춘기의 절정기입니다. 대부분의 부모들은 자녀의 사춘기가 시작하는 듯한 모습을 보고 당황스러워합니다. 자녀가 중학생이 될 즈음 부모들은 사춘기 자녀 때문에 힘들었던 부모들의 이야기의 영향을 받아서 사춘기를 부정적으로 생각하고 걱정하는 경향이 있습니다. 그래서 부모들이 이해하기 어려운 자녀의 행동들이 점점 많아지면 '드디어 올 것이 왔구나', '이제 시작이구나'라는 생각을 하면서 긴장을 합니다. 부모들도 과거에 사춘기를 겪었고 사춘기에 부모들의 부모와 관련한 다양한 에피소드들이 분명히 있습니다. 그러나 오랜 시간이 흘러서인지 부모들이 자신의 사춘기에 어떤 경험을 했는지 잘 기억하지 못합니다. 그러다 보니 자신의 주변에서 들은 사춘기에 대한 정보로 사춘기를 다소 부정적으로 이해합니다. 그렇게 하면 부모들이 사춘기 자녀의 발달과정을 객관적으로 타당하게 이해하기가 어렵습니다.

상담실에서 부모들을 만나다 보면 아동기에서 청소년기로 변하는 자녀의 발달과정에 대한 지식과 이해가 충분하지 않은 것 같습니다. 그러다 보니 부모들이 사춘기의 절정인 중학생 자녀를 어떻게 대해야 할지 몰라서 힘들어하는 것 같습니다. 사춘기가 시작하는 시기는 아이들마다 다 다릅니다. 보통 중학생부터 청소년기라고 하는데 이 시기를 전후해서 대부분의 아이들이 사춘기를 시작하고 절정을 이룹니다. 자녀의 사춘기가 시작한다는 것은 어린아이의 몸과 마음에서 어른의 몸과 마음으로 질적으로 변한다는 신호입니다. 그래서 만약에 자녀의 사춘기가 없다면 자녀의 몸과 마음이 건강하게 성장하고 있지 않다는 의미입니다. 자녀의 사춘기가 없으면 부모는 편할 수 있지만 오히려 자녀의 몸과 마음에 심각한 문제가 있을 수 있습니다.

자녀가 성장을 해서 어른이 된다는 것은 무엇보다 부모로부터 독립을 한다는 의미입니다. 자녀가 부모로부터 독립을 한다는 것은 물리적 독립도 중요하지만 심리적 독립이 더욱 중요합니다. 부모에게 의존했던 자녀가 심리적으로 독립을 한다는 것은 자녀가 자신의 삶을 주체적으로 살아갈 수 있다는 의미입니다. 주체적인 삶을 사는 아이들이 자신의 삶을 행복하고 성공적으로 만들어갈 가능성이 더 높습니다. 그렇기 때문에 부모들이 자녀의 삶에 있어서 가장 원하는 것이 자녀의 행복이라면 자녀가 주체적인 삶을 살 수 있도록 도와줘야 합니다. 어찌 보면 자녀 양육의 궁극적인 목적은 자녀가 주체적인 삶을 살 수 있도록 도와주는 것입니다. 중학생 자녀가 어른이 되어 주체적인 삶을 살기 위해서는 심리적으로 발달해야 하는 것들이 있습니다. 그렇기 때문에 부모들이 중학생 자녀가 심리적으로 건강하게 성장할 수 있도록 모순덩어리처럼 보이는 중학생 자녀를 이해하고 도와줘야 합니다.

✓ 심리적 성장을 도와줘라

부모들이 중학생 자녀에게 원하는 삶의 모습은 자기주도적인 생활 태도일 것입니다. 많은 부모들이 자녀가 해야 하는 일을 스스로 알아서 성실히 하는 모습을 보고 싶어 합니다. 그런데 부모들의 현실은 중학생 자녀가 아침에 일어나서 학교에 가는 것부터 해서 하나부터 열까지 챙겨줘야 하는 것들이 여전히 많습니다. 부모들은 다 큰 것 같은 중학생 자녀를 챙겨주면서 화를 내고, 자녀는 부모의 챙김을 받으면서도 귀찮다고 짜증을 내는 일상이 반복됩니다. 이와 같은 일상이 지속되면 부모와 자녀 관계에서 긍정적인 정서 경험보다는 부정적인 정서 경험만 쌓입니다. 그러면 중학생 아이들에게 무엇보다 중요한 부모와의 친밀한 애착 관계가 나빠집니다. 그리고 심리적으로 급격한 발달과정 중에 있어서 예민하게 반응하는 중학생 자녀의 성격 형성에도 좋지 않은 영향을 미칠 수 있습니다.

중학생 시기에는 아이들이 심리적으로 건강한 독립심을 발달시켜야 할 때입니다. 중학생 자녀가 독립심을 키우기 위해서는 심리적으로 의존했던 부모로부터 분리하고 개별화하는 과정을 거쳐야 합니다. 그러기 위해서는 중학생 자녀의 '자기분화' 수준이 높아져야 합니다. 이 과정에서 부모들이 중학생 자녀의 심리 발달에 있어서 자기분화에 대한 이해를 바탕으로 자녀가 심리적으로 성장할 수 있도록 적절한 도움을 줘야 합니다. 상담심리학에서 가족치료의 선구자인 머레이 보웬은 한 사람의 심리적인 건강과 성장을 위한 자기분화를 강조했습니다. 자기분화는 심리내적인 차원에서 지적인 기능(객관적 사고)과 정서적인 기능(주관적 정서)을 분리할 수 있는 능력을 말합니다. 예를 들어, 부모의 정서 상태가 오랜 기간 동안 우울이 높으면 자녀는 부모의 우울에 전염됩니다. 그래서 자녀의 정서는 부모의 정서와 구별이 되지 않는 융합 상태가 되어서 부모와 자녀가 정서적으로 한 덩어리가 됩니다. 그렇게 되면 자녀는 부모의 정서 상태에 직접적으로 영향을 받기 때문에 부모와 분리되지 못하고 심리적으로 개별적이고 독립적인 발달을 이루지 못합니다. 이러한 심리적 상태를 자기분화 수준이 매우 낮거나 미분화되었다고 합니다.

자기분화 수준이 낮은 사람들은 자신의 감정과 생각을 구별하기 어렵기 때문에 객관적으로 사고할 수 있는 능력이 거의 없습니다. 그래서 자기 자신과 자신이 느끼는 감정을 동일시합니다. 자신의 기분이 곧 자기 자신입니다. 그렇기 때문에 일상생활을 하면서도 불안감을 많이 느끼고 사고의 객관성이 낮아집니다. 그래서 외적 환경이나 심리 내적 환경의 영향을 받지 않고 독립적으로 명확하게 사고하는 능력이 떨어집니다. 그 결과 다른 사람들과의 관계에서 스트레스를 받으면 상황을 객관적으로 생각하지 못하고 감정적인 반응을 먼저 합니다. 그리고 자신의 사고기능인 가치관이나 신념이 확고하지 못하기 때문에 다른 사람에게 쉽게 영향을 받습니다. 또한 자기분화 수준이 낮은 사람들은 다른 사람에게 사랑받고 싶고 인정받고 싶고 의존하고 싶은 욕구가 매우 큽니다. 그리고 자신의 삶을 스스로 관리할 수 있는 심리적 힘이 없어서 자신의 전반적인 삶을 다른 사람에게 의존하려고 합니다. 그러다 보니 자신이 불안해서 집착하는 인간관계가 오히려 자신의 삶을 지배하는 비극적인 상황이 일어나기도 합니다.

가족 안에서 자녀의 자기분화가 쉽지 않은 이유가 있습니다. 부모와 자녀의 정서가 서로 영향을 미치는 것은 무의식적이기 때문입니다. 부모가 자신의 정서를 의식하지 못하고 무의식적으로 자녀에게 영향을 줍니다. 부모들이 이러한 심리적 사실을 제대로 알게 된다면 자신의 정서상태가 사랑하는 자녀에게 어떤 영향을 미치고 있는지 깨닫고 충격을 받을 것입니다. 그런데 많은 부모들이 사랑하는 자녀에게 정서적으로 부정적인 영향을 주고 있다는 사실을 모르기 때문에 계속 반복하고 있는 것을 봅니다. 그래서 부모들이 스스로 알아차리기 어려운 무의식적인 정서상태가 안타까울 뿐입니다. 부모들이 자신의 정서상태를 의식적으로 알아차리는 노력이 필요합니다. 우선 부모들이 자신들의 부모와의 관계에서 느낀 정서 경험이 실마리를 줄 수 있습니다. 가족치료의 선구자인 머레이 보웬은 다세대전수라는 표현으로 가족 간에 내리 이어지는 무의식적인 정서 경험을 알아차리도록 강조했습니다. 그렇기 때문에 부모들이 자신들의 부모와의 정서 경험을 객관적인 자료로 해서 현재 자녀와의 정서 경험을 살펴보면 도움이 될 수 있습니다. 부모들이 자신들의 부모와의 관계가 힘들었다면 현재 자녀도 부모와의 관계에서 힘든 경험을 하고 있을 가능성이 높습니다.

4. 자녀는 반항하고 사랑을 원하는 모순덩어리입니다

✓ 반항하는 태도를 이해하라

부모들이 중학생 자녀의 반항적인 태도를 지켜보면 왜 그런지 이해하기도 어렵고 화만 날 수 있습니다. 부모들의 눈에는 자녀가 중학생이 되었어도 여전히 어리고 챙겨줘야 할 것도 많기 때문입니다. 그런데 중학생 자녀는 부모의 관심마저도 간섭 좀 그만 하라고 진저리 치면서 '나 좀 내버려 둬! 알아서 할게!'라고 거부하는 태도를 보입니다. 이러한 중학생 아이들의 공격적인 태도는 심리적으로 독립심이 발달하면서 나타나는 자연스러운 모습입니다. 사전적 정의로 독립심은 남에게 의지하지 않고 살아가려는 마음입니다. 중학생 자녀가 심리적으로 독립심이 커지면 부모에게 더 이상 의지하지 않고 살아가고 싶은 마음도 커집니다. 그러다 보니 이전과 다를 바 없는 부모의 관심과 개입에도 반항적인 태도를 보이는 것입니다. 초등학생 때는 부모가 하라는 대로 잘하던 착했던 자녀가 중학생이 되어 태도가 달라지는 것도 독립심이 커지기 때문입니다. 독립심은 중학생 자녀가 건강하게 성장하기 위해서는 반드시 발달해야 하는 심리적 요인입니다.

심리적으로 독립심은 누군가에게 의존하는 의존심과는 정반대의 마음의 힘입니다. 만약에 아이들이 누군가가 시키는 대로 착하고 고분고분하게 말을 잘 듣는다면 그 사람에게 강하게 의존하고 있는 것입니다. 아이들이 아동기에서 청소년기를 지나서 어른이 되기 위해서는 심리적으로 독립심이 잘 발달해야 합니다. 그런데 청소년기에 자녀의 독립심이 발달하지 못한다면 어른이 되어서도 부모에게 매우 의존적인 어린아이 같은 삶을 살게 됩니다. 자녀의 인성 중 독립심은 자녀가 자신의 삶을 주도적으로 살기 위해서 반드시 필요한 것입니다. 중학생 자녀의 독립심이 발달하기 위해서는 유아동기부터 의존했던 부모로부터 심리적으로 분리부터 해야 합니다. 이때 자녀는 부모에게 반항적이고 부모의 개입을 거부하면서 분리하는 태도를 보일 수 있습니다. 부모 입장에서 보면 부모의 관심과 개입에 반항적이고 거부하는 자녀의 모습이 매우 낯설고 당황스러울 것입니다. 아마도 중학생 자녀는 부모로부터 떠날 마음의 준비가 된 반면에 부모는 자녀를 떠나보낼 마음의 준비가 되지 않아서 그런 것 같습니다.

중학생 자녀의 반항적인 태도에는 심리적인 이유가 분명히 있습니다. 부모들은 자녀가 어릴 때부터 말하고 행동하던 그대로 자녀를 대합니다. 그런데 독립심이 발달하는 자녀에게는 이전과 비슷한 상황에서 똑같이 하는 부모의 말일지라도 마치 자신의 자유를 억압하는 독재자의 말처럼 들릴 수 있는 것입니다. 자녀가 인지적으로나 심리적으로 발달하면서 이전과 다를 바 없는 부모의 말이 다른 느낌과 다른 생각으로 들리기 시작하는 것입니다. 그래서 중학생 자녀가 부모가 하는 말에 사사건건 꼬투리를 잡는 반항적인 모습을 보이는 것입니다. 이러한 자녀의 태도 때문에 부모는 힘들겠지만 자녀는 심리적으로 건강하게 성장하고 있는 것입니다. 이때 부모와 자녀의 관계가 정서적으로 친밀하고 상호협력적이었다면 부모와 자녀가 심리적으로 성장할 수 있는 시기가 됩니다. 그러나 부모와 자녀의 관계가 정서적으로 친밀하지 않았다면 부모와 자녀에게 스트레스가 가장 심한 시기가 됩니다.

✓ 사랑하기에는 너무 멀리 느껴진다

부모 입장에서 보면 중학생 자녀는 세상에 둘도 없는 모순덩어리처럼 보입니다. 겉으로는 부모에게 반항하면서 속으로는 부모에게 변치 않는 사랑을 원하니 말입니다. 그래서 부모들이 중학생 자녀를 사랑하기에는 너무 먼 당신처럼 느껴질 수 있습니다. 그런데 부모들이 알아야 할 사실은 이러한 모순적인 태도가 중학생 자녀의 두드러진 특성입니다. 그렇기 때문에 자녀의 중학생 시기에는 부모들이 자녀의 모순적인 모습을 수용하고 버틸 수 있는 마음의 힘이 절실히 필요합니다. 부모들이 마음의 힘을 키우기 위해서는 자녀에 대한 이해가 필요합니다.

부모들이 중학생 자녀의 혼란스러운 태도가 특별한 문제가 있는 것이 아니라 심리적인 발달 과정이라는 것을 이해해야 합니다. 상담실에서 만난 부모들은 중학생 자녀의 이해할 수 없는 행동을 이해하는 것만으로도 도움이 된다고 합니다. 그래서 자녀에게 냈던 화를 누그러뜨리기도 합니다. 부모들이 중학생 자녀의 태도를 이해하기 어렵더라도 이해하려고 노력한다면 부모의 따뜻한 가슴에 자녀를 다시 품을 수가 있습니다. 모순적이게도 중학생 자녀는 부모를 화나게 하거나 슬프게 하는 행동을 하면서도 언제나 스스럼없이 다가갈 수 있는 부모의 품을 원합니다. 그런데 안타까운 것은 부모가 너무 화가 나서 자녀가 돌아와서 안길 품을 막아버리는 경우가 있습니다. 그렇게 되면 자녀는 부모에 대한 애착 상실감을 경험하면서 이전보다 더욱 분노하거나 더욱 슬퍼집니다. 중요한 사실은 중학생 자녀는 아직 어린아이의 마음을 가지고 있다는 것입니다. 그래서 부모가 자신을 거절하는 느낌을 받으면 심리적으로 매우 불안정해집니다. 아이들의 심리적 불안정함은 우울감과 불안감과 분노 등으로 나타납니다.

상담실에서 만난 중학생 아이들 중에 부모의 사랑이 필요하지 않다고 말하는 경우는 없습니다. 다만, 부모의 간섭을 더 이상 받고 싶지 않다고 말하는 경우는 많습니다. 이와 같은 현상이 나타나는 것은 자녀는 성장을 하는데 부모의 역할은 자녀의 성장에 따라서 바람직하고 적절하게 변하지 않기 때문입니다. 자녀에 대한 부모의 사랑이 자녀가 성장함에 따라서 변하지는 않을 것입니다. 그런데 부모의 역할은 자녀가 성장함에 따라서 변해야 합니다. 가장 중요한 것이 자녀가 성장함에 따라서 독립적인 태도를 보이기 때문에 부모의 역할도 자녀의 독립심이 발달하는 것에 따라서 변해야 합니다. 부모가 초등학생 자녀를 대하던 태도를 지속한다면 중학생 자녀는 부모의 간섭으로 느끼고 부모와 자녀 간에 갈등만 생깁니다. 그리고 부모를 힘들게 하는 자녀의 문제행동이 사라지지 않고 계속될 수 있습니다.

✓ 문제행동을 이해하고 품어라

중학생 아이들의 문제행동은 정서적이고 행동적인 부적응 상태를 나타냅니다. 그렇기 때문에 부모가 자녀의 행동만 보고 자녀를 평가해서는 안 됩니다. 상담실에서 만나는 중학생 아이들의 문제행동은 크게 2가지로 나누어 볼 수 있습니다. 자녀가 내재화 문제행동을 일으키는 경우와 외현화 문제행동을 일으키는 경우입니다. 쉽게 말해서 내재화 문제행동은 '말 안 하기'라고 보면 되고, 외현화 문제행동은 '거친 행동하기'라고 보면 이해하기가 쉽습니다. 중학생 아이들 중에 말 안 하기를 하는 경우는 여자 아이들이 많은 편이고, 거친 행동을 하는 경우는 남자 아이들이 많습니다.

중학생 자녀의 내재화 문제행동은 부모의 눈에 잘 띄지 않습니다. 그러나 자녀를 잘 살펴보면 자녀가 또래 및 다른 사람들과 어울리는 데 어려움을 보이거나 아예 피하는 행동을 보일 수 있습니다. 내재화 문제행동을 보이는 아이들은 인간관계에 대한 과도한 두려움이 있기 때문에 적절하고 필요한 사회적 관계를 잘 형성하지 못합니다. 이러한 경우 부모들이 자녀의 성격이 원래부터 소심해서 그렇다고 말할 수도 있습니다. 만약에 부모들이 보기에 자녀가 원래부터 소심한 성격이라면 심리적으로 취약한 부분입니다. 심리적으로 취약한 부분은 스트레스 상황에서 문제를 일으킵니다. 그렇기 때문에 학업 및 또래관계로 스트레스가 많아지는 중학생 시기에 내재화 문제행동을 일으킬 가능성이 더 높습니다.

내재화 문제행동을 보이는 아이들은 슬픔을 자주 느끼고 우울감에 빠지기 쉽습니다. 그래서 일상에서 눈에 띄게 무기력하고 위축된 모습을 보일 수 있습니다. 그리고 다른 사람들 앞에 자신이 드러나는 상황을 매우 불편하게 느끼기 때문에 그러한 상황을 강박적으로 피하려고 합니다. 때때로 막연하고 극심한 공포감을 느끼거나 환상 속에 빠져서 이상한 행동을 보일 수도 있습니다. 내재화 문제행동은 외현화 문제행동처럼 극적으로 드러나는 모습이 아니기 때문에 부모가 자녀를 주의 깊게 살펴보고 도움을 줘야 합니다. 만약에 내재화 문제행동을 보이는 중학생 아이들이 심리적으로 적절한 도움을 받지 못한다면 시간이 지나면서 좋아질 가능성보다는 나빠질 가능성이 훨씬 더 높습니다. 그렇게 되면 중학생 이후 심리적으로 부적응 상태가 될 가능성이 높고 20대 이후 사회생활을 하는데 심각한 곤란을 겪을 수 있습니다.

이와 같은 자녀의 내재화 문제행동과 다르게 외현화 문제행동은 부모들이 금세 알아차릴 수 있습니다. 중학생 자녀의 외현화 문제행동은 자신의 감정이나 행동을 적절하게 억제하고 통제하지 못해서 나타납니다. 그래서 가정이나 학교에서 공격적인 행동이나 충동적인 행동을 보일 가능성이 높습니다. 그리고 이러한 행동이 더 심해지면 아이들이 스스럼없이 사회적 규범이나 법을 어기는 비행 청소년의 모습을 보이기도 합니다. 이처럼 중학생 자녀의 외현화 문제행동은 외부로 명확하게 나타나기 때문에 부모들이 금세 알아차릴 수 있습니다. 그러나 부모들이 자녀의 외현화 문제행동을 대처하기에는 어려움이 많습니다. 가령, 어머니들은 자녀의 강한 태도를 두려워하여 회피하는 경우가 많고, 아버지들은 자녀의 강한 태도에 강하게 반응하여 문제를 더 키우는 상황이 생기기도 합니다. 외현화 문제행동은 보통 여자 아이들보다 남자 아이들에게 많이 나타납니다.

중학생 자녀가 아들인 경우에는 아버지의 통제적이고 강압적인 태도가 자녀의 문제행동을 더 키우는 경우가 많습니다. 그리고 심리적 힘이 약한 어머니는 중학생 아들에게 이리저리 끌려 다니는 모습을 보여서 외현화 문제행동을 적절하게 대처하기가 어렵습니다. 심한 경우에는 중학생 아들이 어머니를 욕하고 때리는 상황도 생깁니다. 이와 같은 아이들은 자신의 감정과 충동성에 대한 자기통제력이 매우 부족합니다. 그래서 다른 사람들에게 주체할 수 없는 공격적이고 폭력적인 행동을 나타내는 것입니다. 이러한 외현화 문제행동을 보이는 아이들이 적절한 도움을 받지 못하면 품행장애나 반사회성 성격장애 등으로 발전할 가능성이 높습니다. 그렇게 되면 사회 구성원으로서 건강한 인간관계를 맺는데 어려움이 많고 사회적으로 고립될 수 있습니다. 보통 사람들은 다른 사람을 배려하거나 존중하지 못하고 거칠게 행동하는 사람을 멀리 합니다.

중등편 학습균형

제5장
중학생 자녀의 학습과 진로가 불안하다

1. 자녀의 학습에 대한 부모의 불안을 견디세요
2. 자녀가 학습된 무기력에 빠지지 않게 도와주세요
3. 자녀는 호기심과 재미가 있으면 행동합니다
4. 자녀의 진로활동으로 학습동기를 높이세요 (중1 자유학년제)

1. 자녀의 학습에 대한 부모의 불안을 견디세요

✓ 부모가 불안하다

자녀가 중학생이 되면 부모들은 자연스럽게 자녀의 성적에 더 많은 관심을 둡니다. 부모들은 자녀가 초등학생일 때와는 다르게 자녀가 준비하고 치러야 할 대학입시가 가깝게 느껴지기 시작한다고 합니다. 자녀가 중학교에 입학하면서부터 5년(중학교 3년과 고등학교 2년)이 지나면 실제로 대학입시를 시작하기 때문일 것입니다. 대학입시 전형을 보면 보통 학생들이 고등학교 3학년 1학기부터 수시전형을 준비해야 합니다. 그렇기 때문에 실질적으로 대학입시 수능시험을 준비할 수 있는 기간이 중학교 1학년부터 고등학교 2학년까지 5년이 채 안됩니다. 그래서 만약에 자녀가 대학 진학의 목표를 상위권 대학으로 정한다면 현실적으로 고등학교 3학년이 되기 전에 이미 고3 수준의 학업성취를 달성해야 합니다. 이와 같은 대학입시 현실 때문에 부모들이 자녀의 성적에 태연하려고 노력을 해도 잘 안 되는 것 같습니다. 게다가 대학 졸업생들의 취업률과 관련한 뉴스를 듣다 보면 부모로서 자녀의 미래가 걱정되고 불안하기도 합니다. 그러다 보니 부모들이 자녀의 성적이 낮으면 자녀가 인생에서 낙오할까 봐 불안할 수밖에 없습니다.

인터넷을 조금만 검색해도 대학입시와 관련한 자녀 학습에 대한 정보와 조언이 많이 있습니다. 그래서 부모들이 자녀가 대학입시에서 좋은 성과를 내기 위해서는 시기적으로 중학생 때 공부를 잘해야 한다는 것을 잘 알고 있습니다. 그리고 아이들의 거주 지역에 따라서 교육편차가 난다는 것을 알기 때문에 중학생 자녀가 공부를 잘하더라도 부모들이 쉽게 안심하지 못합니다. 실제로 상위권 대학 진학 결과를 통계적으로 살펴보면 특정 고등학교나 특정 지역에 있는 고등학교의 진학률이 높다는 것을 알 수 있습니다. 이러한 고등학교에 진학하는 아이들은 중학교 성적이 높은 아이들입니다. 어찌 보면 공부 잘하는 아이들이 모이는 고등학교에서 상위권 대학 진학률이 높은 것은 당연합니다. 그리고 현실적으로도 자녀가 중학교 시기에 학습성과를 충분히 내지 못하면 고등학교에 진학해서 높은 학습성과를 낼 수 있는 가능성이 낮습니다. 그렇다고 해서 자녀가 고등학교 때 성적이 오르는 것이 불가능하지는 않습니다. 그러나 부모세대와 다르게 아이들이 뒤늦게 철들어서 열심히 공부하더라도 높은 학습성과를 낼 수 있는 가능성이 낮아졌습니다. 왜냐하면 과거 부모세대의 학습환경과 학습 분위기 그리고 대학입시전략이 현재 자녀들이 경험하는 것과는 다르기 때문입니다.

자녀의 대학입시 성과는 학습환경과 학습 분위기의 영향을 받을 뿐만 아니라 자녀의 진학 목표에 따른 입시전략의 영향도 받습니다. 그런데 부모들이 이러한 부분을 잘 모르고 자신이 공부한 것만 생각하다 보면 자녀가 공부를 열심히 안 한다고 다그치고 비난만 할 수 있습니다. 현재 대학입시 정책은 과거 부모세대의 대학입시 정책과 다르게 많이 변했습니다. 그래서 부모들이 준비했던 대학입시와 중학생 자녀가 준비해야 하는 대학입시가 다릅니다. 그리고 아이들이 상위권 대학에 진학하기 위해서는 학교 수업으로만 대학입시를 준비해서는 안 되는 것이 현실입니다. 한국에서는 고등학교 졸업생의 약 80% 정도가 대학에 진학하고 있습니다. 그중에서 성적순으로 상위 1~2%의 수험생들이 상위권 대학에 진학할 수 있습니다. 이처럼 부모들이 선호하는 대학에 자녀가 입학할 수 있는 가능성이 적다 보니 자녀의 성적에 대한 불안감이 생기는 것입니다. 게다가 IMF 외환위기나 코로나 19로 인한 사회경제적인 위기가 발생하면 부모들의 불안감이 더욱 커져서 자녀를 상위권 대학에 진학시키려는 부모들의 바람은 더욱 거세집니다. 왜냐하면 부모들이 자녀가 상위권 대학에 진학을 해야 경제적으로 안정적인 직업이 보장된다고 믿기 때문입니다. 그래서 부모들이 자신들의 사회경제적인 지위가 불안정하다고 느껴질수록 자녀의 성적에 대한 불안감이 더욱 커지기도 합니다.

✓ 불안을 이해하라

[정답없는 입시 균형이 답이다] 초등 편에서 부모 유형을 전제형, 자유방임형, 민주적 리더형 세 가지 유형으로 크게 구분했습니다. 그중에서 자녀의 바람직한 인성과 자기주도적인 삶의 능력을 발달시켜주는 적극적인 부모(Active Parenting) 역할을 하는 유형이 민주적 리더형 부모입니다. 민주적 리더형 부모는 자녀를 존중할 줄 압니다. 자녀를 존중하는 부모는 자녀와 민주적으로 협력하면서 자녀가 결정하고 선택한 행동의 결과를 책임질 수 있도록 격려합니다. 그리고 자녀가 성장함에 따라서 자녀가 결정하고 행동할 수 있는 한계의 범위를 적절하게 넓혀갈 수 있습니다. 자녀의 행동을 제한하는 한계가 있더라도 부모와 자녀가 민주적으로 합의한 한계이기 때문에 자녀는 자유를 충분히 누린다고 느낄 수 있습니다. 그리고 자녀는 자신이 선택한 행동에 대한 결과를 책임질 수 있는 인성을 발달시킬 수 있습니다. 이러한 민주적 리더형 부모는 심리적으로 일관적이고 안정적인 모습을 보이며 민주주의적인 권위가 있습니다.

상담실에서 전제형 부모와 자유방임형 부모들을 만나보면 심리적으로 취약한 공통된 정서가 있다는 것을 확인할 수 있습니다. 그것은 바로 불안입니다. 불안이라는 감정이 꼭 나쁜 것은 아닙니다. 적응적인 불안은 위험을 일으킬 가능성이 있는 상황에서 위험한 결과가 일어나지 않도록 안전하게 보호하는 긍정적인 역할을 합니다. 만약에 인간이 불안을 느낄 수 없다면 매우 위험한 절벽에 매달려서 셀카를 찍는 것과 같은 생명에 위험한 행동을 서슴없이 하다가 죽을 수도 있습니다. 반면에 부적응적인 불안은 위험이 일어날 가능성이 매우 낮은 상황에서도 불안을 심하게 느끼게 합니다. 부적응적인 불안은 실제적인 위험이 전혀 없는 상황에서도 불안을 느끼게 하기 때문에 심리적인 문제입니다. 가령, 공황장애인 경우 불안한 상황이 아님에도 불구하고 불안을 과도하게 느끼고 죽을 것 같기 때문에 매우 고통스러운 심리적 질병입니다. 부적응적인 불안처럼 불안에 매우 취약한 사람들일수록 삶에 부적응을 일으킬 수도 있는 경직된 사고나 태도를 지속적으로 보이기도 합니다. 왜냐하면 오랜 기간 동안 불안을 느낄 때마다 몸과 마음이 위축되고 경직되면서 만들어진 사고나 태도가 자신의 성격처럼 자연스럽게 나타나기 때문입니다. 많은 사람들이 자신에게 익숙한 것으로부터 벗어나는 변화를 직면하면 심리적으로 매우 불편하고 고통스러운 감정을 느끼기도 합니다. 그래서 자신에게 익숙한 것을 유지하려고 노력함으로써 안정감을 느끼려고 합니다. 그것이 비록 자신의 삶을 더욱 힘들게 하는 부적응적이고 경직된 사고나 태도일지라도 말입니다.

심리적으로 건강하고 힘이 있는 사람들의 특성 중 하나는 심리적인 유연함입니다. 심리적으로 유연한 사람들은 삶의 어려움을 마주할 때 자신의 부적응적이고 경직된 사고나 태도를 성찰하고 더 나은 방향으로 변화하려고 노력합니다. 그런데 정서적으로 불안이 높은 사람들은 어려운 상황에 처했을 때 심리적으로 유연한 태도를 취하는 것이 어렵습니다. 불안이 높은 사람일지라도 자신의 불안에 대해 알아차리고 이해할 수만 있다면 불안을 잘 대처할 수가 있습니다. 그러나 자신이 불안해서 어떤 행동을 하고 있다는 것을 인식하지 못하는 즉, 무의식적인 상태의 불안을 적절하게 대처하는 것은 어렵습니다. 그래서 정서적으로 불안한 상황에 처하면 자기 자신도 모르게 강박적으로 사람이나 상황을 통제하려고 노력하거나 그렇지 않으면 아예 멀리 도망쳐버립니다. 이러한 사람들은 자신의 불안과 그로 인한 행동을 구별하여 인식하지 못하기 때문에 불안을 느낄 때마다 이전에도 효과적이지 않았던 행동을 다시 또 무의식적으로 반복합니다. 그러한 행동이 자신의 상황을 더 악화시키더라도 말입니다. 결과적으로 자신을 어렵게 하는 문제 상황을 바람직하게 해결하지 못하기 때문에 인간관계의 어려움과 심리적인 고통만 가중됩니다. 안타깝게도 부모들의 불안 때문에 부모들이 자녀를 힘들게 하는 경우가 그렇습니다.

✓ 검증된 정보로 불안을 조절하라

자녀 학습과 관련해서 제대로 검증되지 않은 수많은 이야기와 정보가 넘쳐나는 시대입니다. 그중에서 '부모가 이렇게 해라. 그러면 자녀가 공부를 잘할 것이다'라는 내용의 정보들이 부모들의 눈과 귀를 사로잡습니다. 자녀 학습에 대한 정보는 인터넷을 통해서 손쉽게 찾을 수는 있지만 양질의 정보를 찾기는 쉽지 않습니다. 왜냐하면 불특정 다수의 '누구나' 자녀 학습에 대한 글과 동영상을 만들어서 올릴 수 있기 때문입니다. 인터넷의 속성 상 수많은 글이나 동영상 중에서도 가장 인기 있는 콘텐츠가 검색 상위에 노출됩니다. 그런데 그러한 콘텐츠가 전달하는 정보의 질은 어느 누구도 책임지지 않습니다. 책임이 있다면 정보의 질을 가늠할 수 없는 부모들의 정보 분별 능력일 것입니다. 상담실에서 만난 부모들이 자녀 학습 때문에 불안해서 인터넷 검색을 하다 보면 너무 많은 정보가 쏟아져 나오기 때문에 더욱 혼란스러워진다고 말합니다. 그러다 보니 주변에서 자녀 학습을 잘 시킨다고 소문난 일명 '돼지맘'의 이야기와 조언을 더욱 맹신할 수밖에 없습니다.

돼지맘은 마치 어미 돼지가 새끼 돼지들을 데리고 다니듯이 학원가에서 엄마들을 끌고 다니는 영향력 있는 엄마를 일컫는 말입니다. 돼지맘은 자녀에 대한 교육열이 매우 높고 자녀의 성적을 올릴 수 있는 사교육에 대한 정보가 많아서 학부모들 사이에서 정보통의 역할을 합니다. 보통 자녀의 학교 성적이 매우 우수하면 돼지맘이 될 수 있는 조건은 충분해집니다. 그런데 안타까운 사실은 자녀의 성적을 올리기 위한 학습 정보가 필요한 엄마들이 돼지맘이 주는 정보만을 맹신하는 경향이 있다는 것입니다. 이러한 돼지맘은 돼지맘이라는 용어가 만들어진 사교육이 극심한 몇몇 지역에만 존재하는 것이 아닙니다. 자녀 학습에 대한 지식과 정보가 부족하다고 느끼는 엄마들이 있는 곳에는 어디든지 영향력 있는 돼지맘이 있습니다. 그런데 문제는 돼지맘이 주는 지식과 정보가 모든 아이들에게 적용되어 효과를 내는 것이 아니라는 사실입니다. 돼지맘의 자녀가 공부를 잘했다면 여러 요인이 작용해서 잘했을 것입니다. 그런데 돼지맘의 자녀가 학교 성적은 잘 나오는데 인간관계와 의사소통 등 사회적 능력이 현저히 떨어진다면 돼지맘이 주는 자녀 학습 정보는 매우 왜곡되고 편협한 것입니다. 자녀 학습에 대한 지식과 정보는 자녀에게 적절할 때 유용하고 효과적인 것입니다. 자녀에게 적절하지 않은 학습코칭은 자녀의 마음만 병들게 할 뿐입니다. 그렇기 때문에 부모들이 자신의 자녀에 대해 잘 알고 자녀 학습에 적절한 지식과 정보를 구별하는 능력을 키워야 합니다.

심리상담사로서 무엇보다 안타까운 것은 부모들이 자녀에 대해 잘 모르는 경우가 많다는 것입니다. 그러면서 자녀의 학습능력, 학습태도, 학습인성 그리고 진로목표 등 자녀에 대해 당연히 알아야 할 것들을 모르는 채 학교 성적만 높이려고 합니다. 부모들이 자녀 양육에 대한 전반적인 자신감이 떨어지면 자녀 성적에 집중하는 편협한 지식과 정보에 휘둘리는 것 같습니다. 부모들의 양육 자신감은 부모 자신과 자녀에 대한 올바른 이해가 뒷받침될 때 생깁니다. 그리고 부모들이 학습을 포함한 자녀 양육에 대한 생각 즉, 가치관이 명확해지면 부모 역할도 분명해질 수 있습니다. 그래서 부모들이 자녀 학습을 코칭할 때도 자신이 해 줄 수 있는 것과 없는 것을 구별할 줄 알아야 자녀의 학습과 진학에 필요한 도움을 찾아줄 수 있습니다. 가령, 부모들의 가치관이 자녀의 인성(학습인성, 진로인성 등) 발달이라면 성적과 관련해서는 자녀와 논의하여 사교육을 활용한 적절한 방법을 찾아서 도와주는 것입니다. 부모들이 자녀 학습에 대한 검증된 정보를 바탕으로 자신감이 생기면 주변에서 넘쳐나는 자녀 학습에 대한 정보에 흔들리지 않고 불안을 조절할 수 있을 것입니다.

2. 자녀가 학습된 무기력에 빠지지 않게 도와주세요

✓ 게으른 것이 아니다

중학생 아이들 중에는 공부뿐만 아니라 일상의 다른 활동에도 별다른 관심이나 흥미를 보이지 않는 경우가 있습니다. 아이들이 게을러서 그런 것이 아니라 심리적으로 무기력해서 그럴 수가 있습니다. 이처럼 무기력한 모습을 보이는 아이들 중에는 '학습된 무기력' 상태인 경우가 많습니다. 학습된 무기력이란 아이들이 무엇인가 시도를 하는데 반복적으로 실패를 하다 보면 자신이 아무리 노력을 하더라도 기대하는 결과를 얻을 수 없다는 상실감에서 비롯합니다. 즉, 아이들이 자신의 삶을 자신이 원하는 대로 만들어 갈 수 있다는 희망을 잃어버린 것입니다. 중학생 자녀가 학습된 무기력 상태에 빠지면 심리적으로 부적응적인 상태가 되어서 인간관계나 사회활동에 문제가 생길 가능성이 높습니다. 그래서 만약에 중학생 자녀가 학습된 무기력 상태를 보인다면 부모가 자녀의 상태를 주의해서 살펴보고 자녀의 삶에 개입해야 합니다.

부모들이 중학생 자녀의 삶에 개입하려면 학습된 무기력 상태에 대해 이해하는 것이 무엇보다 중요합니다. 예를 들어서 어떤 아이가 자신을 힘들게 하는 상황에서 벗어나고 싶어 합니다. 그래서 아이는 상황을 좋게 변화시키려고 노력합니다. 아이는 상황이 변할 수 있다는 낙관적인 결과를 기대할 것입니다. 그런데 아이가 시도하고 노력하는 것이 반복해서 실패한다고 생각해 보세요. 아마도 아이는 상황을 바꾸기 위해서 자신이 할 수 있는 일이 아무것도 없다는 것을 알게 될 것입니다. 그렇게 되면 아이는 더 이상 아무것도 시도하지 않고 포기하는 마음 상태가 됩니다. 그리고 아이는 더 이상 아무것도 하려고 하지 않는 무기력한 모습을 보일 것입니다. 왜냐하면 아이는 아무리 노력해도 자신이 기대하는 결과를 얻을 수 없다는 것을 체험했기 때문입니다. 아마도 아이는 상황을 변화시킬 수 없는 절망감과 슬픔을 더 이상 느끼고 싶지 않을 것입니다. 그래서 아이는 차라리 무기력하게 사는 방법을 선택했을지도 모릅니다. 부모들의 눈에는 학습된 무기력 상태의 자녀가 게으르고 나태하게 보일 수 있습니다. 그러나 정확한 것은 자녀의 마음이 병들었다는 사실입니다.

중학생 자녀가 학교 공부에서만 무기력한 모습을 보인다면 '학업무기력'으로 구분하기도 합니다. 그런데 자녀가 학습에서 무기력한 모습을 보인다면 아마도 삶의 전 영역에서 무기력한 모습을 보일 가능성이 높습니다. 아이들이 학습 경쟁이 치열한 분위기 속에서 공부로 성과를 내지 못하면 자기 자신을 이 세상에서 쓸모없는 사람이라고 여기는 경우가 많습니다. 그래서 아이들이 자신의 물건이 쓸모없으면 버리듯이 쓸모없는 자기 자신을 버리는 무의식적인 행위가 무기력한 모습으로 드러나는 것입니다. 이러한 아이들을 상담실에서 만나다 보면 아이들의 몸은 살아있는데 마음은 자살하여 죽은 것처럼 느껴지기도 합니다. 실제로 아이들이 살아있어도 죽어있는 것 같은 삶을 사는 상태가 무기력한 모습입니다. 상담실에서 만난 아이들이 말하는 것처럼 죽지 못해 어쩔 수 없이 살고 있는 것일 수도 있습니다. 그런데 부모들마저 자녀를 이해하지 못하고 게으르고 나태하다고 비난하면 자녀는 이 세상에 마음 둘 데가 없어집니다. 그래서 자녀는 이 세상에 홀로 남겨진 것 같은 깊은 외로움을 느끼면서 더욱 무기력해지는 것입니다.

✓ 공부 스트레스가 많다

아이들이 중학생이 되면 공부에 대한 스트레스를 더 많이 받습니다. 대부분 아이들이 초등학교 6학년이 되면 학원에서 국 · 영 · 수 중심으로 중학교 선행학습을 합니다. 이 시기부터 아이들은 대학입시에 대한 이야기도 자주 듣게 됩니다. 대학입시 관련 이야기의 기—승—전—결말은 '좋은 대학에 가려면 열심히 공부해라'라는 성적에 대한 부담을 주는 말들이 대부분입니다. 아이들에게 말하는 좋은 대학은 대부분 대학입시 성적이 상위 1~2% 이내로 높아야 합격할 수 있는 상위권 대학을 의미합니다. 한 마디로 말해 아이들은 공부 열심히 해서 100점 맞아야 한다는 이야기를 듣는 것입니다. 부모들이 자녀의 대학입시 성적 상위 1~2% 라는 수치가 어떤 의미인지 정확하게 이해할 필요가 있습니다. 가령, 대략 50만 명의 수험생들이 대학입시 경쟁을 한다면 그중에서 5천~1만 명 정도가 상위권 대학에 들어갈 수 있다는 의미입니다. 상위권 대학 중에서도 부모들이 자녀가 공부만 잘한다면 들어가기 원하는 대학이 서울대일 것입니다. 서울대에서 매년 뽑는 신입생 입학 정원이 약 3,400명 정도입니다. 그렇다면 수치상으로만 봤을 때 서울대는 상위 1%의 성적으로도 들어가기가 어려울 수 있습니다. 그렇기 때문에

서울대를 비롯한 상위권 대학의 인기학과에 수능 시험을 보고 합격하기 위해서는 아이들이 시험 문제를 잘 푸는 로봇처럼 되어야 합니다.

모든 아이들이 학교 내신과 대학입시와 같은 시험공부에 최적화된 학습능력을 가지고 있는 것은 아닙니다. 그런데 아이들이 치르는 모든 시험들은 정해진 시간 내에 정답을 찾는 능력이 좋아야 성적이 잘 나옵니다. 이와 같이 정해진 시간 내에 정확한 답을 골라내는 시험을 통해서 알 수 있는 학습능력은 자녀의 전체 학습능력 중에서 일부분에 지나지 않습니다. 그런데 안타깝게도 대학입시를 목표로 하는 모든 공부는 시험을 잘 보는 학습능력을 우리 삶에서 가장 중요한 능력이라고 믿게 만들어 버립니다. 그 결과 초·중·고 학교와 학원에서 보는 시험을 통해서 대다수의 아이들은 끊임없이 실패감과 좌절감을 경험할 수밖에 없습니다. 그리고 많은 아이들이 전체 학습능력 중에서 시험에 필요한 능력이 낮은 것 때문에 자신의 존재감마저 잃어버리기도 합니다. 그래서 자기 자신의 마음속에 '나는 이 세상에 쓸모없는 인간'이라는 낙인을 깊이 새기어 평생 잘 지워지지도 않습니다. 그리고 자기 자신에 대해 부정적으로만 평가하려는 생각이 발달합니다. 그러다 보면 자신의 능력을 믿지 못하여 공부를 하더라도 부정적인 결과를 예상하면서 합니다. 아이들이 자신의 학습능력을 신뢰하지 못하면서 공부를 하기 때문에 좋은 성과를 내는 것이 더욱 어렵습니다.

중학생 아이들은 초등학생 때와 다르게 학교 시험 성적으로 다른 아이들과 비교될 수밖에 없기 때문에 학업 스트레스를 본격적으로 받기 시작합니다. 그리고 아이들은 중학교 성적에 따라서 어느 고등학교에 진학할지와 어느 대학에 진학할지가 달라진다는 이야기를 들으면서 자신의 미래를 불안하게 바라보기 시작합니다. 중학생 아이들이 아무 생각 없이 사는 것처럼 보여도 자신의 미래를 고민하면서 걱정을 많이 합니다. 그런데 아이들이 공부를 잘하거나 예체능 능력이 뛰어나야 자신의 미래가 보일 것 같은 생각에 사로잡혀서 다른 것을 생각하기 어려워합니다. 그렇기 때문에 아이들이 '공부를 못하면 좋은 대학을 못 가고 좋은 직업을 갖지 못한다'는 식으로 자신의 미래에 대해 겁주는 듯한 이야기를 들으면 스트레스만 받습니다. 이러한 이야기를 부모들이 직접적으로 하지 않더라도 아이들은 학교나 학원에서 듣기도 하고 친구나 인터넷을 통해서도 듣습니다. 상담실에서 만난 부모들 중에는 자녀에게 공부에 대한 스트레스를 주지 않는다고 말하기도 합니다. 그래서 자녀가 상담이 필요할 정도로 마음이 아프게 된 것에 대해서 다소 억울하다는 표정을 짓기도 합니다. 그러나 결국에는 부모들이 자녀가 힘들어하는 것과 자녀의 아픈 마음을 공감하지 못했다는 것을 깨닫고 눈물을 흘리는 경우가 많습니다. 상담을 통해 부모들이 중학생 자녀가 지금 어떤 상황에서 어떤 경험을 하면서 스트레스를 받고 있는지 마음으로 이해할 수 있게 되었기 때문입니다.

✓ 자기효능감을 키워줘라

중학생 아이들이 학습된 무기력 상태를 보인다면 심리적으로 매우 취약한 상태입니다. 특히, 자기효능감이 매우 낮습니다. 자기효능감은 자신이 무엇인가를 할 수 있고 해낼 수 있다는 자신의 능력에 대한 믿음입니다. 자기효능감은 자존감(자아존중감)과도 관련성이 높습니다. 보통 자기효능감이 높은 아이들은 자존감도 높습니다. 사춘기 중학생 시기는 다른 연령에 비해서 심리적으로 혼란스럽고 예민한 시기입니다. 그래서인지 전국적으로 초·중·고 학생을 대상으로 진행하는 자존감 검사 결과를 살펴보면 중학생 아이들의 자존감이 다른 연령에 비해서 전반적으로 낮게 나옵니다. 중학생 아이들의 자존감이 낮다는 것은 자기 자신에 대해 부정적으로 평가하고 있다는 의미입니다. 중학생 아이들이 중요하게 생각하는 학교 공부에서 성취감을 느끼지 못하면 자기효능감은 더욱 낮아집니다. 아이들의 자기효능감이 낮아지면 자존감은 더 떨어집니다. 자기효능감이 낮은 아이들은 가정이나 학교에서 반항적이고 공격적인 모습을 보이거나, 매우 소심하고 위축된 모습을 보일 것입니다. 이처럼 중학생 아이들의 자기효능감과 자존감은 연관성이 높기 때문에 자녀의 자존감을 높이려면 자기효능감을 높일 수 있게 도와줘야 합니다.

아이들은 어릴 때부터 '공부 잘해야지'라든가 '좋은 대학에 가야지'라는 기대 섞인 이야기를 부모나 주변 사람들에게 듣고 자랍니다. 어른들이 아이들에게 공부 잘 해라라는 말은 설날에 '복 많이 받아라'처럼 덕담으로 하는 말 같기도 합니다. 한국에서는 자녀가 공부를 잘해서 좋은 대학을 가야 성공을 할 수 있다는 절대적인 신념이 있는 것 같습니다. 그런데 부모들이 그러한 신념에 대한 검증을 충분히 하지 않고 자녀의 학습을 지도하는 경우가 많습니다. 그래서 부모들의 교육 목표와 지역 분위기에 따라서는 자녀가 초등학교 고학년이 되기도 전에 이미 중학교 선행학습을 하기도 합니다. 그런데 문제는 자녀의 발달과 학습능력에 적절하지 않은 과도한 학습량은 자녀를 심리적으로 병들게 한다는 것입니다. 가장 대표적인 사례가 상담실에서 많이 접하는 중학생 아이들의 학습된 무기력입니다.

부모들이 자녀가 학습된 무기력에 빠지지 않게 주의를 하면서 학습을 지도해야 합니다. 그렇게 하기 위해서는 무엇보다 자녀가 학교 공부에서만 자기효능감을 느끼지 않게 하는 것이 중요합니다. 아이들의 학년이 올라갈수록 학습경쟁이 치열해지면서 공부가 더욱 중요해집니다. 그런데 대학입시를 목표로 하는 공부에서는 아무래도 아이들의 성공경험보다는 실패경험이 훨씬 더 많습니다. 자기효능감은 성공경험이 많으면 높아지고 실패경험이 많으면 낮아집니다. 그렇기 때문에 아이들이 자기효능감을 느낄 수 있는 즉, 자신의 능력을 발휘해서 성공경험을 할 수 있는 공부 이외의 활동이 필요합니다. 아이들이 자신의 능력을 충분히 발휘하면서 꾸준히 할 수 있는 활동이면 충분합니다. 심리상담사로서 추천하는 것은 아이들이 특정 운동을 꾸준히 하는 것이 도움이 됩니다. 아이들이 계획과 목표를 두고 하는 운동은 성취감과 만족감을 줍니다. 가령, 마라톤을 한다고 하면 적절한 목표 거리를 정하고 운동량과 시간을 계획해서 하는 것입니다. 무엇보다 아이들이 운동을 통해서 성취감을 느끼면 자신감이 생기고 우울이나 불안 등 정서조절 능력도 발달합니다. 그래서 아이들이 학습에서도 더 좋은 성과를 낼 수 있는 심리적인 바탕이 됩니다.

3. 자녀는 호기심과 재미가 있으면 행동합니다

✓ 호기심과 재미로 행동한다

어린아이들의 행동을 살펴보면 아이들은 재미있고 호기심이 생기는 일은 어떻게든 해보려고 합니다. 중학생 아이들도 마찬가지로 재미있고 호기심이 생기는 일은 부모가 하지 말라고 해도 찾아서 하는 것을 볼 수 있습니다. 그중에서 부모와 가장 많은 갈등을 일으키는 것이 아마도 컴퓨터나 스마트폰 사용일 것입니다. 중학생 아이들은 컴퓨터나 스마트폰으로 게임을 하거나 동영상을 보거나 SNS로 친구들과 이야기하는 것을 매우 좋아합니다. 그래서인지 아이들은 하루 종일 컴퓨터나 스마트폰을 가지고 놀아도 지겨워하지 않는 것 같습니다. 아이들은 컴퓨터나 스마트폰을 가지고 처음에는 호기심으로 시작했던 것들을 나중에는 재밌어서 지속적으로 합니다. 이처럼 아이들은 호기심으로 어떤 일을 시작하고 그 일이 재미있으면 계속해서 합니다. 그런데 안타깝게도 상담실에서 부모들이 하소연하는 것 중에서 자녀가 컴퓨터나 스마트폰을 지나치게 많이 사용한다는 것이 으뜸입니다. 아마도 아이들이 학습보다는 컴퓨터와 스마트폰이 주는 호기심과 재미에만 몰두하는 것이 문제일 것입니다.

중학생 아이들이 컴퓨터나 스마트폰에 빠지는 이유는 생각보다 단순해 보입니다. 일단 아이들은 공부를 하기 싫어합니다. 아이들이 말하기로 공부는 호기심도 안 생기고 재미도 없고 힘만 듭니다. 그런데 인터넷 세상에서는 아이들이 자신들의 호기심과 재미의 욕구를 끊임없이 채울 수가 있습니다. 마치 마르지 않는 샘물처럼 헤아릴 수 없을 정도로 많은 콘텐츠들이 아이들의 호기심을 자극하고 재미를 주기 때문입니다. 그리고 무엇보다 중학생 아이들이 인터넷 세상으로 들어가 버리면 공부와 성적에 대한 스트레스를 가장 빠르고 쉽게 피할 수가 있습니다. 아이들이 현실 세상에서는 자신의 성적과 동일시되어 느끼는 초라함을 인터넷 세상에서는 느끼지 않을 수 있다는 것이 가장 큰 매력일 것입니다. 아이들이 인터넷 세상에서는 당당할 수 있으니까 말입니다.

중학생 아이들의 행동에 강한 동기가 되는 호기심과 재미는 인간의 기본적인 행동동기인 '감각추구성향'을 보여주기도 합니다. 감각추구성향은 호기심을 강하게 자극하는 행동을 하면서 느끼는 감정 즉, 강렬한 자극을 통해서 강력한 경험을 하려는 성향입니다. 감각추구성향이 강한 사람들은 강력한 감각적 만족을 느끼기 위해서 위험을 무릅쓰는 행동을 서슴지 않고 합니다. 이러한 감각추구성향은 중학생 청소년기에 나타나는 발달특성 중 하나이기도 합니다. 아이들이 중학생 즈음되면 자연스럽게 호기심과 재미의 욕구가 더 커지는 것을 볼 수 있습니다. 그렇기 때문에 부모들이 하라는 공부는 안 하지만 아이들이 호기심이 생기고 재미있는 감각추구성향의 행동들은 어떻게든 하려고 하는 것입니다.

✓ 무기력해지면 감각추구성향이 높아진다

여러 연구에 의하면 감각추구성향의 높고 낮음은 사람들마다 다 다르다고 합니다. 그리고 한 사람의 감각추구성향이 일생동안 변함없는 상태로 안정적으로 유지되는 것도 아니라고 합니다. 보통 감각추구성향은 전 생애 발달상 청소년기에 가장 높아지고 청소년기 이후 나이가 들면서 점차 낮아진다고 합니다. 그렇기 때문에 중학생 아이들의 위험해 보이는 행동들은 발달상 감각추구성향이 높아져서 나타나는 자연스러운 현상일 수 있습니다. 그러나 중학생 아이들이 지나치게 위험한 행동을 한다면 심각한 문제를 일으킬 수도 있습니다. 예를 들어, 아이들이 자기 자신이나 다른 사람의 신체를 다치게 하거나 생명을 해칠 수 있는 행동은 절대 해서는 안 되는 위험한 행동입니다. 그리고 알코올, 담배, 마약 등 물질중독의 가능성이 높은 물질을 복용하는 것도 위험한 행동입니다. 이럴 때는 부모들이 각별히 주의해서 자녀의 위험한 행동에 개입하고 훈육해야 합니다. 자녀의 안전을 지키는 것은 부모 역할 중 가장 중요한 일입니다.

부모들이 중학생 자녀의 감각추구성향이 높아서 위험한 행동을 하더라도 알아차리는 것이 쉽지 않습니다. 아이들이 중학생이 되면 학교와 학원 등 집 밖에서 친구들과 보내는 시간이 많아지는 반면에 부모들과 함께 하는 시간은 적어지기 때문입니다. 무엇보다 아이들도 위험한 행동을 하는 것이 옳지 않다는 것을 알기 때문에 부모에게 들키지 않게 몰래 합니다. 그렇기 때문에 부모들이 자녀의 행동을 주의해서 살펴볼 필요가 있습니다. 그리고 자녀가 위험한 행동을 하고 있다는 것을 알았을 때는 자녀가 위험한 행동을 절제할 수 있는 능력을 키울 수 있도록 도와줘야 합니다. 만약에 중학생 자녀가 위험한 행동을 조절할 수 있는 인성을 발달시키지 못하면 나중에 사회에 부적응적인 문제를 일으킬 수도 있습니다. 그런데 아이들의 위험한 행동을 일으키는 감각추구성향이 부정적인 면만 있는 것은 아닙니다. 감각추구성향은 아이들의 창의성과 리더십과 같은 바람직한 인성을 발달시키는데도 도움이 됩니다. 아이들은 호기심과 재미의 욕구를 채우기 위해서 개인적으로 지적 탐구나 사회적으로 의미 있는 활동도 하기 때문입니다. 마치 독사의 독이 사람을 죽이기도 하지만 독을 정제하면 사람을 살리는 것처럼 부모들이 감각추구성향의 양면성을 이해할 필요가 있습니다.

중학생 아이들의 감각추구성향 행동이 게임 중독, 스마트폰 중독, 물질(알코올, 담배, 마약) 중독, 성 중독 등 부정적인 모습으로만 나타나는 것은 아닙니다. 매우 바람직한 모습으로 드러나기도 합니다. 예를 들어, 아이들이 공부는 잘 안 하더라도 특정 스포츠에 몰입하여 운동을 열심히 할 수 있습니다. 또는 기후변화를 막기 위한 환경운동처럼 의미 있는 사회활동에 열심히 참여할 수 있습니다. 이러한 활동들은 아이들의 감각추구성향 행동이 바람직한 모습으로 드러나는 경우입니다. 아이들의 감각추구성향 행동에 대해서 부모들이 반드시 알아야 하는 것이 있습니다. 그것은 중학생 아이들이 학습된 무기력 상태일 때는 감각추구성향이 바람직하지 못한 행동으로 나타날 가능성이 높다는 것입니다. 그렇기 때문에 부모들이 자녀의 바람직한 인성을 키워주기 위해서는 적극적인 부모역할(Active Parenting)을 하면서 자녀에게 긍정적인 발달 환경을 조성해 주어야 합니다. 다양한 연구 결과들을 살펴보면 감각추구성향은 여러 가지 다양한 형태의 활동을 통해서 만족될 수 있다고 합니다. 그렇기 때문에 부모들이 중학생 자녀의 행동동기가 되는 호기심과 재미의 욕구를 무시하지 말고 건강하고 바람직한 행동으로 발전시킬 수 있도록 도와주고 격려해야 합니다.

✓ 자기결정성을 키워라

중학생 아이들의 호기심과 재미는 아이들이 무엇인가를 하도록 하는 분명한 행동동기입니다. 그런데 청소년기에는 감각추구성향이 높아지기 때문에 중학생 아이들이 위험한 행동을 하기도 합니다. 그러나 아이들이 적절하고 바람직한 환경 안에 있다면 호기심과 재미를 위한 바람직한 행동으로 발전시킬 수 있습니다. 그렇게 하기 위해서는 부모들이 중학생 자녀의 '자기결정성'을 키워줘야 합니다. 자기결정성은 아이들이 자신의 행동을 자율적으로 선택하고 결정하려는 마음입니다. 아이들은 자기결정성으로 무엇인가를 해냈을 때 가장 큰 재미인 기쁨을 느낍니다. 가령, 아기들은 처음으로 일어서서 몇 발자국 걷는 것처럼 스스로 무엇인가를 시도하고 해냈을 때 매우 기뻐하는 모습을 보입니다. 이것은 인간의 자기결정성 행동에 뒤따르는 정서인 만족과 기쁨을 보여줍니다. 이와 같은 자기결정성은 중학생 아이들이 바람직한 행동을 통해서 성공적인 결과를 얻을 수 있도록 하는 강력한 행동동기입니다. 왜냐하면 자기결정성에서 중요한 인간의 기본 심리 욕구인 자율성, 유능성, 관계성 등이 충족되기 때문입니다.

중학생 아이들이 자기결정성을 발휘하기 위해서 필요한 욕구인 자율성은 심리적으로 의존했던 부모로부터 건강하게 분리하면서 발달합니다. 그래서 아이들은 부모가 하라는 대로 수동적으로 행동하기를 원하지 않습니다. 마치 성인처럼 자기 자신과 관련된 일은 자율적으로 결정하고 행동하기를 원합니다. 아이들이 마지못해 어쩔 수 없이 하는 일에 몰입하고 좋은 성과를 내기는 어렵습니다. 아이들의 자기결정성에서 자율성이 충족되는 것이 핵심적이기 때문입니다. 아이들은 자율성이 충족되었을 때 자신의 유능성을 충분히 발휘할 수가 있습니다. 자녀의 자율성을 보장한다는 것이 부모들이 자녀에게 어떠한 도움도 주지 않는다는 의미는 아닙니다. 아이들이 자신이 좋아하는 행동이 아니거나 부모나 외부의 영향을 받은 행동을 하더라도 자율성은 충족될 수 있습니다. 예를 들어, 부모들이 자녀에게 유익할만한 어떤 행동을 제안하고 강요할 수도 있습니다. 여기서 중요한 것은 자녀가 그 행동이 자신에게 중요하고 가치 있는 것이라고 생각하고 자율적으로 선택하고 결정한다면 자율성이 있는 행동이라는 것입니다.

아이들의 자기결정성에 필요한 욕구인 유능성은 자신의 능력이나 기술을 사용하여 사회적 환경과 지속적으로 상호작용할 기회가 주어질 때 충족됩니다. 아이들의 유능성은 자신의 능력을 발휘할 수 있도록 어떤 일에 도전을 하도록 합니다. 이와 같은 도전을 통해서 아이들이 자신의 능력을 확인하고 발전시키려고 끊임없이 노력을 하게 합니다. 그리고 아이들의 자기결정성에 필요한 욕구인 관계성은 다른 사람과 관계하면서 충족되는 것으로 지역사회나 공동체에 대한 소속감입니다. 아이들은 관계성을 통해서 자신이 다른 사람을 보살피고 다른 사람이 자신을 보살핀다는 상호관계성을 느낍니다. 중학생 아이들의 유능성과 관계성은 자기중심적인 사고에서 벗어나서 자신과 관계 맺는 사람이나 사회에 대한 올바른 인식을 가능하게 합니다. 그렇기 때문에 아이들의 자기결정성이 발달하면 감각추구성향으로 위험한 행동을 할 가능성은 낮아지고 자신과 사회에 도움이 되는 행동을 할 가능성이 높아집니다. 그리고 무엇보다 아이들이 느끼는 정서적 만족감도 높아지기 때문에 아이들이 바람직한 행동을 더 많이 하도록 하는 동기가 됩니다. 이와 같은 중학생 자녀의 자기결정성은 적극적인 부모역할(Active Parenting)을 통해서 발달시킬 수가 있습니다.

4. 자녀의 진로활동으로 학습동기를 높이세요 (중1 자유학년제)

✓ 자유학년제를 의미 있게 보내라

중1 자유학년제는 아이들이 자신의 진로를 충분히 탐색할 수 있도록 다양한 진로활동 시간을 주기 위해서 생겼습니다. 그리고 아이들이 1년 동안 자신의 진로탐색활동에 집중할 수 있도록 학교 시험도 없앴습니다. 학교 시험이 없으면 아이들이 시험과 성적으로 인한 공부 스트레스를 받지 않고 진로활동에 집중할 수 있기 때문입니다. 그래서 중1 아이들은 자유학년제 동안 학교 시험이 없어서 좋아합니다. 그런데 정작 부모들 중에는 중1 자유학년제가 없으면 좋겠다고 말하기도 합니다. 왜냐하면 학교 시험이 있어서 그나마 공부를 했던 아이들이 학교 시험이 없으니까 공부를 전혀 안 하기 때문입니다. 아이들이 공부를 안 하다 보니 자유학년제 동안 부모들과 자녀 사이에 갈등만 커지는 시기가 되기도 합니다. 자유학년제의 의도도 좋고 아이들도 반기지만 부모들은 내심 불안하다고 합니다. 부모들이 불안한 이유는 자유학년제 목적에 맞게 자녀의 진로탐색 활동의 결과가 자녀의 대학 진학에 별다른 도움이 되지 않기 때문입니다. 그리고 아이들이 중학교 1학년 동안 공부를 안 해서 대학 입시를 위한 학습이 뒤쳐지고 시간만 허비하는 것처럼 보이기 때문입니다.

자유학년제를 싫어하는 부모들의 이유는 분명해 보입니다. 중학생 자녀가 공부를 안 하기 때문입니다. 실제로 중학생 아이들 중에는 학교 시험 때문에 억지로라도 공부를 하는 경우가 많습니다. 그런데 아이들이 공부하도록 강제하는 학교 시험이 없어지니까 부모들이 자녀의 학습을 관리하기가 매우 어려워진 것입니다. 부모들이 자녀가 공부하도록 학교 시험과 성적으로 협박하기도 했는데 자유학년제 동안 학교 시험이 없으니까 공부하기 싫어하는 자녀에게 제시할 명분이 사라져 버린 것입니다. 그러다 보니 부모 입장에서는 대학입시에서 중요한 중학교 시기에 자녀가 공부를 안 하는 모습을 보니까 자녀의 미래가 걱정되어서 불안해지는 것입니다. 그러한 부모들의 불안이 크다 보니까 아이들에게 유익한 의도로 만들어진 자유학년제를 없애야 한다는 이야기를 하는 것 같습니다. 곰곰이 생각해보면 부모들의 불안이 전혀 터무니없는 것도 아닙니다.

중1 자유학년제 동안 학교 시험을 보지 않는 이유는 분명합니다. 그것은 아이들이 자신의 진로에 대해서 충분히 생각하고 경험할 수 있도록 하기 위해서입니다. 초등학교를 졸업한 아이들이 중학교에서 시험을 본다는 것은 이전과 다르게 스트레스를 많이 받는 경험입니다. 중학생 아이들이 중간고사와 기말고사를 보면 과목별 점수와 전체 성적이 나오고 자신이 몇 등인지 알 수 있기 때문입니다. 아이들이 공부한 결과물인 성적으로 자신의 등수를 알 수 있다는 것은 다른 아이들과 자신이 숫자를 통해서 냉정하게 비교되는 것입니다. 그리고 자신의 초라한 성적표를 받는다는 것은 전교 1등이 아닌 대다수 아이들에게는 창피하고 수치스러운 경험일 것입니다. 상담실에서 큰 소리로 '나는 공부를 못해도 돼요'라고 말하는 아이들도 할 수만 있다면 전교 1등을 해서 칭찬받고 인정받기를 원한다는 것을 알 수 있습니다. 비록 부모들이 하라는 공부는 안 하고 놀기만 하는 아이들일지라도 마음만은 그렇습니다.

한국은 대학입시 경쟁이 치열하기 때문에 아이들이 중학생 때 학업성취가 높을수록 대학입시에서도 유리한 측면이 있다고 합니다. 그리고 아이들이 거주하는 지역에 따라서 중학생 아이들의 학업성취 차이가 크다는 것도 이미 알려진 사실입니다. 그래서 소위 교육특구라고 하는 몇몇 지역에 위치한 고등학생들의 상위권 대학 진학률이 여타 지역에 비해서 상당히 높은 것을 알 수 있습니다. 부모들이 자녀가 고등학생이 될 때 상위권 대학 진학률이 좋은 지역으로 이사 가는 경우는 드뭅니다. 보통 자녀의 교육 목적으로 이사를 한다면 자녀가 초등학생일 때 많이 합니다. 그렇다면 어떤 지역에 거주하는 중학생 아이들의 학업성취가 그 지역에 있는 고등학교의 대학 진학률과 비례한다고도 볼 수 있습니다. 실제로 상위권 대학 진학률이 높은 지역에서는 중1 자유학년제 동안 사교육을 통해서 자녀의 성적을 높이는 기회로 활용을 합니다. 이러한 현실 때문에 시험이 없으니까 공부를 안 해도 된다고 좋아하는 자녀를 바라보는 부모 입장에서 중1 자유학년제가 달갑지 않은 것이 사실입니다.

✓ 학습동기가 높으면 공부를 한다

부모들이 중학생 자녀에게 가장 바라는 것이 있다면 아마도 스스로 알아서 공부하는 모습일 것입니다. 그런데 이와 같은 부모들의 순진한 바람은 중학생 자녀의 현실적인 모습 앞에서 휙 부는 바람처럼 순식간에 사라져 버립니다. 중학생 아이들이 공부의 신들처럼 자기주도적으로 학습하는 모습은 현실에서 찾아보기 어렵습니다. 중학생들 중에 극소수의 아이들만이 스스로 알아서 공부하는 자기주도학습이 가능할 것입니다. 중학생 아이들의 자기주도학습은 이미 완성되어서 하는 것이 아니라 중학생 때 발달시켜서 고등학교 과정과 대학입시를 준비하는 것입니다. 그렇기 때문에 부모들이 중학생 자녀의 학습과 관련해서 너무 많은 기대를 하지 말고 여유 있는 마음으로 접근하는 태도가 필요합니다. 그렇지 않으면 부모들이 중학생 자녀에게 실망만 하고 분노만 쌓입니다. 그래서 부모들이 중학생 자녀를 일관적으로 훈육하면서 자녀가 스스로 알아서 공부하는 태도를 형성할 수 있도록 도와주고 격려하고 기다릴 줄 알아야 합니다.

중학생 아이들이 학습목표에 따라서 학습계획을 세우고 공부를 한 결과가 학업성취입니다. 아이들이 높은 학업성취를 하기 위해서는 반드시 바람직한 학습태도가 뒷받침되어야 합니다. 그리고 아이들의 학습태도를 좋게 하는 심리적인 힘이 바로 학습동기입니다. 중학생 아이들이 배우는 영어 속담 중에 이런 말이 있습니다.

"말을 물가에 데려갈 수는 있지만 물을 마시게 할 수는 없다."

이 말은 아이들의 학습동기를 이해하는 데 있어서 가장 적절한 비유인 것 같습니다. 그래서 부모상담이나 부모교육을 할 때도 종종 인용하는 속담입니다. 부모들이 아이들의 학업성취를 높이기 위해서 아무리 좋은 사교육을 시킨다고 하더라도 아이들의 학습동기가 낮으면 효과가 없을 것입니다. 반대로 아이들의 학습동기가 높으면 부모들이 고비용의 사교육을 시켜주지 못한다고 하더라도 아이들은 학업성취를 충분히 이룰 수 있습니다. 무엇보다 IT 기술의 발달 덕분에 인터넷 상에는 자기주도 학습을 할 수 있는 저비용·고품질의 교육 콘텐츠가 무수히 많기 때문입니다. 실제로 인터넷을 조금만 뒤져도 양질의 학습 콘텐츠를 수없이 찾을 수 있습니다. 그러나 이러한 학습 콘텐츠들이 자기주도적인 학습능력이 부족한 아이들에게는 별다른 도움이 되지 않습니다. 그래서 부모들이 중학생 자녀의 미래를 멀리 내다보고 당장의 학업성취보다는 학습동기를 높여줄 수 있는 학습코칭이 필요합니다. 중학생 자녀의 학습동기가 높아지면 고등학교 과정과 대학입시에서 높은 학업성취를 할 수 있는 가능성이 더 있습니다.

✓ 진로활동이 학습동기를 높인다

중학생 아이들과 학습동기를 이야기할 때 가장 명료하고 단순한 질문이 있습니다. 그것은 "너는 공부를 왜 하니?"입니다. 아이들이 이 질문에 대해 깊이 고민한 후 자신만의 생각으로 분명하게 대답할 수 있으면 학습동기는 높아집니다. 왜냐하면 이 질문에 대한 대답에는 자신의 삶의 목표와 진로목표가 들어가 있기 때문입니다. 공부를 하는 분명한 이유가 있는 아이들은 자신이 무엇을 해야 하는지가 분명해집니다. 그렇기 때문에 아이들이 자신이 꿈꾸는 삶을 이루기 위한 학습동기가 높아질 수밖에 없습니다. 그리고 아이들이 자신의 꿈을 이루기 위한 적절한 학습목표와 학습계획을 세우고 실행한 후에 결과를 점검하고 더 나은 결과를 위해 학습전략을 수정하면서 자기주도 학습을 발달시킬 수 있습니다. 이처럼 분명한 학습동기는 아이들이 자신의 꿈을 이루기 위해 적절하고 필요한 학습을 하도록 하는 강력한 원동력입니다. 아이들의 학습동기는 자기주도학습을 가능케 합니다.

상담실에서 중학생 아이들을 만나다 보면 안타깝게도 아이들이 공부하는 이유를 분명하게 알고 하는 경우가 드뭅니다. 아이들은 어릴 때부터 부모에게 들었던 공부해야 하는 이유에 대한 이야기를 마치 자기 자신이 공부하는 이유인 것처럼 말하기도 합니다. 그러한 이야기의 대부분은 '공부를 열심히 해야 좋은 대학에 들어갈 수 있고 돈을 많이 주는 좋은 회사에 취직할 수 있다'라는 것입니다. 이러한 이유가 아이들의 학습동기로 적절한지 아닌지를 가늠하지 않고 많은 부모들이 이야기하는 공부해야 하는 이유입니다. 그런데 문제는 부모들이 말하는 공부해야 하는 이유가 자녀 자신의 것으로 안 된다는 데 있습니다. 아이들은 부모들이 하는 이야기를 듣고 마치 자신이 고민하고 생각해 낸 이야기처럼 말하기는 합니다. 그러나 그것은 아이들이 자신의 삶으로 진심으로 받아들이지 못한 이야기일 뿐입니다. 무엇보다 이 이야기에는 아이들이 공부하는 이유인 자기결정성이 결여되어 있습니다. 부모에게 들은 공부해야 하는 이유가 자신이 공부하는 이유라고 생각하는 아이들의 학습동기는 가짜이기 때문에 학습 실행력이 약합니다. 그래서 아이들이 부모들의 강압에 의해서 공부를 할 수는 있지만 자기주도적인 학습을 하지는 못합니다. 결국에 아이들은 학년이 올라갈수록 학업성취에 한계를 보일 수밖에 없습니다.

중학생 아이들은 부모들에게 칭찬과 인정을 받고 싶은 마음이 여전히 강합니다. 아이들이 부모들에게 칭찬과 인정을 받기 위해서는 자신들이 공부를 잘해야 한다고 믿는 경우가 많습니다. 그런데 안타까운 사실은 아이들이 공부를 하지 않고 성적이 나빠서 부모들의 사랑을 받지 못한다고 생각하고 위축된 모습을 보이는 것입니다. 중학생 아이들이 필요한 공부를 하고 성취를 낼 수 있도록 학습동기를 높일 수 있는 좋은 방법이 있습니다. 그것은 아이들이 자신의 진로에 대한 고민을 가지고 진로활동을 하도록 하는 것입니다. 중1 자유학년제 동안 아이들이 진로활동을 충분히 하면서 자신의 진로에 대한 의식을 성숙시켜야 합니다. 그러면 자신의 진로목표가 생기고 진로목표를 이루기 위해서 필요한 공부를 하고 싶은 마음이 생깁니다. 그것이 바로 학습동기입니다. 아이들이 학습동기가 생기면 학습계획을 세우고 공부를 합니다. 그래서 아이들이 자신의 진로목표에 따라서 상위권 대학 진학이 필요하다고 생각한다면 힘들더라도 대학입시 공부에 끈기를 발휘할 수 있을 것입니다. 비록 대학입시에서 자신이 원하는 대학 진학에 실패하더라도 대학원 진학 등으로 자신의 진로목표에 따라서 자신의 능력을 키워나가려는 학습동기가 있습니다. 그렇기 때문에 중학생 자녀의 인생에서 중요한 것은 대학입시가 아니라 자신의 진로목표에 따라서 필요한 학습을 하고 직업성취를 하는 것입니다. 이처럼 중학생 아이들의 진로목표와 학습동기의 연관성이 높다는 것을 충분히 알 수 있습니다.

중등편 학습균형

제6장
중학생 자녀의 학습을 코칭하다

1. 자녀의 학습태도인 학습인성을 확인하세요
2. 자녀의 학습능력은 심리검사로 확인하세요
3. 자녀의 학업성취를 후(後)행학습으로 확인하세요
4. 자녀의 학습코칭은 '밀당'을 잘해야 합니다

1. 자녀의 학습태도인 학습인성을 확인하세요

✓ 지능이 전부가 아니다

부모들이 자녀가 학년이 올라갈수록 전반적인 발달보다는 자녀의 학습과 관련한 인지적인 발달에 더 많은 관심을 두는 것 같습니다. 그러다가 자녀가 중학교에 들어가면 부모들은 자녀가 공부를 잘할 수 있는 인지적인 학습 능력에만 관심을 쏟습니다. 아무래도 한국의 대학입시로 인한 학습 환경이 지나치게 경쟁적이다 보니 자녀를 바라보는 부모들의 시야를 좁게 만들어 버리는 것 같습니다. 그런데 부모들이 알아야 하는 학습에서 중요한 사실은 아이들의 학업성취는 결코 인지적인 능력으로만 이루어지지 않는다는 것입니다. 물론 자녀의 학습능력을 가장 잘 보여주는 지표가 인지적인 능력인 지능(IQ)이긴 합니다. (☞ 여기서 말하는 지능은 웩슬러 지능검사 결과입니다. 아이들의 지능검사는 웩슬러 지능검사가 신뢰성과 타당성이 가장 높기 때문에 가장 많이 사용합니다.) 그러나 아이들의 학업성취는 학습과 관련한 여러 요인이 작용한 결과입니다. 그중에서 지능이 중요한 역할을 하지만 전부는 아닙니다.

초등학교 시기에는 아이들의 지능이 높으면 공부를 잘할 수 있습니다. 그래서 아이들의 지능이 높으면 공부를 잘한다는 등식이 성립합니다. 그리고 부모들의 꼼꼼한 학습 관리도 자녀가 공부를 잘하는데 미치는 영향력이 상당히 큽니다. 자녀의 지능과 부모들의 학습 관리는 자녀가 초등학교 다닐 때까지 자녀의 학업성취에 가장 큰 영향력을 미칩니다. 그러나 자녀가 중학생이 되면 학업성취에 미치는 지능과 학습 관리의 영향력이 크게 낮아집니다. 왜냐하면 중학교부터는 아이들이 공부를 잘한다는 등식이 바뀌기 때문입니다. 이때부터 아이들이 공부를 잘한다는 등식은 아이들의 학습인성이 발달해서 지능이 제 역할을 할 수 있어야 학업성취를 이룬다는 것입니다. 아이들이 초등학교 때는 지능만으로도 학업성취를 이룰 수 있었지만 중학교부터는 지능만으로는 학업성취를 이루기가 어렵습니다. 그렇기 때문에 아이들의 타고난 지능이 빛을 발하기 위해서는 반드시 학습인성이 뒷받침되어야 합니다.

✓ 학습태도가 학습인성이다

중학생 아이들 중에 공부를 잘하고 성적이 좋은 아이들을 살펴보면 아이들의 학습태도와 학업성취 사이에 높은 연관성이 있다는 것을 알 수 있습니다. 이러한 사실이 아이들의 학습에 있어서 당연한 사실임에도 불구하고 부모들이 잘 모르는 경우가 많습니다. 아마도 부모들이 자녀의 학습태도를 객관적으로 평가하는 것이 어렵기 때문일 것입니다. 보통 부모들은 눈에 보이는 대로 자녀가 공부한다고 책상에 오래 앉아 있는지와 학원에 잘 다니고 있는 지로 자녀의 학습태도를 평가할 수밖에 없는 한계가 있습니다. 그런데 이러한 것들은 자녀의 학습태도를 평가하는 항목들 중에서 일부분일 뿐입니다. 아이들이 책상에 앉아있고 학원에 결석하지 않는다고 해서 아이들이 실제로 공부를 하고 있다고 말할 수는 없습니다. 왜냐하면 아이들의 몸은 공부를 하고 있는 모습을 보이지만 아이들의 머리는 주의산만하게 놀고 있을 수 있기 때문입니다. 이러한 씁쓸한 사실은 부모들이 아이들이 공부하는 것을 세심하게 관찰하다 보면 충분히 알아차릴 수 있는 것입니다. 공부를 하는 듯하면서도 하지 않는 아이들의 모습이 부모 입장에서는 매우 속상한 일이지만 바람직한 학습태도가 형성되지 못한 아이들만을 탓할 수도 없습니다.

부모들이 자녀가 공부하는 것을 바라볼 때 뿌듯한 자녀의 학습태도는 결코 하루아침에 만들어지지 않습니다. 자녀의 학습

태도는 오랜 기간에 걸쳐 반복적으로 학습행동을 하면서 습관처럼 만들어지는 것입니다. 마치 아이들에게 좋은 습관과 나쁜 습관이 있는 것처럼 학습태도도 마찬가지입니다. 아이들은 학습경험이 긍정적일수록 바람직한 학습태도를 형성하고 학업성취를 낼 수가 있습니다. 아이들의 학습태도는 학습행동과 학습경험이 쌓이면서 형성되는 공부하는 습관입니다. 그렇기 때문에 한 번 형성된 학습태도는 잘 변하지 않는 성격과도 같습니다. 아이들의 건강하고 성숙한 성격인 인성이 단기간에 만들어지지 않는 것처럼 아이들의 바람직한 학습태도도 오랜 시간에 걸쳐서 형성되는 것입니다. 그렇기 때문에 중학생 자녀의 학습태도가 좋지 않아서 학업성취가 낮다면 부모들이 화를 내고 비난하면 안 됩니다. 왜냐하면 자녀가 바람직한 학습태도인 학습인성을 잘 발달시킬 수 있게 도와주지 못한 부모들의 책임도 있기 때문입니다. [정답없는 입시 균형이 답이다] 초등 편에서 자녀를 학습코칭할 때 중요한 마음 성장 학습코칭에 대해서 알려드렸습니다. 그리고 자녀의 학습에서 중요하고 필요한 심리적 힘인 인성에 대해서도 알려드렸습니다. 그것이 학습인성입니다. 자녀의 인성은 부모와의 상호관계적인 경험을 통해서 형성됩니다. 학습인성도 마찬가지입니다. 그렇기 때문에 중학생 자녀의 학습인성이 잘 발달하지 않았다면 자녀만을 탓할 수는 없습니다. 부모들이 자녀의 학습인성이 발달할 수 있도록 도와주지 못한 탓도 있습니다.

✓ 학습인성을 이해하라

중학생 아이들이 학업성취를 높이는 데 있어서 지능의 역할은 일부분에 지나지 않습니다. 아이들의 학업성취는 학습태도 즉, 아이들의 바람직한 학습인성이 뒷받침될 때 비로소 인지능력인 지능이 효율적으로 작용하면서 이루어지는 것입니다. 예를 들어, 아이들이 학습에서 성과를 내기 위해서는 학습인성 중에서 '끈기'가 있어야 합니다. 누구나 알고 있듯이 공부를 잘하려면 끈기 있게 공부를 해야 합니다. 아이들이 공부를 끈기 있게 한다는 것은 '공부는 엉덩이로 한다'라는 말과 같습니다. 이 말은 아이들이 학습에서 높은 성과를 내기 위해서는 반드시 실행해야 하는 공부법의 진리입니다. 아이들이 공부를 할 때 주의산만하고 끝까지 마무리 짓지 못한다면 끈기가 발달하기 어렵습니다. 끈기가 발달하지 않은 아이들은 어려운 공부를 마주할 때마다 쉽게 포기하는 경향이 있습니다. 그래서 아이들이 학년이 올라갈수록 공부가 어려워지면 공부를 안 하려고 해서 학습성과가 좋지 않습니다.

끈기는 아이들의 창의성과도 관련이 있습니다. 아이들이 어떤 일에서 창의성을 제대로 발휘하기 위해서는 그 일에 몰입해야 합니다. 아이들이 순간적으로 창의적이고 번뜩이는 아이디어를 낼 수는 있습니다. 이때 창의적인 생각은 단지 상상일 뿐입니다. 실제로 수많은 사람들이 상상을 합니다. 그런데 상상을 현실로 가능케 하는 사람은 극소수입니다. 그래서 창의성에서 중요한 것은 상상을 현실화하는 능력입니다. 그 능력을 발휘하여 결과물을 만들어내는 사람들이 창의적인 사람들입니다. 그렇기 때문에 아이들의 창의성이 빛을 발하기 위해서는 아이들이 몰입하여 결과물을 만들어 낼 수 있어야 합니다. 아이들이 몰입을 하려면 아이들의 인성 중에서 끈기가 뒷받침되어야 가능합니다. 왜냐하면 어떤 일에 몰입한다는 것은 결코 즐거운 경험만은 아니기 때문입니다. 가령, 조각가가 작품을 만들기 위해서 몰입하는 모습을 상상해 보면 이해하기가 쉽습니다. 몰입은 조각가가 작업하는 것처럼 오랜 시간 동안 한 가지 일에 집중해야 하는 고되고 힘든 일입니다. 그렇기 때문에 아이들이 창의성을 발휘해서 창의적인 결과물을 만들어내기 위해서는 몰입을 해야 하고 끈기가 있어야 합니다.

[정답없는 입시 균형이 답이다] 초등 편에서 아이들이 지속적으로 높은 학업성취를 이루기 위해서는 학습과 관련한 인성의 발달이 중요하다고 강조했습니다. 아이들의 학업성취에 있어서 아이들의 지능은 평균(IQ 90~109) 이상이면 별다른 문제는 없습니다. 그렇기 때문에 자녀가 초등학생일 때는 자녀의 학습인성을 발달시키기 위한 학습코칭에 중점을 둬야 한다고 했습니다. 왜냐하면 자녀의 끈기와 같은 학습인성이 발달하지 않으면 중학교 시기부터 어려워지는 공부에서 충분한 성과를 내기 어렵기 때문입니다. 그래서 중학생 자녀의 학습인성이 충분히 발달하지 않았다면 자녀의 높은 학업성취를 기대하는 것이 어렵

습니다. 그렇기 때문에 부모들은 중학생 자녀의 과거 학습경험과 학습태도가 어떠했는지 확인하면서 학습인성을 객관적으로 살펴보는 것이 필요합니다. 중학생 자녀의 학습인성은 어릴 때부터 학습태도와 학습경험이 쌓여서 만들어진 것입니다. 그래서 만약에 중학생 자녀의 학습인성이 좋지 않다면 우선적으로 학습인성에 중점을 두고 학습코칭을 해야 합니다. 자녀가 고등학교와 대학입시를 준비하는 중학교 시기에 바람직한 학습인성이 형성되어야 이후 학습에서 성공할 가능성이 높습니다.

안타깝게도 많은 부모들이 중학생 자녀의 학습인성보다는 당장 눈앞에 보이는 성적을 높일 수 있는 인지적인 능력만을 다루려고 합니다. 대부분 부모들은 자녀가 중학생이 되면 자녀의 학교 성적을 올려야 한다는 생각에 마음이 다급해집니다. 그래서 자녀의 학교 성적을 올리고 대학입시를 준비시킨다는 생각에 학원이나 과외 등 사교육에 대한 의존도가 높아집니다. 그러다 보니 자녀의 학습태도에 걸맞지 않은 과도한 선행 학습이나 공부 분량 때문에 자녀의 학습 스트레스만 가중시키는 경우가 많습니다. 아이들이 스트레스가 많이 쌓이면 우울과 같은 심리적 문제가 일어나서 학습을 하기가 어려워집니다. 그래서 아이들이 대학입시를 준비하는 데 있어서 중요한 중학교 시기에 공부를 제대로 하지 못하고 망쳐버리는 안타까운 상황이 벌어지기도 합니다. 아이들이 학습 스트레스가 심한 경우에는 아예 공부에 손을 놓는 경우도 생깁니다. 중학생 자녀가 이러한 상태가 되면 부모들이 더 고통스러워합니다. 아이들이 부모들과 대화를 거부하는 경우도 많아서 부모들이 할 수 있는 것이 별로 없기 때문입니다. 그렇기 때문에 부모들이 중학생 자녀의 상태에 적절한 학습코칭을 진행해야 합니다. 그리고 중학생 자녀의 성적을 높이려고 인지능력만 다루다 보면 자녀의 정서능력을 크게 해칠 수 있다는 것을 항상 고려해야 합니다. 중학생 자녀의 정서능력은 학습인성에서 없어서는 안 되는 요인입니다. 그래서 부모가 중학생 자녀를 학습코칭할 때는 자녀의 인지능력과 정서능력이 균형 있게 발달할 수 있도록 해야 합니다. 그리고 부모들이 자녀의 높은 학업성취를 기대한다면 자녀의 인지능력은 학습인성의 영향을 받기 때문에 자녀의 학습인성을 우선적으로 다루어야 합니다.

2. 자녀의 학습능력은 심리검사로 확인하세요

✓ 공부에 대한 편견이 있다

상담실에서 만나는 부모들 중에는 자녀의 성적 부진과 같은 학습문제를 오로지 자녀의 노력 부족으로만 보는 경우가 있습니다. 그래서 심리상담사로서 안타까울 때가 많습니다. 만약에 부모들이 '노력이 부족해서 공부를 못한다'라는 편견을 가지고 자녀의 학습문제를 바라본다면 문제를 해결할 수 있는 실마리를 찾을 수가 없습니다. 그래서 자녀의 학습문제 때문에 부모들과 자녀 사이에 갈등이 커지다 보니 오히려 자녀의 학습문제가 더 나빠지기도 합니다. 무엇보다 안타까운 사실은 부모들과 자녀의 학습문제 갈등으로 인해서 자녀의 심리적인 문제가 더 크게 일어나는 경우가 많다는 것입니다. 가령, 부모들과 자녀의 갈등이 지속되면 자녀가 더욱 소심해지고 위축되거나 반대로 공격적이고 일탈 행동적인 모습이 나타납니다. 그래서 아이들이 학교에 부적응하거나 인간관계에서 부적응적인 모습을 보일 수가 있습니다. 이러한 아이들의 심리검사 결과를 살펴보면 우울과 불안이 상당히 높은 경우가 많습니다. 아이들의 심리적인 문제가 커지면 학습문제와는 비교할 수 없는 사회부적응과 같은 인격 문제가 일어납니다. 부모들이 자녀의 인격 문제를 대하는 것은 자녀의 학습문제를 대하는 것보다 훨씬 더 큰 고통입니다.

중학생 자녀가 학습문제로 인해서 이전보다 더 위축되고 소심한 행동을 보이거나 반대로 거칠고 폭력적인 행동을 보일 수가 있습니다. 그렇다면 자녀가 현재 심리적으로 고통스럽다는 것을 보여주는 분명한 신호입니다. 부모들이 이러한 신호를 알아차리고 자녀의 공부에 대한 편협 하거나 왜곡된 생각을 과감하게 버려야 합니다. 그렇게 하지 않으면 부모와 자녀 둘 다 더 고통스럽고 힘든 시간을 마주해야 합니다. 부모와 자녀의 갈등으로 인한 더 큰 피해는 사랑하는 자녀에게 돌아갈 수밖에 없습니다. 왜냐하면 부모라는 존재는 자녀가 애착하고 의존하는 세상에서 유일한 대상이기 때문입니다. 그렇기 때문에 덩치가 큰 중학생 자녀일지라도 부모에게 사랑받지 못하고 버림받을 것 같은 두려움이 있습니다. 그래서 중학생 아이들은 예민하고 불안정한 정서상태의 취약함 때문에 부모들이 자신들을 대하는 부정적인 태도에는 매우 민감하게 반응합니다. 그러면서 '엄마(아빠)가 나를 사랑하지 않는다', '나는 쓸모없는 존재다', '내가 죽어도 아무도 슬퍼하지 않는다' 등 자신의 존재에 대한 부정적인 생각의 늪으로 빠져들어서 헤어 나오지 못하게 됩니다.

부모들이 자녀의 학습문제를 알아차렸다면 다양한 측면에서 객관적으로 살펴볼 필요가 있습니다. [정답없는 입시 균형이 답이다] 초등 편에서 자녀의 학습문제가 드러났을 때 부모들에게 도움이 될 만한 간단한 체크리스트를 다음과 같이 제시했습니다. 부모들이 학습문제 체크리스트를 활용하면 자녀의 학습문제를 객관적이고 다양한 관점으로 살펴볼 수 있을 것입니다. 이러한 과정을 통해서 부모들이 자녀의 학습문제를 적절하게 대처할 수 있는 능력을 키울 수 있습니다. 그리고 부모들이 자녀가 자신의 학습문제를 극복해나갈 수 있도록 개입해서 도와주고 격려할 부분을 명확하게 알 수 있습니다.

■ [정답없는 입시 균형이 답이다] 초등편에서 발췌

확인할 부분	학습문제에 영향을 미치는 요인	찾은 원인
인지	지능(IQ), 선수학습 완수 정도, 선행학습 정도, 효과적인 공부방법 등	
정서	스트레스, 불안, 우울, 학습동기, 자존감(자아존중감), 회복탄력성 등	
행동	실행, 끈기, 몰입, 절제와 조절 등	
환경	가정 분위기, 부모–자녀 관계, 또래 관계, 학교 분위기, 선생님 관계 등	

✓ 학습문제는 적절한 도움이 필요하다

부모들이 중학생 자녀의 학습문제를 현실적으로 적절하게 대처하는 것이 쉽지는 않습니다. 왜냐하면 자녀의 인지, 정서, 행동, 환경 등 여러 요인이 복합적으로 작용하여 학습문제를 일으키기 때문입니다. 그래서 부모들이 학습문제 체크리스트를 살펴보더라도 자녀의 학습문제를 정확하게 파악하기 어려워서 막막할 수가 있습니다. 부모들이 학습문제 전문가가 아니기 때문에 자녀의 학습문제를 평가하고 분석하는 데 있어서 한계와 오류가 있을 수 있다는 것을 이해해야 합니다. 그리고 자녀가 중학생이 될 즈음이면 자녀 양육에만 헌신했던 어머니들도 일을 찾아서 하는 경우가 많아집니다. 그러다 보니 어머니들도 자녀의 학습문제를 세심하게 살펴볼 여력이 시간적으로 별로 없습니다. 그래서 현실적으로 부모들이 자녀의 학습문제를 잘 다룬다는 것은 매우 어려운 일입니다. 그러나 부모들이 자녀의 학습문제에 있어서 해야 할 역할은 분명하게 있습니다.

중학생 자녀의 학습문제 중에서 학습태도가 잘 형성되지 않아서 생기는 학습문제가 있습니다. 쉽게 말해서 그것은 자녀가 공부를 잘 안 하는 경우입니다. 부모들이 한숨 쉬듯 '우리 아이는 공부에 취미가 없어요'라고 말하는 자녀의 모습일 것입니다. 아이들 입장에서 보면 중학교 교육과정부터 공부가 어려워지고 재미도 없습니다. 그런데 자녀의 성실한 학습태도가 발달하지 않았다면 어렵고 재미없는 공부를 하기 싫어하는 것은 어찌 보면 당연한 모습입니다. 그런데 여기서 주의해서 살펴볼 것이 있습니다. 자녀의 인지능력과 정서상태가 자녀의 학습태도에 영향을 미치는 경우가 의외로 많다는 사실입니다. 그렇기 때문에 몸이 다치면 엑스레이를 찍듯이 마음의 엑스레이인 심리검사가 자녀의 인지와 정서 상태를 확인하는 데 도움이 됩니다.

자녀의 학습문제가 크지 않은 경우에는 부모들이 충분히 해결할 수 있습니다. 가령, 부부 사이에 갈등과 다툼이 심하다 보면 자녀가 불안해져서 나타나는 학습문제가 있습니다. 이런 경우에는 부모들이 문제를 알아차리고 부부 사이의 관계를 좋게 하려고 노력하면 됩니다. 그러면 자녀의 불안이 심해져서 생겼던 학습문제도 자연스럽게 좋아지는 경우가 많습니다. 이처럼 자녀의 학습문제의 원인이 분명해서 부모들이 노력하면 해결되는 학습문제라면 다행입니다. 그런데 부모들이 자녀의 학습문제를 대처하는 것이 쉽지 않은 경우가 많습니다. 무엇보다 부모들이 자녀를 잘 안다고 할지라도 중학생 자녀의 인지 능력과 정서 상태를 객관적으로 평가하는 것은 어렵습니다. 그렇기 때문에 심리검사를 통해서 자녀의 학습문제에 영향을 미치는 인지능력과 정서 상태 등을 객관적으로 알아보는 것이 좋습니다.

✓ 인지능력은 지능검사로 확인하라

중학생 자녀의 인지능력인 지능을 확인하기 위해서 대학병원에 간다면 분명히 웩슬러 지능검사(K-WISC)를 사용하여 평가합니다. 대학병원을 예로 든 이유는 부모들의 혼란을 막기 위해서입니다. 상담실에서 만난 부모들 중에는 자녀의 지능검사를 해봤다는 경우가 종종 있습니다. 그러면 심리상담사로서 어떤 종류의 지능검사였는지 반드시 확인을 합니다. 그런데 당황스럽게도 과학적으로 검증되고 타당한 지능검사로 자녀의 지능을 확인한 경우가 많지 않습니다. 만약에 부모들이 자녀의 지능(IQ)을 알아보려면 반드시 웩슬러 지능검사(K-WISC)로 확인해야 합니다. 웩슬러 지능검사는 검사자와 아이가 일대일 상황에서 보통 1시간 30분에서 2시간 정도 걸리는 검사입니다. 웩슬러 지능검사는 여러 명이나 집단으로 하는 경우는 절대 없습니다. 가령, 자녀가 어릴 때 학습지를 신청하면 해주는 지능검사나 단체로 시험지를 풀어서 확인하는 지능은 전혀 의미가 없습니다.

▪ 지능검사 결과 분포도

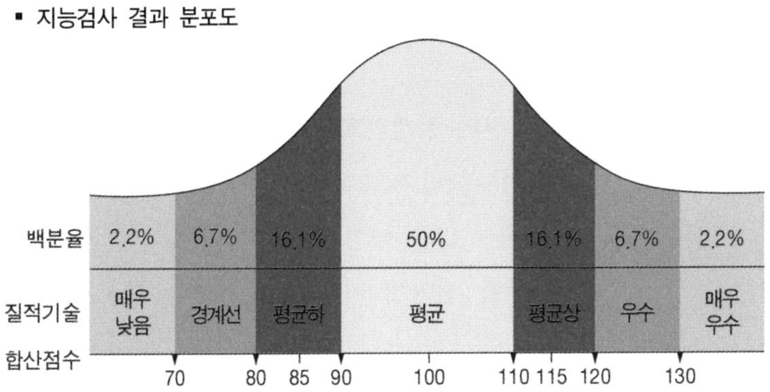

웩슬러 지능검사(K-WISC)는 자녀의 학습능력 중 인지능력을 평가하는 데 있어서 가장 과학적이고 명확합니다. 지능검사 결과 수치를 통해서 통계적으로 같은 나이의 아이들과 비교하여 자녀의 전체 지능인 IQ를 알아볼 수 있습니다. 즉, 자녀가 또래 아이들에 비해서 상대적으로 지능이 어느 정도인지를 알 수 있습니다. 지능 검사 결과 IQ가 90~109 사이의 지능이면 보통 50%의 사람들이 속하는 평균 지능입니다. 즉, 100명 중 50명은 평균 지능입니다. 아이들의 지능이 평균이면 학습을 하는 데 있어서 전혀 어려움이 없습니다. 그리고 지능 검사 결과 통계적으로 100명 중 25명은 IQ 110 이상이고, 그중 IQ 130 이상 영재는 2명 정도입니다. 지능이 영재인 아이들은 학습에서 우수한 능력을 나타냅니다. 쉽게 말해서 암기력과 계산력과 추론능력이 뛰어나기 때문에 정해진 시간 안에 많은 문제를 푸는 시험에서 성적이 좋습니다. 그래서 자녀의 지능이 130이 넘으면 학습능력에 따라 좀 과한 선행학습을 하더라도 무리가 없는 것이 사실입니다.

반면에 지능 검사 결과 통계적으로 아이들 100명 중 25명은 IQ 90 미만입니다. 아이들의 지능이 낮을수록 초·중·고 학년이 올라가면서 학습에서 많은 어려움이 생깁니다. 그리고 아이들이 친구관계 등 생활 전반에 어려움이 생기다 보니 성인이 되어서도 사회조직에 적응하는데 문제가 생길 수 있습니다. 그 중에서 부모들이 가장 파악하기 어려운 경우가 자녀의 지능이 경계선일 경우입니다. 좀 넓게 봐서 지능이 70 이상 90 미만이면 100명 중 23명 정도입니다. 이 그룹의 아이들은 겉으로는 큰 문제가 없어 보입니다. 그런데 지능에 따라서 초등학교 때부터 학습문제가 확연하게 드러날 수도 있고 학년이 올라갈수록 어려운 공부를 하면서 드러날 수도 있습니다. 자녀가 경계선 지능일 경우에 부모들이 대학입시를 위한 공부를 시키면서 스트레스를 주는 것은 정서학대와 마찬가지입니다. 지능 검사 결과 통계적으로 전체 아이들 중 23% 정도의 아이들이 대학입시라는 경쟁 속에서 평균 지능 이상의 다른 아이들보다 더 많은 고통을 받는 것으로 보입니다.

✓ 지능을 낮추는 정서를 확인하라

중학생 자녀의 지능인 인지능력은 정서상태의 영향을 많이 받습니다. 가령, 자녀가 우울감이 높으면 전반적으로 지능이 떨어지듯이 인지능력이 저하됩니다. 자녀의 우울감으로 인지능력이 저하되면 자녀가 공부를 하는 것처럼 보여도 머리는 거의 멈추어 있는 듯한 멍한 상태일 것입니다. 오히려 자녀의 머릿속에는 자기 자신과 자신의 미래에 대한 우울한 생각들로만 가득 차서 공부하는 내용이 들어올 틈이 없을 것입니다. 무엇보다 자녀의 우울감은 학습에서 중요한 집중력을 매우 떨어뜨립니다. 그래서 아이들이 공부할 때뿐만 아니라 시험을 볼 때도 집중을 잘하지 못하기 때문에 성적이 잘 나오지가 않습니다. 그리고 아이들은 시험을 보고 성적이 나쁘면 우울감을 더 느끼기 때문에 악순환적인 '우울+우울' 반복 패턴이 일어납니다. 아이들의 우울감이 우울한 결과를 낳고 다시 우울감을 일으키는 것처럼 말입니다.

중학생 자녀가 우울감에 더하여 불안감까지 높으면 인지능력은 더욱 저하됩니다. 아이들의 불안감은 불안을 일으키는 대상에 집중하도록 하기 때문입니다. 그래서 다른 정보를 찾아볼 심리적인 여유가 없습니다. 마치 앞만 보게 하려고 양쪽 눈가를 가린 경주마처럼 한쪽의 정보만 바라보게 합니다. 상담실에서 만난 아이들에게 불안에 대해 설명할 때 쓰는 비유가 있습니다. 가령, 책상 위에 코브라가 머리를 들고 두 눈으로 나를 노려보면서 혀를 날름거리고 똬리를 틀고 있는데 거기에 앉아서 공부를 해야 한다고 상상해 보라고 말입니다. 뱀이 달려들어 물 것 같은 공포와 무서움에 질려서 절대로 공부에 집중할 수가 없을 것입니다. 사람은 눈에 보이는 대상이 있을 때 공포와 무서움을 느낍니다. 그런데 불안은 눈에 보이는 대상이 없어도 느끼는 것입니다. 그래서 공포와 무서움은 대상이 사라지면 사라지지만 불안은 대상이 없기 때문에 사라지지도 않고 지속적으로 영향을 미칩니다. 그래서 불안감이 높은 아이들은 항상 눈앞에 코브라가 있는 것처럼 공포와 무서움으로 몸과 마음이 매우 경직된 상태로 있다고 볼 수 있습니다.

아이들의 우울감과 불안감에 더하여 분노나 화도 인지능력을 저하시킵니다. 상담실에서 중학생 아이들을 만나다 보면 우울, 불안, 분노라는 세 가지 감정들이 같이 있는 경우가 많습니다. 아이들마다 특정한 감정이 우세하게 드러날 뿐이지 한 가지 감정만 있는 경우는 거의 없습니다. 영화 인사이드 아웃에서 보여준 5가지 감정이 행복, 슬픔, 혐오, 분노, 불안입니다. 이 5가지 감정이 가장 기본적인 인간의 감정이라고 합니다. 우리는 살면서 매일 5가지 감정을 조금씩이라도 느끼고 살아갑니다. 아이들도 5가지 감정을 골고루 느낄 것입니다. 그런데 아이들이 우울만 또는 불안만 또는 분노만 강하게 느끼고 기억하기 때문에 행복하지 않은 것입니다. 이렇게 한 가지 감정만 강하게 느끼는 것은 스트레스가 많이 쌓여서 나타나는 현상입니다. 그렇기 때문에 부모들이 중학생 자녀가 받는 스트레스에 귀 기울여주고 공감하는 것이 중요합니다.

3. 자녀의 학업성취를 후(後)행학습으로 확인하세요

✓ 선행학습을 했는데도 성적이 낮다

상담실에서 만난 부모들 중에는 중학생 자녀의 예상치 못한 낮은 성적 때문에 혼란스러워하는 경우가 있습니다. 부모들은 여태까지 자녀가 공부를 잘하고 있는 줄 알고 있었다고 합니다. 부모들이 그렇게 생각할 수 있었던 이유는 자녀가 학원에 잘 다니고 있었기 때문입니다. 그리고 학원에서 중학교 과정을 선행학습으로 공부를 몇 번 했던 내용이라고 알고 있었기 때문입니다. 그런데 중학생 자녀가 학원에서 미리 공부했던 내용임에도 불구하고 학교 시험 성적이 예상했던 것에 비해서 훨씬 못 미치게 나오는 것입니다. 자녀가 학교 시험 출제 범위를 학원에서 이미 공부했고 심지어 학교에서도 다시 공부했던 내용인데도 말입니다. 게다가 학교에서 보는 시험문제가 학원에서 선행학습하면서 봤던 시험문제보다 어렵지 않아서 더 당황스러운 경우도 있습니다. 부모들이 자녀의 학교 시험에서 기대했던 결과가 나오지 않다 보니 뒤통수를 얻어맞듯이 충격을 받는 것입니다. 왜냐하면 자녀가 기본 학습만 잘했어도 점수를 잘 받을 수 있는 학교 시험이기 때문입니다.

아이들이 초등학교 6학년 즈음되면 학원에서 선행학습을 하는 경우가 많습니다. 부모들이 선행학습을 시키는 이유는 아마도 자녀가 중학교 과정을 미리 공부해서 학교 내신 경쟁에서 뒤처지지 않고 이길 수 있게 하려는 것입니다. 초등학교에서는 자녀의 성적으로 전체 등수를 알 수 없지만 중학교부터는 전체 등수를 알 수 있습니다. 대학입시로 가는 아이들의 성적 줄 세우기가 본격적으로 시작되는 것입니다. 그런데 학교 시험이 학원에서 배운 것보다 쉬운데도 불구하고 자녀의 성적이 잘 나오지 않으면 부모들이 화가 납니다. 그러다 보니 부모들이 자녀의 학습에서 무엇이 문제인지 제대로 살펴보기도 전에 자녀를 비난부터 하는 경우가 많습니다. 가령, '네가 문제를 제대로 보지 않고 푸니까 이렇게 쉬운 걸 틀리지'와 같이 부모가 못마땅했던 자녀의 학습 태도 등을 원인으로 시험 성적을 놓고 비난합니다. 자녀가 이미 학원에서 몇 번 공부했던 내용임에도 불구하고 실제 학교 시험에서 예상했던 성적에 한참 못 미치는 결과를 가져오니 부모 입장에서는 당황스럽고 화가 날 만합니다.

한국에서 사교육, 특히 학원은 태생적으로 선행학습을 할 수밖에 없습니다. 부모들이 경제적으로 희생하면서까지 자녀를 학원에 보내는 이유가 있습니다. 그것은 자녀가 다른 아이들보다 더 높은 성적을 받아서 학습경쟁에서 이길 수 있도록 해주고 싶은 부모들의 마음 때문입니다. 그리고 무엇보다 자녀가 치열한 대학입시경쟁에서 이기어 상위권 대학에 입학하는 승자가 되기를 바라기 때문입니다. 현실적으로 학원에서 선행학습을 하지 않으면 상위권의 공부를 잘하는 학생들이 학원에 다닐 이유가 없습니다. 그렇기 때문에 자녀가 공부를 잘하기를 바라는 마음으로 학원에 보내는 부모들에게 선행학습이 없는 학원은 공부를 잘 가르치는 학원이 아닌 것입니다. 그리고 학원 입장에서도 학부모들에게 공부를 잘하는 학생들이 많이 다니는 학원으로 소문이 나야 사업적으로 생존하고 성공할 수 있습니다. 그러다 보니 학원에서 선행학습을 많이 하는 것이 학원 경영상 당연해 보입니다. 학원이 잘 가르친다는 전제 하에 선행학습을 많이 할수록 공부를 잘하는 학생들이 모이면서 학원 홍보 효과도 큽니다. 그래서 비록 자녀의 학습능력이 상위권이 안되어도 그 학원에 보내면 상위권이 될 것 같은 기대감을 부모들에게 심어주기도 합니다.

✓ 학습능력이 왜곡되다

중학생 자녀가 오랫동안 학원을 다녔는데도 불구하고 자신의 학년 학습을 충분히 이해하지 못하는 경우가 있습니다. 가령, 자녀가 중학교 1학년인데도 중학교 1학년 수준의 공부를 완전히 소화하지 못하는 것입니다. 그래서 학교 시험을 보면 성적이 잘 안 나옵니다. 교육열이 높은 한국에서 아이들은 영어유치원 등 초등학교 이전부터 사교육을 통해 공부를 많이 합니다. 주변 현실을 보면 대부분의 아이들이 어릴 때부터 방문 학습지를 하거나 여러 학원을 다니고 있습니다. 물론 맞벌이 부부가 많다 보니 방과 후에 아이를 안전하게 맡길 데가 마땅치 않아서 나타나는 현상이기도 합니다. 맞벌이 부모들 입장에서 자녀가 차라리 학원에 가서 있는 것이 안전하고 공부도 하기 때문입니다. 여러 가지 이유로 아이들이 어릴 때부터 공부를 많이 하고 있는 것이 사실입니다. 아이들이 공부를 많이 하다 보니 아이들의 학습능력이 전반적으로 높아지기도 했습니다. 그래서 또래 아이들에 비해서 학습이 한번 뒤쳐지는 아이들은 또래 아이들의 학습능력을 따라잡기가 더 어렵기도 합니다.

교육과정상 초등학교 3학년 때 영어를 처음 배우게 됩니다. 그러나 많은 아이들이 영어를 처음 배우는 것은 유치원 시기입니다. 영어에 있어서는 이미 많은 아이들이 선행학습을 하고 있습니다. 영어뿐만이 아니라 수학 선행학습도 상당히 많이 하고 있습니다. 국어도 독서나 토론 수업 등으로 선행학습을 하고 있습니다. 사실 영어 · 수학 · 국어는 대학입시에서 매우 중요한 과목들입니다. 그래서 결국은 대학입시를 위해서 선행학습을 하는 경우가 많습니다. 그렇지만 모든 학생이 선행학습을 할 정도의 학습능력이 되는 것은 아닙니다. 그리고 모든 학생이 꼭 선행학습을 할 필요도 없습니다. 어찌 보면 많은 아이들이 학원에 다니지 않을 수 없으니까 그냥 학원에 다닌다는 표현이 적절할 수도 있습니다. 아무래도 대학입시경쟁이 치열하다 보니 자신의 자녀가 좀 더 나은 성적을 받게 하고 싶은 부모들의 욕구가 선행학습을 당연하게 만들어 버린 것 같습니다. 그리고 부모들 사이에서 자녀가 선행학습을 반드시 해야 하는 분위기가 만들어지면 부모들에게 더 큰 불안감을 줍니다. 그래서 상담실에서 만난 많은 부모들이 이렇게 말하기도 합니다.

"이게 아닌 것 같은데도 다른 아이들이 다 학원에 다니니까, 우리 아이만 학원에 안 다니면 뒤쳐질까 봐 불안해서 보내요"

중학생을 대상으로 하는 학원은 학교 시험기간을 제외하고는 대부분 선행학습으로 진도를 나갑니다. 부모들의 교육열이 높고 학습 분위기가 좋다는 지역일수록 선행학습을 안 하는 학원은 살아남지를 못합니다. 그래서 아이들에 따라서 선행학습을 1년 또는 2년 정도 빠르게 진행하기도 합니다. 특히, 국 · 영 · 수 과목은 대학입시에서 중요하기 때문에 아이들의 학습 능력과 진학 목표에 따라서 선행학습의 속도가 더 빠른 것 같습니다. 현실적으로 대학입시를 준비하기 위해서는 사교육에 의존할 수밖에 없습니다. 대학입시에서 수시전형을 위해서 학교 내신을 잘 받으려면 아이들이 미리 학습해서 알고 있으면 학교 시험에서 당연히 유리합니다. 그러다 보니 아이들은 자신의 학습능력과 상관없이 학원의 선행학습 과정을 따라서 공부를 하게 됩니다. 이러저러한 이유로 부모들이 자녀를 학원에 보내고 자녀가 학원에서 공부를 잘하고 있는 줄 알았는데 정작 자녀의 중학교 성적이 배신을 하는 것입니다.

✓ 후행학습으로 꼼꼼하게 점검하라

초등학교에서 하는 공부는 중학교 과정을 준비하는 것입니다. 그리고 중학교에서 하는 공부는 고등학교 과정과 대학입시를 준비하는 것입니다. 이때 아이들이 공부하고 학습 실력이 느는 원리는 단순합니다. 마치 계단을 오르는 것과 같습니다. 다만 학습 계단은 폭이 매우 넓기 때문에 다음 계단을 오르기 위해서는 많이 걸어가야 합니다. 그래서 아이들의 학습 실력이 느는 것을 보면 아이들이 공부를 꾸준히 해도 실력이 안 느는 것처럼 보이다가 어느 순간 점프하듯이 쑤욱 올라가는 것을 알 수 있습니다. 아이들의 학습 실력은 아이들이 공부한다고 바로 오르지 않고 한창 지나서 갑자기 향상합니다. 이러한 학습 실력 향상의 원리를 이해하고 아이들이 대학입시까지는 폭넓은 계단을 오르는 듯한 학습태도로 공부를 해야 합니다. 그리고 학습 실력이 느는 것 갖지 않더라도 중간에 포기하지 않고 끈기 있게 끝까지 공부하는 태도가 필요합니다. 아이들이 한 계단 한 계단 높은 실력으로 올라갈 때까지 인내하면서 공부해야 학업성취를 이루고 성취감을 느낄 수 있습니다. 아이들이 학습에서 느끼는 성취감은 더 높은 학습 계단을 오르도록 하는 강력한 동기가 됩니다.

초등학교 시기는 아이들이 중학교 시기부터 자기주도학습을 할 수 있도록 학습인성을 발달시켜야 하는 시기입니다. 아이들이 학습 계단을 스스로 올라가는 연습이 필요한 시기입니다.

아이들이 학습 계단을 오르는 과정 중에 성공도 하고 실패도 하는 경험을 통해서 학습인성을 발달시킬 수 있습니다. 그런데 사교육에 대한 의존이 심한 아이들일수록 자신의 실력으로 학습 계단을 올라온 것 같은 착각을 할 수 있습니다. 그리고 순응적인 아이들일수록 실제 실력과 상관없이 공부를 잘하는 것처럼 보이기도 합니다. 여기서 부모들이 학원을 이해할 필요가 있습니다. 학원이 생존하기 위해서는 아이들의 학습 결과를 통해서 학원비가 아깝지 않다는 것을 부모들에게 보여줘야 합니다. 그래서 아이들이 학원을 빠지지 않고 다니기만 한다면 교재 진도도 나가고 교재 내용을 확인하는 시험도 어떻게든 패스할 수 있게 만듭니다. 그래서 부모들이 자녀의 학습에서 부족한 부분을 정확하게 알아차리는 것이 쉽지 않을 수 있습니다. 왜냐하면 자녀가 학원에서 선행학습으로 진도는 나갔고 시험도 패스했기 때문에 표면적으로는 자녀의 학습에서 부족한 부분이 없어 보이기 때문입니다.

아이들이 공부한 것을 완전히 이해한다는 것은 기초학습부터 심화학습까지 밑에서부터 벽돌들을 쌓아 올리듯이 차근차근 학습 단계별 벽돌들을 쌓아 올리는 것과 같습니다. 그래서 기초단계나 기본단계의 학습 벽돌들이 빠져 있으면 심화단계까지 학습 벽돌들을 쌓아 올리더라도 약해서 무너질 수밖에 없습니다. 중학생 자녀가 공부한 내용으로 시험을 보는 학교 성적이 높으려면 이전 단계의 학습 벽돌들이 튼튼하게 쌓아 올려 있어야 합니다. 그런데 만약에 중학생 자녀의 이전 단계의 학습 벽돌들이 제대로 쌓아 올려져 있지 않으면 현재 학업성취를 이루는 것이 어렵습니다. 심지어 자녀가 아무리 열심히 공부해도 성적이 잘 나오지 않아서 좌절감만 느끼다가 공부를 포기하는 상황까지 갈 수 있습니다. 그래서 부모들이 중학생 자녀의 학업성취가 자녀가 공부한 것에 비해서 낮을 때는 자녀를 비난하지 말고 격려하며 도와줘야 합니다. 무엇보다 자녀의 이전 단계 학습에서 결손이 있는 부분을 찾아서 보충하도록 개입해야 합니다. 부모들이 이런 식으로 자녀의 학습 결손 문제를 대처한다는 것이 현실적으로 쉽지 않다는 것을 잘 압니다. 그럼에도 부모들이 자녀의 학습에 적극적으로 개입하고 도와줘야 합니다. 가령, 부모들이 학교나 학원 선생님들과 긴밀하게 의사소통을 하면서 자녀의 학습문제를 의논하고 대처할 수 있을 것입니다. 자녀가 이전 단계의 학습이 제대로 안 된 상태에서 더욱 어려워지는 공부를 한다는 것이 결코 쉽지 않습니다. 부모들이 말하듯이 자녀가 열심히 공부한다고 해서 해결될 일이 아닙니다.

중학생 자녀의 학교 성적이 전체 학생 수의 절반 이하이면 자녀가 현재 학습을 충분히 소화하지 못하고 있는 것입니다. 자녀가 이전부터 공부를 잘하지 않았다면 중학교에서 성적이 잘 나오지 않는 것은 당연합니다. 이럴 때는 부모가 자녀의 학습동기를 높이고 학습태도를 바로잡아줄 수 있는 개입을 하면 됩니다. 그러면서 이전에 학습을 제대로 하지 않아서 생긴 학습결손을 보충할 수 있도록 도와줘야 합니다. 그런데 중학생 자녀가 이전부터 공부를 잘했는데도 불구하고 성적이 잘 나오지 않는다면 자녀의 인지 능력부터 확인해야 합니다. 가령, 초등학생 때 공부를 잘하는 아이들 중에도 경계선 지능이나 경미한 자폐 스펙트럼 장애가 있는 경우가 있습니다. 초등학교 과정은 아이들의 암기력에 문제가 없고 부모들이 학습 관리를 꼼꼼하게 잘해주면 학습 성과를 충분히 낼 수 있습니다. 그래서 경계선 지능이나 경미한 자폐 스펙트럼 장애가 있어도 잘 모르고 지나칠 수 있습니다. 이러한 경우가 아니라면 자녀의 이전 단계 학습에서 결손이 일어난 경우가 대부분입니다. 그래서 부모들이 중학생 자녀가 자신의 학습 실력에 좌절하지 않고 용기를 내어 학습 결손을 극복할 수 있도록 격려하면서 필요한 도움을 주는 것이 중요합니다.

4. 자녀의 학습코칭은 '밀당'을 잘해야 합니다

✓ 중학생은 초등학생과 다르다

많은 부모들이 자녀가 중학생임에도 불구하고 자녀가 초등학생 때처럼 공부를 봐주고 지도하려고 합니다. 자녀는 성장함에 따라서 심리적 태도가 변하는데 부모들이 자녀의 성장으로 인한 변화를 따라가지 못하는 경우가 많습니다. 그러다 보니 자녀가 사춘기의 정점인 중학생이 되면 부모들이 공부하라고 해도 초등학생 때처럼 고분고분 공부하는 척이라도 하지 않습니다. 중학생 자녀가 부모들의 말에 공부하는 척이라도 하면 부모들이 화도 안 나고 자녀와 갈등도 생기지 않을 것입니다. 그러나 대부분 중학생 아이들은 부모들의 눈앞에서 보란 듯이 공부를 안 하는 모습을 보입니다. 그러한 자녀의 모습을 보면 부모들이 불같이 화가 폭발합니다. 그러면서 부모들과 자녀를 연결했던 마음의 도로에 거대한 지진이 일어나서 친밀한 애착 관계가 깨집니다. 그리고 시간이 지남에 따라서 부모들과 자녀 간에 갈등의 골이 깊어지고 서로 이해하지 못하고 미워하는 관계가 이어집니다.

중학생 자녀와 부모들 사이에 부정적인 관계패턴이 지속되면 언제 어디서 갈등이 폭발할지 모르는 조마조마하고 불안한 상황이 됩니다. 그러다 보니 자녀의 중학생 시기 동안 부모는 부모대로 화가 나 있고 자녀는 자녀대로 화가 나 있는 경우가 많습니다. 부모 입장에서 보면 조용했던 가정의 분위기를 중학생 자녀 때문에 다 망치는 듯 보입니다. 상담실에서 부모와 중학생 자녀를 만나보면 오랜 갈등상태에서 서로 상처만 주고받다가 오는 경우가 많습니다. 그래서 상담 첫날에는 부모도 화가 나 있고 자녀도 화가 나 있는 경우가 많습니다. 상담실에서 처음 접하는 부모와 자녀의 정서가 화와 분노입니다. 그런데 부모와 자녀 둘 다 겉으로 드러난 모습은 화이지만 마음 밑바닥에는 슬픔이 가득합니다. 인간의 감정 중에서 슬픔은 무엇인가 소중한 것을 잃어버렸다는 상실감에 뒤따르는 정서 상태입니다.

부모들의 상실감을 추측해보면 말 잘 들었던 착한 초등학생 자녀를 더 이상 만나 볼 수 없다는 것일 겁니다. 부모들은 자녀가 착했는데 중학교 올라가더니 변했다는 말을 많이 합니다. 많은 부모들이 아동기 자녀가 청소년기 자녀로 성장하면서 변하는 태도에 매우 낯설고 당황스러워합니다. 특히, 초등학생 자녀가 중학생이 되면서 나타나는 태도 변화가 자연스러운 발달 과정이지만 부모들에게는 '품 안의 자식'이 멀리 떠나가 버린 듯한 느낌일 것입니다. 반면에 자녀도 상실감을 경험합니다. 상담실에서 가장 많이 접하는 아이들의 속마음은 '나는 사랑받을 만한 가치가 없다'입니다. 중학생 아이들은 여전히 부모의 사랑과 인정을 많이 받고 싶어 합니다. 그런데 안타깝게도 많은 아이들이 공부 잘하는 것 외에는 부모에게 자랑하고 칭찬받을 만한 것이 없다고 생각합니다. 그러다 보니 학교에서 1등처럼 공부를 잘하지 못하는 자신의 학업성취로는 부모에게 사랑받을 만한 가치가 없다고 생각합니다. 중학생 아이들이 경험하는 상실감은 부모가 공부를 못하는 자신을 더 이상 사랑하지 않을 것이라는 겁니다. 중학생 자녀가 부모에게 사랑받지 못한다고 느낄 때 더욱 분노할 수 있습니다. 이때 아이들의 분노는 무기력한 모습이나 공격적인 모습으로 나타나기도 합니다.

✓ 연애하듯이 밀당하세요

사람들은 연애를 잘하는 사람을 보고 '밀당(밀고 당기기)'을 잘한다라는 표현을 씁니다. 밀당을 잘하는 사람은 두 사람 사이에서 일어나는 심리적 변화나 갈등을 잘 파악합니다. 그래서 연애할 때 두 사람 사이의 관계를 좋게 하는 방향으로 이끌어갈 줄 아는 사람입니다. 부모들이 과거 연애를 추억해 보면 연애 초기에는 상대방의 단점보다는 장점이 더 크게 보였을 겁니다. 그리고 상대방의 사소한 결점들은 큰 장점에 가려서 잘 보이지 않았을 겁니다. 무엇보다 연애를 막 시작하는 단계에서는 연애를 하고 싶은 마음이 컸기 때문에 상대방에게 많은 것을 맞추려고 노력했을 것입니다. 물론 연애가 끝나고 결혼을 한 후에는 서로 단점을 지적하면서 힘겨루기를 많이 했을 겁니다. 두 사람 사이의 힘겨루기는 갈등만 키우기 때문에 밀당을 잘해야 합니다. 마찬가지로 부모들이 중학생 자녀와도 힘겨루기가 아닌 밀당이 필요합니다. 자녀 양육의 책임이 있는 부모들이 밀당의 주체가 되어야 합니다. 그렇게 하기 위해서는 부모들이 심리적으로 더 성숙한 태도를 취해야 합니다.

자녀를 키워 온 부모 입장에서는 자녀의 강점보다는 단점이 더 많이 보일 수 있습니다. 어떤 경우에는 부모들이 자녀 양육 스트레스가 컸던 만큼 이미 심리적으로 지치고 소진되었을 수도 있습니다. 그래서 자녀가 중학생 정도면 이미 다 컸다고 생각하고 더 이상 자녀 양육에 얽매이지 않고 홀가분해지고 싶은 욕구가 매우 클 수도 있습니다. 또는 부모들이 직업적으로 중요한 시기여서 스트레스가 많은 상태일 수도 있습니다. 이러한 부모들의 마음 상태로는 자녀와 연애하듯이 밀당을 하기가 어렵습니다. 부모들의 마음에 자녀의 마음까지 헤아릴만한 심리적인 여유가 없기 때문입니다. 부모들이 심리적 여유가 없으면 자녀에게 냉정하고 경직된 태도를 보일 수밖에 없습니다. 그렇게 되면 자녀의 이야기에 귀 기울이지 못하고 자녀의 마음을 공감하기가 더욱 어렵습니다. 오히려 부모들이 옳다고 생각하는 '공부 열심히 해야 한다'라는 당위적인 이야기만 하게 됩니다. 그런데 자녀 입장에서는 부모들이 공부하라는 잔소리만 늘어놓는 것처럼 느껴집니다. 그러다 보면 부모들과 자녀 간에 대화가 단절되고 자녀는 세상에 홀로 남겨진 듯한 외로움을 느낍니다.

부모들이 자녀와 밀당을 잘하려면 중학생 자녀의 행동과 욕구를 이해하는 것이 필요합니다. [정답없는 입시 균형이 답이다] 초등 편에서 제시한 아이들의 4가지 기본 욕구와 행동이 있습니다. 기본 욕구는 ① 접촉 · 소속감, ② 힘, ③ 보호, ④ 물러서기입니다. 그리고 중학생 자녀가 기본 욕구를 충족시키기 위해서 하는 부정적인 행동들이 있습니다. 우선, 접촉 · 소속감 욕구는 부당한 관심 끌기 행동으로 나타날 수 있습니다. 심한 경우에는 자녀가 몸에 상처를 내는 자해행동을 보일 수도 있습니다. 그리고 힘의 욕구는 부모의 권위나 말에 항상 반항하는 태도로 나타납니다. 그리고 보호 욕구는 은밀하게 감춰진 내면의 상처를 부모에게 앙갚음하는 식으로 나타날 수 있습니다. 마지막으로 물러서기 욕구는 인간관계를 과도하게 회피하고 매우 위축된 모습을 보일 수 있습니다. 아이들이 기본 욕구를 충족시키기 위한 방법이 부정적인 행동으로만 나타나는 것은 아닙니다. 그런데 아이들이 사춘기 이후 중학생 시기에 심리적으로 불안정해지기 때문에 부정적인 행동을 보일 가능성이 높아집니다.

✓ 밀당에는 대화법이 필요하다

상담실에서 만난 부모들 중에는 자녀가 초등학생이었을 때는 대화를 많이 했는데 중학생이 되어서는 말을 안 한다고 이야기하는 것을 종종 듣습니다. 그래서 부모들이 중학생 자녀가 무슨 생각을 하는지 무슨 마음인지 모르겠다고 답답해합니다. 이러한 부모들의 이야기를 들어보면 아쉽게도 자녀가 어릴 적부터 바람직한 태도로 대화한 경우가 드뭅니다. [정답없는 입시 균형이 답이다] 초등 편에서 바람직하고 효과적인 대화법을 알려드렸습니다. 그것은 적극적인 부모역할(Active Parenting)의 5단계 대화법입니다. 적극적인 의사소통 5단계는 ① 적극적으로 경청한다, ② 감정에 귀를 기울인다, ③ 감정과 이야기 내용을 연결시킨다, ④ 대안을 찾아보고 그 결과를 평가한다, ⑤ 추후지도를 한다 입니다. 그중에서 가장 중요한 것은 자녀의 마음을 공감하기 위해서 적극적으로 경청하는 부모들의 태도입니다. 이것은 부모들이 자녀의 이야기를 들을 때 자녀를 존중하고 배려하는 자세입니다.

부모들이 자녀의 이야기를 적극적으로 경청하는 태도는 자녀에게 매우 영향력 있는 비언어적인 메시지를 전달합니다. 그것은 바로 '나는 언제나 네 편이다'라는 메시지입니다. 상담실에서 만난 중학생 아이들은 안타깝게도 '세상에 내 편이 없다'라는 외로움을 느낍니다. 실제로 부모들이 곁에 있음에도 불구하고 아이들은 심리적으로 혼자라고 느낍니다. 부모들이 자녀에게 '나는 언제나 네 편이다'라는 비언어적이고 정서적인 메시지를 주지 못했기 때문에 그렇습니다. 예를 들어 어릴 적에 부모와 대화했던 경험이 좋았던 아이들은 중학생이 되어서도 부모와 대화를 합니다. 그러나 부모와 대화했던 경험이 짜증 나고 싫었던 아이들은 중학생이 되면 더 이상 부모와 이야기를 안 하려고 합니다. 왜냐하면 중학생이 되기까지 부모와 대화했던 부정적인 경험을 더 이상 하고 싶지 않기 때문입니다. 상담실에서 아이들에게 부모에게 이야기하지 않는 이유를 물어보면 부모에게 이야기해봤자 소용도 없고 짜증만 나기 때문이라고 합니다. 그런데 부모들을 만나보면 자녀를 사랑하지 않는 경우가 거의 없습니다. 다만 부모들이 말하는 태도, 즉 언어습관이 사회생활하는 데는 별다른 문제가 없었겠지만 자녀가 심리적으로 건강하게 성장하는 데는 적절하지 않았을 뿐입니다.

[정답없는 입시 균형이 답이다] 초등 편에서도 강조했지만 자녀 학습코칭에서 가장 중요한 것은 부모와 자녀의 관계입니다. 부모와 자녀의 관계의 핵심은 정서적 친밀함입니다. 만약에 자녀와 애착관계가 친밀하지 않다면 부모가 학습코칭을 할 때 주의가 더욱 필요합니다. 부모의 학습코칭으로 자녀가 상처 받아서 떠나지 않게 밀당을 잘해야 합니다. 밀당에서 가장 중요한 것은 의사소통입니다. 의사소통에 자신이 없어도 상관없습니다. 부모가 자녀를 존중하고 배려하는 태도로 자녀의 이야기를 적극적으로 경청하려고 노력하기만 하면 됩니다. 그리고 중학생 아이들은 자존심이 매우 세지만 자존감은 전반적으로 낮습니다. 그렇기 때문에 중학생 자녀를 학습코칭할 때는 절대 비교하거나 평가하거나 비난하는 등 대화를 단절시키는 말을 해서는 안 됩니다. 가뜩이나 불안정한 심리상태의 중학생 아이들을 자극하는 것은 잠자는 사자의 코털을 건드리는 것과 같습니다. 중학생 자녀에게는 부모의 절대적인 격려가 필요할 때입니다.

중등편 학습균형

제7장
중학생 자녀의 진로를 코칭하다 (4차 산업혁명시대)

1. 자녀가 살아갈 4차 산업혁명시대를 이해하세요
2. 4차 산업혁명시대에 필요한 진로인성을 이해하세요
3. 자녀의 진로결정은 '계획된 우연'의 결과입니다
4. 자녀의 진로성공은 '우연학습기술'이 필요합니다

1. 자녀가 살아갈 4차 산업혁명시대를 이해하세요

✓ AI(인공지능)에 놀라다

2016년 전 세계적으로 최고 실력의 바둑 기사인 이세돌과 바둑 인공지능(AI) 프로그램 알파고가 세상 사람들이 지켜보는 가운데 바둑 대국을 벌였습니다. 세상 사람들의 관심이 집중된 이세돌과 알파고의 바둑 대국 덕분에 많은 사람들이 AI(인공지능)에 대해 알게 되었습니다. 인간과 컴퓨터의 바둑 대국 전에 누가 이길 것인지에 대한 수많은 예측 기사들이 쏟아져 나왔습니다. 그런데 많은 사람들이 인간인 이세돌이 아직은 낯선 AI 알파고를 이기기를 바라는 마음이 더 커 보였습니다. 왜냐하면 인간의 종말을 그린 SF 영화에서처럼 로봇이 인간을 지배할 것 같은 두려움이 있었기 때문입니다. 이세돌과 알파고의 바둑 대국이 끝난 후에 사람들은 상상하지도 못했던 AI 기술의 발전에 대한 놀라움과 충격을 이야기했습니다.

인간과 컴퓨터가 대결하는 세기의 바둑을 지켜보던 사람들은 충격을 받았습니다. 세상의 모든 바둑 기보를 학습한 AI라고 하더라도 신의 한 수와 같은 바둑의 특성 때문에 이세돌이 이길 것이라고 예측했기 때문입니다. 그러나 최종 결과는 알파고가 이세돌을 4승 1패로 이겼습니다. AI 프로그램인 알파고의 승리는 사람들에게 현재 AI 인공지능 기술이 어느 정도 발전했는지를 충격적으로 알려주었습니다. 더 놀라운 것은 인공지능의 발전 속도가 이전보다 더 빠르게 진행할 것이라는 사실이었습니다. 사람들은 이러한 기술의 발전에 놀라고 동시에 불안함도 느꼈습니다. 언젠가는 공상과학영화에 나오는 로봇이 지배하는 삶의 모습이 실제 우리의 삶이 될 수도 있겠다는 가능성이 보였기 때문입니다. 4차 산업혁명 기술의 발전으로 인간의 삶은 풍요로워질 것입니다. 반면에 인간이 하던 일들을 빼앗겨서 일자리가 없어질 것이라는 두려움도 있습니다.

AI 인공지능인 알파고가 세상에 널리 알려진 2016년에 스위스 다보스 포럼(Davos Forum)이 열렸습니다. 이 포럼의 의장인 클라우스 슈밥(Klaus Schwab)이 '4차 산업혁명'이라는 용어를 처음으로 사용했습니다. 4차 산업혁명의 핵심에는 AI 인공지능을 가능케 하는 컴퓨터와 인터넷과 같은 디지털 기술의 발전이 있습니다. 그리고 클라우스 슈밥은 저서 [4차 산업혁명 시대]에서 현재 진행되고 있는 모든 신개발과 신기술에는 디지털화와 정보통신기술이라는 공통된 특성이 존재한다고 했습니다. 그는 4차 산업혁명 시대의 메가트렌드를 이해하기 위해서 물리학 기술, 디지털 기술, 생물학 기술 세 분야로 분류하여 설명했습니다. 이렇게 분류한 세 분야는 실제로 서로 깊이 연관되어 있을 뿐만 아니라 각각의 분야에서 이루어진 발전과 성과는 서로 다른 분야의 발전을 촉진한다고 했습니다.

▪ 4차 산업혁명 시대의 메가트랜드

물리학 기술	무인운송수단, 3D 프린팅, 첨단로봇 공학, 신소재
디지털 기술	사물인터넷(IoT), 원격모니터링, 블록체인, 디지털 플랫폼(우버 등)
생물학 기술	유전학 혁신(유전자 활성화 및 편집 기술 등), 합성생물학, 바이오프린팅

✓ 직업세계의 변화가 빠르다

자녀가 살아갈 4차 산업혁명시대에는 IT로 대표되는 기술의 발전과 환경의 변화가 이전 세대와 비교할 수 없을 정도로 빠르게 진행할 것입니다. 4차 산업혁명시대처럼 급변하는 시대에는 자녀의 진로와 관련하여 미래 상황을 예측하고 계획하는 것이 결코 쉽지 않습니다. 기술과 환경의 변화가 느렸던 시대에는 자녀의 미래를 전망하여 진로를 결정하고 미래 직업을 갖기 위한 준비를 계획하여 할 수 있었습니다. 그래서 진로검사를 활용하여 아이들의 성격유형과 흥미에 따라서 적합한 직업군을 탐색하여 아이들이 자신의 진로 결정을 하고 진로계획을 세울 수 있었습니다. 아이들의 10년 후 미래의 직업을 충분히 예측 가능했을 때는 진로검사가 유용했습니다. 그러나 기술과 환경이 급변하는 4차 산업혁명시대에 중학생 아이들이 대학 졸업 후 취업을 하는 10년 후에는 수많은 직업이 사라지고 새로운 일자리가 생길 것입니다. 그래서 어떤 직업이 좋고 나쁘고 또는 연봉이 높고 작고 등 직업세계를 예측하는 것이 어렵습니다.

4차 산업혁명시대에는 과거의 기술 발전 속도와 비교할 수 없을 정도로 매우 빠르게 삶의 전 영역에서 IT 기술과 IT와 융합하는 기술이 발전할 것입니다. 그래서 아이들의 미래 직업세계의 변화가 빠르게 진행할 것입니다. 가령, 인간의 노동을 IT 기술로 대체할 수 있는 대형마트의 캐셔 같은 일자리들이 빠르게 사라질 것입니다. 실제로 최근 몇 년 사이에 패스트푸드 매장과 음식점에서 음식 값을 결재하던 사람들이 사라졌습니다. 사람들이 했던 일을 무인 주문 시스템이 대신하고 있습니다. 이처럼 IT 기술의 발전으로 인간의 노동이 필요했던 일자리들이 사라지고 그 자리를 IT 관련 기술들로 대체하고 있는 것입니다. 그러면서 IT 기술의 무인 시스템을 운영하고 관리해야 하는 새로운 일자리들이 생겨났습니다. 실제로 4차 산업혁명시대에는 이전에는 예상하지 못한 새로운 일자리들이 생겨나고 있습니다. 가령, 유튜버는 부모세대에는 전혀 예측할 수 없었던 직업입니다. 그러나 현재 유튜버는 아이들이 선호하는 직업 1순위입니다. 유튜브로 엄청난 수익을 낼 수 있기 때문에 유튜브와 관련해서 다양한 일자리들도 생겨났습니다.

4차 산업혁명시대에는 인간의 단순한 노동을 필요로 하는 일자리는 사라지고 IT와 같은 전문지식을 필요로 하는 일자리는 새롭게 생겨날 것입니다. 그런데 미래학자들이 예측하기로는 사라지는 일자리의 수에 비해서 새롭게 생기는 일자리의 수가 더 적다고 합니다. 왜냐하면 단순하고 반복하는 업무의 일자리는 기술의 발전으로 쉽게 대체할 수 있기 때문입니다. 반면에 새롭게 생기는 일자리들은 IT 기술이나 IT와 융합하는 기술 즉, 전문 지식을 필요로 합니다. 그래서 4차 산업혁명시대에는 전 세계적으로 일자리 문제로 인한 경제적 양극화가 더욱 심화될 것이라고 예측합니다. 인간의 삶을 풍요롭게 하는 IT 기술의 발전이 오히려 많은 사람들의 일자리를 위협하여 그들의 삶이 경제적으로 더욱 힘들어질 수 있다는 것입니다.

✓ 4차 산업혁명의 명암(明暗)을 이해하라

부모들이 중학생 자녀의 진로코칭을 하기 전에 자녀가 살아갈 4차 산업혁명시대의 명암을 이해할 필요가 있습니다. 부모세대가 경험하지 못했던 시대를 예측하여 자녀의 진로를 코칭하는 것은 어렵습니다. 부모세대가 대학에 진학했을 때 사람들이 선호하는 대학 전공들이 있었습니다. 졸업 후 취업이 잘 되고 직업이 안정적인 인기학과들입니다. 부모세대와 자녀세대는 대략 30년 정도 차이가 납니다. 30년이라는 시간 동안 사회적으로 많은 변화가 일어납니다. 요즘은 '10년이면 강산이 변한다'는 말이 사라질 정도로 기술과 환경이 1년이 다르게 변하고 있습니다. 4차 산업혁명이 자녀가 사회에 진출하는 20대에 미래의 직업세계를 어떻게 변화시킬지 정확히 알 수는 없습니다. 그렇지만 대략적인 모습을 그려볼 수는 있습니다. 미래학자들이 바라보는 4차 산업혁명의 명암이 있습니다. 그것만이라도 이해한다면 부모들이 자녀의 진로코칭을 하는데 도움이 될 수 있습니다.

4차 산업혁명 시대를 바라보는 긍정적인 면이 있습니다. 다양한 산업과 IT 기술이 융합하여 생산과 유통 그리고 소비에 이르기까지 자동화와 연결성이 극대화된 모습으로 나타날 것입니다. 그래서 소비자는 정보 활용으로 더 똑똑한 소비가 가능하고 생산자는 소비자 심리와 욕구에 적합한 물건을 빠르게 만들어낼 수 있습니다. 4차 산업혁명을 대표하는 IT, AI, 로봇 등의 기술 발전으로 우리 삶은 이전과 비교할 수 없을 정도로 편리해질 것입니다. 무엇보다 인간의 신체적 취약함과 결함을 기술 발전으로 극복할 수 있습니다. 그래서 장애가 있는 사람들과 홀로 사는 노인들처럼 일상생활을 하는데 어려움이 있고 이동을 하는데 어려움이 있는 사람들의 삶의 질이 향상될 것입니다. 그리고 다양한 종류의 로봇은 위험한 산업 현장이나 재난 현장에서 인간을 대신해서 일하고 인간의 생명을 구조할 것입니다.

이와 달리 4차 산업혁명 시대의 어두운 면이 있습니다. 그것은 일자리 문제입니다. 전 세계적으로 수많은 일자리가 사라지고 경제적 양극화가 더욱 심해질 것으로 예상하고 있습니다. 무엇보다 기술의 발전으로 단순하고 반복적인 일자리가 빠르게 사라질 것으로 보입니다. 그리고 AI 인공지능의 발전으로 약사와 같은 전문적인 일자리도 로봇으로 대체될 것으로 보고 있습니다. 2016년 다보스 포럼에서는 AI와 로봇의 발전으로 전 세계적으로 일자리 713만 개 사라지고 196만 개의 새로운 일자리가 생길 것이라고 예상했습니다. 그래서 대략적으로 520만 개의 일자리가 사라질 텐데 직업의 종류에 따라서 사라질 직업과 새롭게 생길 직업의 차이가 크기 때문에 사회적 불평등이 더욱 심화될 것으로 보입니다. 아마도 4차 산업혁명을 이끄는 새로운 기술을 습득하지 못한다면 미래의 직업세계에서 생존하기 어려울 것으로 보입니다. 자녀의 미래에 IT, AI, 로봇 등의 기술로 대체 가능한 일자리의 감소는 분명하기 때문에 자녀의 진로를 고려할 때 4차 산업혁명 시대를 이해하고 접근해야 합니다.

2. 4차 산업혁명시대에 필요한 진로인성을 이해하세요

✓ 진로에도 인성이 필요하다

부모들은 자녀가 행복하고 성공적인 삶을 살아가기를 바랍니다. 그러기 위해서는 자녀에게 마음의 힘이 필요합니다. 자녀의 바람직한 성격인 인성은 계발과 훈육을 통해서 발달할 수 있습니다. 그리고 인성은 오랜 습관처럼 너무 애쓰지 않아도 자동적으로 나타나는 마음의 힘입니다. 자녀의 학습에서 중요한 역할을 하는 인성이 있는 것처럼 자녀의 진로에서도 중요한 역할을 하는 인성이 있습니다. 학습인성이 자녀의 학업성취에 필요한 인성이듯이 자녀가 진로성취를 하기 위해서는 진로인성을 계발하고 발달시켜야 합니다. 진로인성은 자녀가 진로를 발달시켜가는 과정 중에 마주하는 기회와 인간 그리고 환경을 대하는 태도에 많은 영향을 미칩니다. 그래서 자녀가 살아갈 시대와 환경에 적절하게 발달한 진로인성은 자녀의 성공적인 진로활동과 진로성취에 매우 긍정적인 역할을 합니다. 반대로 자녀의 진로인성이 잘 발달하지 못하면 자녀가 사회 구성원으로서 직업을 가지고 사회에 적응하는 데 있어서 어려움이 생길 수 있습니다. 자녀가 사회생활에서 마음의 어려움을 많이 느끼면 사회로부터 도망치고 고립되는 고통스러운 삶을 사는 경우가 생길 수도 있습니다.

[정답없는 입시 균형이 답이다] 초등 편에서 적극적인 부모역할(Active Parenting)을 통해서 자녀에게 길러줄 수 있는 5가지 인성을 이야기했습니다. 그것은 용기, 자존감, 책임감, 협동심, 상호존중감 입니다. 이러한 자녀의 인성은 적극적인 부모역할 중에서 특히, 자녀와 적극적인 의사소통을 통해서 충분히 개발할 수 있습니다. 부모의 적극적인 의사소통은 자녀의 이야기를 경청하고 공감하면서 자녀를 있는 그래도 존중하고 자녀의 결정과 행동을 격려하는 태도로 대화하는 것입니다. 부모와의 관계 경험을 통해서 계발된 자녀의 인성은 자녀가 어떤 상황에 처하더라도 올바른 행동을 선택하도록 하는 신념이나 태도에 영향을 미칩니다. 마찬가지로 자녀의 진로인성도 적극적인 부모역할(Active Parenting)을 통해서 충분히 계발시킬 수 있습니다. 부모들이 자녀의 진로발달에 중요한 역할을 하는 인성을 이해한다면 진로코칭을 하는데 자신감을 가질 수 있습니다.

자녀의 진로활동에 필요한 진로인성은 직업세계의 필요에 따라서 달라질 수 있습니다. 직업세계는 기술과 환경의 변화와 발전에 따른 영향을 받습니다. 부모들은 3차 산업혁명시대를 살았다고 한다면 자녀는 4차 산업혁명시대를 살아갈 것입니다. 그렇기 때문에 부모들이 경험한 직업세계와 자녀가 경험할 직업세계가 다를 수밖에 없습니다. 부모들이 이미 경험한 진로활동과 직장생활을 생각해보면 자녀의 진로인성이 중요한 이유를 이해하기가 쉬울 것입니다. 그렇다면 부모들이 중학생 자녀의 학습에 더 많은 관심을 가지게 되는 시기이지만 자녀의 진로에 대해서도 충분히 관심을 가질 수 있습니다. 자녀의 중학생 시기는 부모들이 자녀의 학습과 진로에 대한 균형 잡힌 시각을 가지고 자녀의 미래를 준비시켜줘야 할 때입니다.

✓ 전통적 진로인성을 이해하라

4차 산업혁명시대의 미래 직업능력 연구(2018)를 보면 부모들에게도 익숙한 전통적 직업기초능력 10가지를 제시하고 있습니다. 여기서는 능력이라는 표현을 썼지만 진로인성이라고 바꾸어 말해도 좋을 것 같습니다. 왜냐하면 아이들이 공부를 해서 습득하거나 정보를 활용하는 지식을 기반으로 하는 능력이 아니라 일상에서 오랜 기간에 걸쳐 습관화된 인성을 기반으로 하는 능력이기 때문입니다. 이러한 전통적 직업기초능력은 자녀가 살아갈 미래에도 여전히 중요합니다. 다만 부모세대가 경험했던 중요성과 미래의 자녀세대에게 요구되는 중요성이 달라질 뿐입니다. 자녀가 살아갈 미래에도 중요시되는 전통적 진로인성을 순서대로 살펴보면 의사소통능력, 문제해결력, 자기관리역량, 창의력, 책임감, 윤리성, 대인관계능력, 자기주도성, 협력, 시민의식입니다.

이 중에서 미래에 중요한 진로인성 중 몇 가지를 살펴보면 첫 번째는 의사소통능력입니다. 다른 사람들과 일을 할 때 글이나 말로 자신의 의견을 상대방에게 정확하게 전달하거나 상대방의 의견을 분명하게 듣는 능력입니다. 두 번째는 문제해결력입니다. 어떤 문제가 일어났을 때 창조적이고 논리적인 사로고 적절하게 해결하는 능력입니다. 세 번째는 자기관리역량입니다. 자신의 행동을 변화시키기 위해서 행동을 관리하고 그 행동에 책임지는 능력입니다. 네 번째는 창의력입니다. 자신의 생각이나 알고 있는 개념들을 새롭게 조합하거나 새로운 생각이나 개념을 만들어내는 능력입니다. 다섯 번째는 책임감입니다. 자신이 하는 일이나 의무를 중요하게 여기고 행동하는 능력입니다. 이러한 진로인성은 부모들에게 익숙하고 회사에서 관리자급인 부모세대가 중요하게 여기는 것들입니다. 자녀가 살아갈 미래에도 여전히 중요하다고 보고 있습니다.

의사소통능력, 문제해결력, 자기관리역량, 창의력, 책임감 등 전통적 진로인성은 자녀가 살아갈 미래의 4차 산업혁명시대에도 중요한 역할을 할 것입니다. 자녀가 취업을 하는 미래의 직업세계에서도 취업생들과 직장인들에게 요구하는 인성입니다. 여러 가지 전통적 진로인성 중에서 기술과 환경의 변화와 발전으로 직업세계의 필요도가 변함에 따라서 진로인성의 우선순위가 바뀔 수 있습니다. 우선순위와 상관없이 전통적 진로인성은 부모들이 현재 직장에서 필요하다고 여기는 것들인데 자녀도 꼭 갖춰야 할 기본 인성입니다. 자녀의 전통적 진로인성은 가정에서 부모들이 적극적인 부모역할(Active Parenting)을 통해서 충분히 길러줄 수 있습니다. 부모들이 자녀가 살아갈 시대와 직업세계를 이해하고 자녀의 전통적 진로인성을 발달시켜주는 것이 필요합니다.

✓ 미래형 진로인성을 발달시켜라

4차 산업혁명시대의 미래 직업능력 연구(2018)에서는 전통적 직업기초능력과 더불어 자녀의 미래에 중요성과 필요성이 높은 미래형 직업기초능력 15가지를 제시하고 있습니다. 미래형 직업기초능력도 자녀에게 필요한 미래형 진로인성으로 바꾸어 표현할 수 있습니다. 미래형 진로인성을 중요성 순서대로 살펴본다면 위기대처능력, 대응력, 미래예측력, 인지적 부담관리, 기계협업능력, 회복탄력성, 전체 조망력, 다양성 포용력, 열정, 자기혁신, 통찰적 사고력, 호기심, 환경친화성, 기업가정신, 다재다능 입니다.

부모세대에게는 미래형 진로인성이 익숙하지 않을 수 있습니다. 왜냐하면 부모세대가 진로활동을 할 때는 전통적 진로인성에 비해서 중요성이 크지 않았기 때문입니다. 그러나 기술과 환경이 급격하게 변하는 요즘 시대에 요구되는 진로인성입니다. 그렇기 때문에 4차 산업혁명시대를 살아갈 자녀의 미래에는 더욱 중요한 진로인성입니다. 그중에서 5가지 진로인성을 살펴보면 첫 번째는 위기대처능력입니다. 위기상황이 예상되거나 실제 피해상황이 일어났을 때 당면한 문제를 침착하게 극복해나가는 능력입니다. 두 번째는 대응력입니다. 현재 자신이 처한 환경에서 자신의 목표와 능력에 맞게 문제를 적절하게 대응하는 능력입니다. 세 번째는 미래예측력입니다. 다양한 환경 분석을 통해서 변화의 흐름을 파악하고 미래를 예측하는 능력입니다. 네 번째는 인지적 부담관리입니다. 전화, 이메일, 문자, SNS, RSS 피드 등 시시각각 쏟아지는 방대한 양의 정보들을 인지적으로 능숙하게 수용하고 관리하는 능력입니다. 다섯 번째는 기계협업능력입니다. IT 기술의 발전으로 지능화된 기계와 상호작용하면서 자신에게 주어진 일을 이전과 다른 방식으로 해결하는 능력입니다.

연구에서 제시한 미래형 진로인성 15가지 중 중요성 순서대로 살펴본 5가지 외에도 심리상담사로서 중요하다고 보는 것은 회복탄력성과 전체 조망력 그리고 다양성 포용력이 있습니다. 회복탄력성은 실패에 좌절하지 않고 끊임없이 배우고 문제를 해결하는 능력입니다. 그리고 전체 조망력은 삶에 영향을 미치는 여러 요인에 대한 이해를 수직적이고 수평적으로 연결하면서 전체 일이나 시스템이 어떻게 변화하는 지를 조망하는 능력입니다. 마지막으로 다양성 포용력은 다문화 감수성이라고도 말할 수 있는데 나이, 종교, 성, 인종, 가치관, 문화적 배경이 다른 사람들의 특성을 이해하고 포용하는 능력입니다. 가정에서 적극적인 부모역할(AP)을 통해서 자녀의 미래형 진로인성을 계발할 수 있는 것도 있지만 가정 밖 환경의 도움이 필요한 부분도 있습니다. 그렇기 때문에 부모들이 자녀의 미래형 진로인성 형성에 도움을 줄 수 있는 것과 없는 것을 구별해야 합니다. 부모들이 자녀에게 필요한 미래형 진로인성을 이해하고 자녀에게 적절하고 다양한 방법으로 진로코칭을 하는 것이 바람직합니다.

3. 자녀의 진로결정은 '계획된 우연'의 결과입니다

✓ 진로이론을 이해하라

자녀의 진로에 대한 교육은 1차적으로 가정에서 이루어집니다. 보통 자녀가 부모와 자신의 진로에 대한 대화를 하면서 부모의 진로교육이 자연스럽게 이루어집니다. 그래서 자녀의 진로는 부모의 진로에 대한 생각이나 부모의 사회경제적 지위 등 부모로부터 직접적인 영향을 받을 수밖에 없습니다. 그리고 많은 경우에는 학교나 진로 관련 기관에서 자녀의 진로교육이 이루어지고 있는 것이 현실입니다. 중학생 아이들의 진로교육이나 진로컨설팅을 할 때는 진로검사를 활용하는 것이 일반적입니다. 그리고 진로검사를 뒷받침하는 진로상담 이론으로 아이들의 진로검사 결과를 가지고 진로에 대한 교육 · 상담 · 컨설팅을 진행합니다. 요즘 아이들이 진행하는 진로검사와 진로상담

이론은 대부분 매칭모델에 기반하고 있습니다. 매칭모델이란 한 사람의 성향과 능력과 흥미 등 개인적 특성을 직업의 요구와 보상에 연결시키는 것입니다. 그래서 직업을 찾는 사람과 직업 환경 간에 매칭이 잘 되면 직업에 대한 만족도가 높아지고 그에 따라 일의 성과도 높아질 것이라고 기본적으로 가정하고 있습니다. 이러한 매칭모델을 바탕으로 하는 것이 전통적인 진로상담 이론들입니다.

전통적인 진로상담 이론들은 진로지도를 목적으로 20세기 초반부터 미국에서 발전하여 만들어졌습니다. 진로지도의 목적은 아이들이 자신의 미래 직업을 잘 선택할 수 있도록 하는 것입니다. 그래서 아이들이 자기 자신을 이해하고 다양한 분야의 직업을 이해한 후 자신의 적성과 흥미에 맞는 진로를 탐색할 수 있도록 합니다. 그리고 아이들이 자신의 진로를 선택한 진로목표에 따라서 진로를 계획하도록 합니다. 이와 같은 진로교육·상담·컨설팅 과정은 매칭모델을 기반으로 합니다. 그런데 매칭모델은 급격한 기술의 발전과 환경의 변화에 따른 직업세계의 변화를 고려하지 못한다는 한계가 있습니다. 한국의 경제와 산업 환경은 매우 빠른 속도로 변해왔고 계속 변하고 있습니다. 한국을 포함한 경제와 기술 선진국들은 4차 산업혁명 시대를 이끌어가고 있습니다. 반면에 저개발 국가들은 여전히 2차 산업혁명과 3차 산업혁명 시대를 지나는 중에 있습니다. 전 세계 각 나라들마다 경제와 산업 환경이 다 다르기 때문에 전통적인 진로상담 이론만으로는 한계가 있습니다.

경제 선진국들이 주도한 산업혁명을 시기별로 살펴보면 20세기 초반은 19세기 말에 시작한 2차 산업혁명의 번성기로 공장에서 대량생산이 이루어지던 시대입니다. 그리고 20세기 후반은 디지털 혁명이라 일컫는 컴퓨터와 인터넷 기술의 발전과 함께 3차 산업혁명의 시대입니다. 그리고 21세기 자녀가 살아갈 시대는 IT(정보통신기술) 융합으로 대표되는 4차 산업혁명의 시대입니다. 한국은 빠른 시간에 2차, 3차 산업혁명 시대를 거쳐서 4차 산업혁명 시대를 지나고 있습니다. 그렇다면 2차 산업혁명 시대에 만들어진 전통적인 진로상담 이론으로 4차 산업혁명 시대에 사는 아이들의 진로지도를 한다면 분명한 한계와 오류가 있을 수밖에 없습니다. 그런데 아쉽게도 여전히 활용되는 진로검사들과 진로지도는 전통적인 진로상담 이론을 기반으로 하고 있습니다.

전통적인 진로상담 이론으로 중학생 아이들의 진로지도를 할 때 여전히 유용한 측면이 있습니다. 진로에 전혀 관심이 없는 중학생 아이들의 경우에 진로검사를 통해 자신의 진로를 탐색하고 흥미 있는 직업을 선택하고 자신의 진로를 어떻게 발전시킬지 생각하도록 하는데 도움을 줍니다. 중학생 아이들에게 자신의 진로에 대해 고민할 기회를 줌으로써 진로탐색을 하고 진로목표를 정하고 진로계획을 세울 수도 있습니다. 가령, 아이들이 고등학교에 진학한 후에 자신의 성적으로 갈 수 없는 상위권 대학의 인기학과와 관련한 진로목표를 정하는 경우에는 현실적으로 성취 가능한 진로계획을 세우기가 어렵습니다. 그러나 중학생 아이들은 의사와 같은 높은 학습능력을 요구하고 오랜 학습기간을 필요로 하는 진로목표를 정하더라도 시간적으로 직업성취 가능성을 높일 수 있는 진로계획을 세울 수가 있습니다. 이와 같이 전통적인 진로상담 이론이 현재에도 유용하기는 하지만 급격한 시대 변화에 따른 한계가 있는 것은 분명합니다. 그렇기 때문에 부모들은 자녀가 살아갈 4차 산업혁명시대에 적절한 진로상담 이론을 이해할 필요가 있습니다.

✓ 우연을 진로기회로 만들어야한다

사람들이 자신의 직업을 선택하기까지 경험한 '우연'에 대해서 연구한 자료들이 꽤 있습니다. 그것을 살펴보면 사람들이 자신의 진로선택 과정 중에서 만난 우연적인 사건을 어떻게 이해하는지 알 수 있습니다. 가장 먼저 직업을 선택하는 데 있어서 다른 사람들의 영향과 도움을 받은 경우입니다. 자신의 진로를 선택하는 데 있어서 우연하게 만난 주변 사람들(지인, 이성, 동료, 선배, 스승 등)의 조언이나 정보가 도움이 된 경우입니다. 두 번째는 매체를 통한 정보나 여러 가지 교육에 참여하거나 사회적인 활동을 하면서 우연하게 자신의 진로선택에 영향을 받은 경우입니다. 세 번째는 개인의 상황과 관계없이 우연하게 코로나 19와 같이 갑작스러운 외적인 환경의 변화로 인해 진로선택에 영향을 받은 경우입니다. 마지막으로 우연한 개인적인 상황의 변화나 가족 상황의 변화로 인해 진로선택에 영향을 받은 경우입니다.

여태껏 인생을 살아오면서 자신이 계획한 대로 일이 되지 않은 경험을 부모들도 해봤을 것입니다. 인생이 계획대로만 된다면 결과를 충분히 예측할 수 있기 때문에 불안하지 않고 스트레스받을 일이 없을 것입니다. 그러나 우리 인생에는 예측할 수 없는 우연한 사건들이 수없이 일어납니다. 부모세대가 경험한 IMF나 부모와 자녀가 동시에 경험한 코로나 19 상황은 예측할 수 없었던 우연한 사건입니다. 이렇게 큰 우연한 사건이 아니더라도 각자의 인생에는 크고 작은 우연한 사건들이 일어납니다. 그런데 이러한 우연한 사건이 어떤 사람에게는 진로선택과 진로성공의 기회가 될 수도 있다는 것입니다. 급변하고 불확실성이 증가하는 4차 산업혁명시대에는 우연한 사건이 더 많아질 것입니다. 그렇기 때문에 자녀가 진로선택 과정 중에 '우연'을 어떻게 받아들이고 활용할 수 있는지가 중요합니다.

미래 학자들은 4차 산업혁명시대에 직업세계의 많은 변화가 있을 것이라고 예측합니다. 그중에서 한 사람이 평생 동안 가지는 직업의 수가 5가지 정도라고 예상합니다. 현재는 대부분의 아이들이 전통적 진로이론에 따라서 자신의 미래 직업을 정하고 그에 따라 대학 전공을 선택하고 진학합니다. 그리고 대학 전공과 관련하여 취업을 하고 오랜 기간 같은 일을 합니다. 그런데 미래 4차 산업혁명시대에는 대학 전공과 관련하여 취업을 하더라도 10년도 채 안되어 전공과 관련 없는 다른 직업으로 바꿔야 한다는 것입니다. 한 사람이 일평생 동안 개인적 이유나 환경적 이유 등으로 대학 전공과 무관한 직업으로 바꾼다는 것입니다. 즉, 자녀의 성공적인 대학 진학이 더 이상 진로목표처럼 되어서는 안 된다는 것입니다. 자녀가 살아갈 4차 산업혁명시대는 이전과 다르게 직업세계가 복잡하고 불확실성이 매우 높습니다. 그래서 자녀의 진로가 일관적이고 고정적일수록 직업세계에서 살아남기가 어렵습니다. 자녀가 예기치 못한 우연한 사건을 자신의 진로기회로 만들 수 있어야 4차 산업혁명시대에 생존하고 번성할 수 있을 것입니다.

✓ 계획된 우연이 중요하다

상담심리학자 중에 진로선택이론을 주창한 크럼볼츠는 진로선택 과정에서 '계획된 우연'을 강조했습니다. 그리고 크럼볼츠는 진로상담의 목표는 하나의 진로를 결정하도록 돕는 것이 아니라고 했습니다. 오히려 각 사람이 보다 더 만족스러운 진로와 개인적인 삶을 살기 위해서 필요한 행동을 하는 방법을 배울 수 있도록 돕는 것이라고 했습니다. 이러한 진로상담에 대한 관점이 자녀의 미래 직업세계에 대해서 정확히 예측할 수 없는 4차 산업혁명시대에 더 적절하다고 생각합니다. 부모들이 자녀의 미래에 어떤 직업들이 사라지고 어떤 직업들이 새롭게 생길지 확실히 알 수 없기 때문입니다. 그래서 4차 산업혁명시대처럼 미래가 불확실한 경우에는 자녀가 자신의 직업을 확실히 결정하고 진로계획을 세우는 것보다 오히려 자신의 직업을 확실히 결정하지 않은 상태가 더 합리적일 수 있습니다. 이때 진로와 관련한 심리검사는 아이들의 개인적 특성에 맞는 직업을 찾기 위해서 하는 것이 아니라 진로와 관련한 학습을 촉진하기 위한 용도로 활용하면 좋습니다.

중학생 자녀가 우연한 사건을 의미 있는 학습기회와 진로기회로 만들어 가다 보면 결국에는 자신의 직업을 찾게 될 것입니다. 그리고 그 직업은 자녀가 적극적으로 학습하고 준비했기 때문에 자신이 좋아하고 만족하는 일이 될 가능성이 높습니다. 청소년과 대학생 진로상담을 하다 보면 자신이 좋아하는 일을 하고 싶은데 좋아하는 일이 무엇인지 모르겠다는 말을 많이 합니다. 그런데 안타까운 것은 청소년들이 자신이 좋아하는 일이 무엇인지 고민만 하다가 정작 중요한 진로활동을 안 하고 있다는 것입니다. 아이들의 바람대로 자신이 좋아하는 일을 직업으로 할 수 있으면 행복할 것입니다. 그렇기 때문에 아이들이 우연한 사건을 학습기회와 진로기회로 만들 수만 있다면 자신이 좋아하는 일이 직업이 되는 행복한 삶을 사는 것입니다. 자신의 진로를 찾아가는 과정 중에 우연한 기회로 학습을 하고 직업까지 갖게 되었다는 것은 그만큼 좋아하는 일이기 때문입니다.

4. 자녀의 진로성공은 '우연학습기술'이 필요합니다

✓ 우연을 학습하라

4차 산업혁명시대의 삶을 살아야 하는 중학생 자녀는 지금은 예측하기 어려운 우연한 사건들과 그로 인한 기회들을 무수히 접할 것입니다. 그래서 진로상담 이론 중에서 '계획된 우연' 이론이 중학생 자녀를 진로코칭하는데 적절하다고 알려드렸습니다. 자녀의 진로 성공에 있어서는 자녀가 살아가면서 만나는 우연한 사건을 자신의 진로기회로 만들 수 있는 능력을 키우는 것이 무엇보다 중요합니다. 자녀가 자신의 삶에서 뜻밖에 일어나는 사건을 자신의 계획과 상관없고 의미 없는 우연히 일어난 사건으로 그냥 지나쳐버려서는 안 됩니다. 오히려 자신의 인생에 의미 있는 학습경험으로 만들 수 있는 가능성을 가지고 있는 것으로써 '우연'을 바라봐야 합니다. 그렇기 때문에 자녀가 우연히 일어난 사건을 자신의 진로 가능성으로 보고 적극적인 태도로 대해야 합니다. 이러한 적극적인 태도를 '우연학습기술'이라고 합니다. 우연학습기술은 우연히 마주한 사건을 놓치지 않고 자신의 인생에 의미 있는 기회로 만들 수 있는 마음의 힘인 인성입니다.

이전 장 '4차 산업혁명시대에 필요한 진로인성을 이해하세요'에서는 자녀가 직업적으로 성취를 이루는데 필요한 전통적 진로인성과 미래형 진로인성에 대해 알려드렸습니다. 부모들이 자녀의 학습 못지않게 자녀의 진로에도 관심을 가지기 위해서는 진로인성에 대한 이해가 필요했습니다. 그런데 이전 장에서 진로인성을 좀 많이 제시하다 보니 부모들이 이해하고 자녀에게 적용하는 것이 어려울 수 있겠다는 생각이 들었습니다. 그래서 이전 장은 부모들이 자녀에게 필요한 진로인성이 다양하다는 것을 이해하고 부모들이 자녀의 진로인성을 발달시켜줄 수 있다는 것으로 이해하면 좋겠습니다. 그리고 이 장에서는 4차 산업혁명시대에 적합한 진로상담 이론이라고 생각하는 '계획된 우연' 이론에서 말하는 '우연학습기술'인 5가지 진로인성을 알려드리겠습니다. 먼저 우연학습기술이라고 하는 진로인성이 무엇인지 그리고 왜 필요한지를 먼저 이해한 후에 자녀에게 적용하면 좋을 것 같습니다. 그런 다음에 이전 장에서 알려드린 전통적 진로인성과 미래형 진로인성을 포함하여 자녀의 진로코칭에 적용하면 좋을 것 같습니다.

✓ 우연학습기술을 이해하라

'계획된 우연' 이론에서는 아이들이 진로에서 성공하기 위해서는 우연히 일어난 사건을 자신의 진로기회로 만들 수 있는 '우연학습기술'이 필요하다고 합니다. 이것은 말 그대로 '우연'을 학습하는 기술입니다. 우연은 이전 장에서 말했듯이 아이들이 계획하지 않고 만난 전혀 예상하지 못했던 우연히 일어난 일입니다. 우연학습기술에서 기술이라는 단어를 사용하기는 했지만 자녀가 기술을 발달시킬 수 있도록 부모가 도와줘야 하는 성격적 특성입니다. 다시 말해서 자녀가 직업적 성취를 이룰 수 있도록 하는 마음의 힘인 진로인성인 것입니다. 우연을 진로기회로 만드는 우연학습기술은 5가지로 호기심, 인내심, 유연성, 낙관성, 위험감수 등입니다.

첫 번째, 호기심(curiosity)은 새로운 사건을 만났을 때 그냥 지나치지 않고 학습 기회를 탐색하는 것입니다. 호기심이 있는 아이들은 일상에서 경험하는 우연한 사건에 관심을 가지고 참여하면서 자신의 학습경험으로 만들어 갑니다. 중학생 아이들의 호기심은 진로를 탐색하고 진로를 결정한 후에 자신의 진로계획에 따라서 필요한 학습을 하게 하는 학습동기와도 관련성이 높습니다. 특히, 학습에서 무기력한 모습을 보이는 중학생 아이들의 경우 아이들의 호기심을 자극할 수 있는 진로탐색을 하면 도움이 됩니다. 이때 진로와 관련한 자료를 탐색하기보다는 흥미 있는 직업의 멘토를 만나거나 흥미 있는 직업의 현장을 체험하는 등 자녀가 진로활동을 할 수 있도록 도와줘야 합니다.

두 번째, 인내심(persistence)은 어떤 목표를 향해 가는 중에 많은 어려움에 부딪히거나 실패 상황에 처하더라도 포기하지 않고 끝까지 노력하면서 견디는 것입니다. 인내심은 학습에서 자녀가 학업목표를 이루어 학업성취를 하는데 중요한 역할을 합니다. 그런데 자녀가 자신의 진로목표를 이루기 위해서는 더 많은 인내심이 필요합니다. 학습목표는 대학입시처럼 장기간 목표도 있지만 학교 시험 성적처럼 단기간 목표도 있습니다. 그렇기 때문에 학습에서는 장기간 목표를 단기간 목표로 나누어 학업성취를 이루어 갈 수 있기 때문에 인내심을 단기간 목표에 맞추어 조절할 수 있습니다. 그러나 보통 아이들이 진로목표를 이룬다는 것은 대략 10년 후 자신이 원하는 직업을 갖는다는 것입니다. 그래서 아이들의 학습목표보다 진로목표가 더 오랜 시간과 인내심을 필요로 합니다. 게다가 직업세계의 불확실성이 높아진 시대에서는 아이들이 애매하고 불안한 진로 상태를 버틸 수 있는 인내심이 더욱 요구됩니다.

세 번째, 유연성(flexibility)은 진로목표를 이루기 위해서 자신의 태도나 자신이 처한 환경을 적응적으로 변화시키는 것입니다. 부모들이 4차 산업혁명시대에 대해서 이해했다면 아이들에게 유연성이 왜 필요한지 이해할 수 있습니다. 아이들이 살아갈 시대는 기술의 발전과 환경의 변화가 매우 빠릅니다. 그렇기 때문에 직업세계의 변화도 빠르게 진행할 것입니다. 이런 상황에서 아이들이 경직된 태도로 진로를 대한다면 직업세계에서 생존하는 것이 어렵습니다. 게다가 자녀의 미래에는 IMF 외환위기나 코로나 19와 같이 전혀 예상치 못한 경제적이고 환경적인 위기 상황은 언제든지 일어날 수 있습니다. 한 개인이 통제할 수 없는 위기 상황들입니다. 그렇기 때문에 자녀의 유연성은 자녀가 어떤 상황에서도 자신의 삶을 더 나은 방향으로 적응시키고 변화시키는 힘입니다.

네 번째, 낙관성(optimism)은 새로운 기회를 가능성이 있고 이룰 수 있는 것으로 보는 것입니다. 자녀가 자신의 진로목표를 향해 가는 중에 IMF 외환위기나 코로나 19와 같이 예측할 수 없고 통제할 수 없는 상황이 일어났을 때는 유연성과 더불어 낙관성이 충분히 발휘되어야 합니다. 아이들이 자신의 미래를 낙관적으로 보지 못하면 위기 상황에 처했을 때 정서적으로 우울과 불안 등이 심해집니다. 아이들의 정서가 불안정해지면 자신의 미래를 더욱 부정적으로 보게 되어서 자신의 암울한 미래에 좌절하고 모든 것을 포기할 가능성 높습니다. 아이들이 자신의 미래에 대한 낙관성을 가지려면 부모가 항상 지지하고 격려하는 태도가 중요합니다.

마지막으로 위험감수(risk taking)는 미래가 불확실하고 결과를 예측하기 어려운 상황에서 자신의 새로운 선택에 따른 변화를 두려워하지 않고 행동을 취하는 것입니다. 4차 산업혁명시대에는 한 사람이 일생동안 5가지 이상의 직업을 바꾸어 가지면서 살아갈 것이라고 했습니다. 아이들이 익숙한 것에서 변화를 시도하는 것은 심리적으로 불안정을 일으킵니다. 그렇기 때문에 위험을 감수하는 용기가 필요합니다. 아이들이 불확실성이 커지는 시대에 익숙한 직업을 포기하고 새로운 직업으로 바꾸는 일은 결코 쉬운 일이 아닐 것입니다. 그럼에도 불구하고 아이들이 직업세계에서 생존하기 위해서는 위험감수를 해야 하는 시대입니다. 아이들의 낙관성과 마찬가지로 위험감수를 할 수 있는 힘은 부모의 적극적인 지지와 격려로부터 나옵니다. 아이들은 자신이 한 행동의 결과에 따라서 부모의 비난과 평가가 걱정되고 무서우면 위험감수를 하면서까지 무엇인가를 시도하려고 하지 않습니다. 아이들은 자신의 행동 결과에 대한 낙관성이 없으면 시도하는 것을 포기합니다. 아이들이 어떤 일을 시도하더라도 결과가 항상 좋지 않고 나쁠 수가 있습니다. 그러할 때 자녀에게 부모의 공감과 격려가 중요합니다. 부모의 공감과 격려를 통해서 자녀는 위험을 감수할 수 있는 힘을 키울 수 있습니다.

✓ 자녀가 사는 세상은 다르다

중학생 자녀는 부모세대가 경험하지 못한 4차 산업혁명시대를 살아가야 합니다. 4차 산업혁명시대에는 부모들이 자녀의 직업을 암묵적으로 정하여 자녀가 대학에 진학하도록 공부시키는 것이 결과적으로 실패할 가능성이 더욱 높아졌습니다. 우선 자녀세대의 평균 수명이 100세 가까이 될 정도로 오래 살 것으로 예상합니다. 자녀가 100세까지 오래 산다는 것은 한 회사에 오래 다닐 수 있다고 하더라도 결국 은퇴 후에는 다른 직업이 필요하다는 의미입니다. 그리고 4차 산업혁명시대에는 일자리

변화가 매우 클 것이기 때문에 10년 후를 예측하는 것도 쉽지 않습니다. 그렇기 때문에 부모들이 자녀의 직업을 예상하고 자녀가 대학입시 공부만 전념하도록 하는 것이 오히려 미래의 직업세계에서 실패할 가능성을 높일 뿐입니다. 이러한 시대에 자녀가 생존하고 번성하는 삶을 살기 위해서는 자녀에게 반드시 필요한 마음의 힘인 인성이 필요합니다.

자녀의 학습인성은 자녀가 학업을 성취하는 데 있어서 중요한 역할을 합니다. 마찬가지로 자녀의 진로인성은 자녀가 직업을 성취하는데 있어서 중요한 역할을 합니다. [정답없는 입시 균형이 답이다] 초등 편에서부터 강조했듯이 자녀의 학습인성과 진로인성은 적극적인 부모역할(Active Parenting)을 통해서 발달시킬 수 있습니다. 적극적인 부모역할(AP)의 핵심은 부모와 자녀의 적극적인 의사소통입니다. 그렇기 때문에 부모들이 자녀를 공감하고 격려하는 대화법을 익히는 것이 중요합니다. 부모들이 중학생 자녀의 학습에만 관심을 둘 수 있는데 중학생 아이들에게 학습과 진로는 뗄 수 없는 관계입니다. 아이들이 자신의 삶을 성공적으로 살아가는 데 있어서 학습목표와 진로목표는 서로 상호 보완적인 역할을 합니다. 진로목표가 뚜렷한 아이들은 자신의 직업을 성취하기 위한 학습동기와 학습 실행력이 높습니다. 그리고 학습목표가 분명한 아이들은 자신의 진로에 대한 불확실성을 제거하면서 불안을 낮추어 진로목표를 이룰 수 있는 가능성을 높입니다. 부모들이 중학생 자녀의 학습과 진로를 균형 있게 바라보고 도와줘야 하는 이유입니다.

상담실에서 아이들을 만나다 보면 진로에 대한 고민이 참 많습니다. 아이들의 학습에서 진로를 빼면 아이들이 공부할 의미가 별로 없어집니다. 어찌 보면 아이들이 공부하는 이유는 좋은 대학에 가서 좋은 직업을 갖기 위해서입니다. 실제로 상담실에서 만난 아이들이 그렇게 이야기합니다. 아이들이 말하는 좋은 직업은 돈 많이 벌고 사람들에게 인정받고 안정적인 일자리입니다. 아이들의 이야기를 듣다 보면 이러한 이야기들이 아이들 자신의 이야기인지 부모나 사회에서 말하는 이야기를 자신의 이야기인양하는 것인지 헷갈립니다. 그런데 대부분 아이들이 이야기하는 것은 부모나 사회에서 '~해야 한다'라는 당위적인 이야기들이 많습니다. 안타깝게도 아이들이 자신의 삶과 인생에 대한 이야기가 없는 경우가 많습니다. '당연히' 공부해야 하니까 공부하고 '당연히' 좋은 대학에 가야 하니까 가려고 하고 '당연히' 좋은 직장에 들어가야 하니까 열심히 합니다. 그런데 문제는 중학생 아이들이 '당연히 ~해야 한다'는 것을 알지만 자신은 전혀 못하고 있다고 느낀다는 것입니다.

아이들은 진로에 대해서도 '당연히 ~하는' 직업만 생각하는 경향이 있습니다. 그중에서 아이들을 혼란스럽게 하는 것은 자신이 좋아하는 일을 찾아서 직업으로 해야 한다는 생각입니다. 그래서 아이들이 자신이 좋아하는 일을 찾으려고 하는데 잘 안 됩니다. 어찌 보면 학교와 학원 그리고 집에서도 공부만 해야 하는 아이들이 자신이 좋아하는 일을 찾는다는 것이 불가능할 지도 모릅니다. 그래서 아이들이 자신의 진로에 대해서 머리로만 고민을 합니다. 그런데 그렇게 하는 것은 자신이 좋아하는 일을 찾는데 도움이 안 됩니다. 실제로 대학생들은 자신이 좋아하는 일인 줄 알고 대학 전공을 선택했다가 후회하는 경우가 많습니다. 자신이 좋아하는 일을 머리로만 생각해 본 결과입니다. 아이들이 좋아하는 일을 찾기 위해서는 다양한 활동 경험이 중요합니다. 활동 경험을 해봐야 자신이 좋아하는 일인지 아닌지를 객관적으로 평가할 수가 있습니다. 그렇기 때문에 자유학년제는 자녀에게 다양하게 경험할 수 있는 기회를 만들어 주기 위해서 부모가 적극적으로 개입해야 하는 시기입니다. 시험을 보지 않는다고 불안해하면서 사교육에 대한 의존도를 높이는 시기가 아닙니다. 아이들의 진로탐색 활동이 중요한 이유는 수많은 연구 결과가 증명하고 있습니다. 그리고 무엇보다 자녀의 진로 목표는 자녀의 학습 동기를 높입니다. 그래서 자녀가 진로탐색 활동을 통해 진로방향을 정하는 것은 자신의 미래를 주도적이면서 성공적으로 만들어갈 수 있는 최선의 학습 전략입니다.

에필로그

⋮

요즘 아이들은 입시와 취업 경쟁이 치열하고 기술과 환경이 급변하는 시대를 살아가다 보니 스트레스를 많이 받고 마음이 무너지기 쉬운 환경 속에 있습니다. 사람은 마음이 무너지면 삶의 희망을 잃어버립니다. 아이들이 마음의 힘이 없으면 자신의 삶에 희망이 없다고 느껴지는 상황을 이겨내는 것이 결코 쉽지 않습니다. 그래서 심리상담사로서 아동 · 청소년들의 마음의 힘을 무엇보다 중요하게 생각합니다. 아이들의 마음은 적절한 도움을 받으면 성장과 변화 가능성이 크기 때문입니다. 그리고 부모로서 세 쌍둥이(딸 둘, 아들 하나)를 양육하면서도 아이들의 마음의 힘인 인성의 발달을 가장 중요하게 여깁니다. 아이들에게 주고 싶은 가장 가치 있는 유산이 아이들의 삶을 튼튼하게 지탱해 줄 인성이기 때문입니다. 또한 많은 아이들의 마음이 건강하게 성장할 수 있도록 도와주기 위한 부모교육을 중요하게 합니다. 왜냐하면 부모가 아이들의 마음 성장에 가장 크고 때로는 절대적인 영향을 미치기 때문입니다.

저도 여느 부모들처럼 사랑하는 아이들에게 좋은 것을 많이 주고 싶습니다. 그래서 저희 아이들이 자신들의 삶을 성공적으로 살아가려면 부모로서 어떻게 도와주면 좋을지 생각합니다. 그리고 아이들의 발달 단계에 따라서 부모로서 무엇을 주는 것이 가장 좋을지 고민합니다. 그런데 항상 제 생각과 고민의 끝이 다다른 곳은 부모로서 아이들에게 신뢰를 주는 안정감 있는 사랑입니다. 부모의 사랑을 안정적으로 경험하는 아이들은 마음의 힘이 커집니다. 저도 부모로서 부족한 인격의 모습을 아이들 앞에 적나라하게 드러낼 때마다 자책을 하고 좌절감을 느낍니다. 그러나 부모로서 아이들에게 가장 좋은 것을 주고 싶기 때문에 좋은 부모가 되려고 노력합니다. 좋은 부모와 좋은 관계 경험을 한 아이들은 마음의 힘이 커지고 아무리 힘들고 거친 세상에서도 생존하여 번성할 것을 기대하기 때문입니다.

심리상담사로서 아동·청소년들을 만나다 보면 안타깝게도 부모와 자녀의 관계가 어긋나고 갈등하는 것을 많이 봅니다. 부모와 자녀 사이에 여러 가지 갈등의 요인이 있겠지만 한국 사회의 특성상 자녀의 학습과 관련된 경우가 많습니다. 저는 심리상담학을 본격적으로 공부하면서 5년 정도 학원을 운영한 경험이 있습니다. 그 당시 아이들의 학습을 도와주면서 공부에 대한 아이들의 마음을 깊이 들여다볼 수 있었습니다. 이후에는 심리상담사로서 아이들을 만나다 보니 아이들의 심리적인 어려움과 학습 경험과의 관련성이 크다는 것을 확인할 수 있었습니다. 심지어 대학생들마저도 대학입시 때까지의 부정적인 학습 경험에서 헤어나지 못해서 자신의 삶을 힘 있게 만들어가지 못하는 경우를 많이 보았습니다.

상담실에서는 아동·청소년뿐만 아니라 20대 이상 성인들을 많이 만납니다. 겉으로 보기에는 사회생활을 잘하고 있어서 별다른 어려움이 없어 보이는 사람들입니다. 사람들은 심리적인 취약함이 있는 상태에서 스트레스 사건을 만나면 몸과 마음이 힘들고 고통스러워서 상담실에 옵니다. 이러한 사람들과 이야기하다 보면 아동·청소년기에 심리적으로 더 취약하게 될 수밖에 없었던 부정적인 경험들이 공통적으로 있는 것을 알 수 있습니다. 그것은 바로 대학입시를 목표로 하는 학습 경험입니다. 한국에서 대학입시 공부는 많은 사람들에게 성취감보다는 실패감과 좌절감을 주는 학습 경험입니다. 그리고 학습 경험에는 항상 부모와의 관계 경험이 있습니다. 안타까운 현실은 많은 아이들이 학습과 관련해서 부모와 긍정적인 정서 경험보다는 부정적인 정서 경험을 훨씬 더 많이 한다는 것입니다. 그래서 아이들이 어릴 때부터 공부를 하면서 부모에 의해 기가 죽는 경험을 많이 합니다. 부모가 사랑하는 자녀의 기를 살려주려고 공부를 시키는데 오히려 자녀의 기를 꺾어버리는 경우가 많다는 것입니다.

아이들은 학습을 통해서 사회에서 생존하고 번성하기 위한 능력을 키워야 합니다. 아이들이 공부를 잘하면 사람들이 선호하는 대학을 졸업하여 좋은 직업을 가질 가능성이 높습니다. 그래서 부모들이 자녀가 좋은 대학에 갈 수 있도록 공부를 잘하는 기능적인 면을 중요시합니다. 그런데 참 안타까운 현실은 아이들이 학습적으로 기능은 잘하는데 심리적으로 취약해지는 경우가 많다는 것입니다. 그래서 대학입시 등 성공한 모습을 보이다가 결국 마음의 힘인 인성이 취약해서 실패하는 삶을 사는 경우가 많이 있습니다. 그러나 아이들이 마음의 힘이 성장하면서 학습을 잘한다면 지속 가능하게 성공하는 삶을 살 수가 있습니다. 이것이 부모들이 진정으로 기대하는 자녀의 삶일 것입니다. 이러한 이유로 [정답없는 입시 균형이 답이다] 책을 기획했고 초등 편에 이어 중등 편을 마무리 지었습니다. 책을 쓰면서 부모들이 자녀를 학습코칭할 때 마음의 힘인 인성과 진학에 필요한 학습에 대해 균형 잡힌 태도를 가질 수 있기를 바랐습니다. 부모가 자녀의 학습에 대해 한쪽으로만 치우친 시각을 가지는 것만큼 자녀의 삶에 독이 되는 것이 없기 때문입니다. 이 책을 통해서 부모들이 학습균형적인 태도를 가지고 자녀에게 마음 성장과 성공적인 진학이라는 양 날개를 달아주어 자신의 꿈을 맘껏 펼칠 수 있게 도와주기를 바랍니다.

심리상담사 최옥찬

EMO

정답 없는 입시, 균형이 답이다 - 학습균형 중등편 -

초판 발행 2021년 10월 8일

글쓴이 · 최영득, 최옥찬
발행인 · 이낙규
발행처 · ㈜샘앤북스
신고 제2013-000086호
서울시 영등포구 양평로22길 21, 선유도코오롱디지털타워 310호
Tel. 02-323-6763 / Fax. 02-323-6764
E-mail. wisdom6763@hanmail.net
ISBN 979-11-5626-358-6 04370
ISBN 979-11-5626-356-2 04370 (전2권)